新媒体理论与实务系列教材

主编 石本秀 石 磊

新媒体经营管理

石本秀 蔡郎与 ◎ 编著

中国传媒大学出版社

·北京·

目　录 Contents

第一章
新媒体经营导论

第一节　新媒体的传播学价值

一、新媒体的定义

所谓新媒体，是一个相对概念。“新”，相对于“旧”而言。纵观整个媒介发展史，印刷出版物相对于手抄文本是一种新媒体，广播电视和电影相对于报纸是一种新媒体，互联网数字媒体相对于电视是一种新媒体。所谓新媒体，是相对而言的，是在传统的报刊、广播、电视等媒体以后因技术推动而发展起来的新的媒体形态。宫承波等学者从技术上对新媒体做了更详细的说明，将新媒体界定为依托数字技术、互联网络技术、移动通信技术等新技术的新型媒体形式、软硬件或信息服务方式，例如网络电视、手机电视、移动电视、虚拟社区、博客、播客、搜索引擎、简易聚合（RSS）等。[①]

由此可见，新媒体是相对的。而在某一特定的历史时期，“新媒体又是一个时间的概念。在一定的时间段之内，新媒体应该有一个相对稳定的内涵”。[②]

国外的“新媒体”定义大致可以分为两类：一类定义聚焦于新媒体的媒体形态和技术特性。例如，伊契尔·德·索勒·普尔（Ithiel de Sola Pool）将新传播技术定义为当时的“大约25种传播设备的简称”。[③] 罗·莱斯（Ron Rice）强调

---

① 宫承波：《新媒体概论》，中国广播电视出版社2009年版。

② 熊澄宇：《3G与新媒体》，http://news.sina.com.cn/c/2009－06－16/110215798179s.shtml

③ Ithiel de Sola Pool，转引自Leah A. Lievrouw & Sonia Livingstone，2002.

计算机和电信技术的双向传播能力，将“新媒体”定义为这样的一些传播技术：“包含计算能力(微处理器或主机)，能够允许或促进用户之间或用户和信息之间的互动。”[①]另一类定义则受技术研究中的“社会形成观”的影响，认为对新媒体的理解要超越对媒体技术形态的关注，研究媒体技术与人类行为及社会结构的交互影响。斯蒂夫·琼斯在《新媒体百科全书》导言中写道：“对于新媒体的唯一完美的定义无疑来自于对历史、技术和社会的综合理解。”[②]在《新媒体手册》(*Handbook of New Media*)一版序言中，编者提出一个理解新媒体的框架，认为新媒体意味着传播技术及其相关的社会情境，即包括以下几个层面：“延伸我们传播能力的设备装置；使用这些设备进行的传播活动和实践；围绕上述设备与实践形成的社会组织与惯例。”[③]今天新媒体的文化意涵也渐渐被研究者们所重视，此框架逐渐丰满完善。

这两类定义是新媒体研究不同时期的产物，二者互为补充。前者力图描述新媒体的技术特性，是理解新媒体的丰富内涵的基础，同时也明确了某一时期新媒体研究的对象；后者在此基础上，给出理解新媒体的框架和大致方向。

二、新媒体的传播特征

基于媒体的传播特征，大众传播归纳总结的传播学理论已经很难再适用于新媒体。具体表现在：(1)传播特性的变化。比如两级传播理论认为，来自媒介的信息首先抵达意见领袖，接着，意见领袖将其所见所闻传递给同事或接受其影响的追随者，中间的层级甚至大于两级。但在新媒体的传播中，“传播呈现了个人对个人、个人对多人、多人对多人等多级传播通道”，“传播的层级逐渐泛化”。(2)传播形态的改变。比如议程设置理论认为，媒体具有一种为公众设置“议事日程”的功能，媒体选择内容主题，确定报道形式，通过内容编排、版面设置、多样宣传等方式来引起大众关注，为大部分人设置媒体所希望呈现的重要议程。而新媒体的传播由一点对多点变为多点对多点。(3)区别于教养理论的强大效果模式等，在新媒体传播中体现出的效果是多元、互动、去中心。总之，网络催生出新的传播模式，使新媒体形成了一种有别于大众传播的崭新的媒介特征(见表1—1)。

---

① Ron Rice 等，转引自 Leah A. Lievrouw & Sonia Livingstone，*Handbook of New Media*，Sage Publication Ltd，2002.

② 斯蒂夫·琼斯著，熊澄宇、范红译：《新媒体百科全书》，清华大学出版社2007年版。

③ Leah A. Lievrouw & Sonia Livingstone，*Handbook of New Media*，Sage Publication Ltd，2002.

表 1—1 新媒体时代媒介传播模式的转变

	大众传播	新媒体传播
传播者	专业化的媒介从业者，具有主导地位的把关人(gate-keeping)	非专业化的，草根的，个体的，平等的
传播方式	议程设置的，两级模式的，单项的，公开的，一对多的，非直接，非人格化	直接的，人格化的，一对一的，去中心，病毒式传播
传播渠道	载体单一，媒介之间区隔壁垒，时效性延后，持久性差，受众参与程度差	媒介融合，终端丰富且区隔无壁垒，介质高速、高质、超量、多样化和范围广，时效性同时或延后，持久性好
受众	被动的，不可逆转的接受者，广泛而分散的社会大众(mass)	主动的，可逆转的，参与性的，相对集中的分众，受众参与程度强
效果	以传播者为中心的，特定目的的，长期潜在的综合效果	多元、互动、去中心

关于新媒体的传播特征，比较相关学者观点的异同，大致可归纳为：数字化与多媒体；交互性与及时性；海量性与共享性；个性化与社群化。

(一)数字化与多媒体

基于数字技术、通信技术在传媒领域的运用而产生了新媒体形态的数字化、多媒体的特征。互联网技术的发展带来了传播内容和传播模式的变化，数字技术可以使用“0”和“1”来表达和传输一切信息，可将文字、数据、图像、声音等各种信息要素都变成数字信号进行传输，再通过接收器使其复原。基于通信技术的网络化，带来传播的接受方式和终端的数字化和多媒体形态，最终形成传播模式中传播内容的制作、传输过程、终端接收、市场销售等方面的传播形态的数字化。

在媒体领域，数字化具有以下几种发展趋势：

——传统的报纸、刊物、书籍出版物纷纷出版自己的电子版、手机版，推出网站、电子销售平台等，呈现数字化、多媒体形式。

——传统的广播电视朝数字影视迈进：广播正进入数字音频广播新阶段，电视也全面进入数字高清和数字压缩新阶段。

——网络成为数字化的媒体基础，也就是说，数字传媒正在成为传媒的主流，数字化正在沟通原本泾渭分明的信息业、电信业、大众传媒业三大领域，数字化已经创造出新的媒体产业，如数字内容、数字出版、数字设计、数字影视等。

(二)交互性与及时性

传统媒体“一对多”的大众传播,决定了其特定的、线性的、单向的传播模式。而新媒体“多对多”的传播模式,针对传统的大众传播,就形成了交互性与及时性的特点(见图1—1和图1—2)。

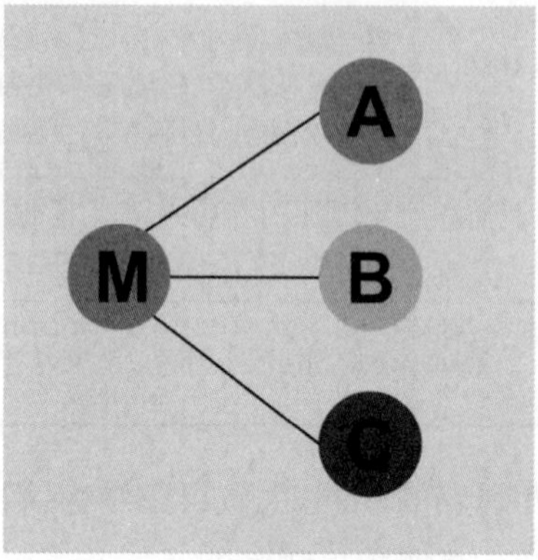

图1-1 “一对多”传播模式图

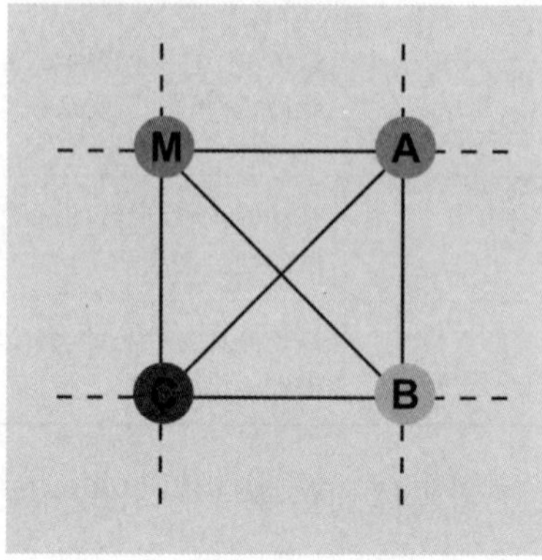

图1-2 “多对多”传播模式图

注:M代表原始信息发布源,A、B、C代表信息接受者。

如图1—2所示,从传播的结构上看,最为突出的是网络传播实现了由线性模式向网状模式的转变。网络通过某种“手段”把一些分散的“节点”连接起来而形成整体。而现在作为传播媒介的计算机网络,则是一个将处于不同地理位置并具有独立功能的多个计算机系统通过通信设备和线路连接起来,在完善的网络软件支持下,实现彼此间数据通信和资源共享的系统。由此可见,网络新传播的基本模式应该是一个网状的模式。① 网络中的任何一个节点都能成为信息发送者与接收者。信息传播路径丰富多样,信息以光电形式高速传递,这些都使得“多对多”模式下的信息传播呈现出交互性和及时性的特征。

(三)海量性与共享性

从传播的授受关系上看,传统大众媒介中传播者和受众之间的界限已经变得模糊,每一个网络用户都具有传播者和受众的双重身份,他们都可以向网络中的任何一点传递信息,同时也可以接受从任何一点传来的信息。一方面,网

① 谢新洲:《网络传播理论与实践》,北京大学出版社2006年版,第61页。

络使计算机具有强大的汇聚能力。全球的信息在网络中汇流，不同地域、不同社会结构、不同文化背景下的人都可以同步或异步地提供和获得相同的信息。另一方面，也带来分权的倾向。在 P2P 结构中，每一个节点大都同时具有信息消费者、信息提供者和信息通信这三个方面的功能，每一个节点所拥有的权利和义务也都是对等的。[①] 这样对等的角色权益，使传播实现了在任何地点、任何时间与任何人进行任何形态的信息交流与沟通。空间的无限导致网络传播的全球覆盖，时间的无限导致传播的共享，时间与空间的开放性导致网络传播中信息的海量存储。

(四)个性化与社群化

传统大众媒介的传播多以组织传播和大众传播为主，几乎没有人际传播，而网络传播则以人际传播、群体传播为其主要特征。从传播的内容来看，受众可以利用各自喜好的手段进行包括文字、图像、音频、视频、声音等多种手段的交流；从传播的过程来看，受众可以自由地选择接受的时间、地点及其媒体的呈现形式；从传播的接收方式来看，受众不再需要按线性的播出流程被动地接受已编辑安排好的节目，而是按自己的所需通过搜索来选择和接受节目。上述表现全面地体现出网络传播的开放性、灵活性、参与性的个性化特点。同时，由于网络的虚拟性消除了现实交流过程中诸如地理、空间等外在因素的干扰，受众的交往不会受到交流范围和对象的局限，人们随时随地都可以结交任何交流对象，使身处各地，有着共同兴趣、爱好和需求的人聚合起来，形成一种社区传播。

三、新媒体的传播学价值

(一)由广播走向窄播，形成了新媒体传播的分众传播模式

新媒体的传播状态从原来一点对多点变为多点对多点的“窄播”模式，这就意味着议程设置的权力被泛化到多对多的每一个发布者。在新媒体传播中，“窄播”的传播对象是某些特定的时间和环境下特定人群的某种特定需求，是特定人群的特定需求的针对性传播，这种传播在新媒体中被称为分众传播。如今，分众传播已被广泛运用到商务领域，比如写字楼的电梯上、机场大道航班到

---

① 彭兰：《网络传播学》，中国人民大学出版社 2009 年版，第 7 页。

达通知系统、社区的安全警示系统、学校的教务通知系统、交通管理部门的路况告示系统等,都是成熟的传播系统。

从分众传媒的地域概念来看,新媒体传播可以消解传统媒体之间的边界,消解国家与国家之间的边界,消解信息发送者与接收者之间的边界。受众可以通过网上各种社群组织进行交流和传播。如因不满北京奥运会法国巴黎圣火传递受阻引起的网友共同"抵制家乐福"行动,由网络社区网友发起的"华南虎质疑"直至"华南虎打假"事件,"5·12"汶川大地震中因网友爆料所引起的救灾物资调查监督事件,等等。

新媒体的分众化形成了一种真正意义上的"个体化公共媒体",提供了异质化的全球传播,为一直被文化与传播精英压制的平民文化或草根文化提供了释放的空间。

(二)从两级传播到全员性传播,形成了用户创造内容的微内容模式

传统大众传媒赋予受众的只有接受的权利,没有发言和创作的权力,受众被界定为"读者"、"听众"、"观众"。新媒体全球共享和全面互动技术的强大动力,消解了传统媒体作为信息内容的唯一发布者的地位,无情地将传统媒体的"读者"、"听众"、"观众"解构为"seeker"(搜寻人)、"consultant"(咨询人)、"browser"(浏览人)、"responder"(反馈人)、"interlocutor"(对话人)、"conversationalist"(交谈人)。① 这便印证了美国《连线》杂志对新媒体所下的定义:"所有人对所有人的传播。"

网络传播时代,仅仅被动接收信息的受众不复存在,普通的"传者"、"受者"概念也已经不能用来区分网络中的人群。一位网民曾在他的帖子中这样写道:"昨晚实在是太忙了,偶不停地换着马甲在各大论坛发帖、顶帖、转帖。"在发帖、顶帖和转帖的过程中,他就是一个信息的节点,既是接收信息的受众,又是发布信息的传播者,通过不断地接收信息继而把信息转发出去,信息的传播范围迅速扩大。

当所有的人都成为传播主体时,新媒体传播中便出现了"用户创造内容"模式。网络为受众提供了一个自由交流、发表个人意见的平台。对于论坛中的各种信息,受众可以根据自己的社会经验以及对事物的理解来表达个人的看法,

① 丹尼斯·麦奎尔(Denis McQuail),刘燕南等译:《受众分析》,中国人民大学出版社 2009 年版,第 158 页。

在享有自主发言权力的同时，言论被数字技术处理为内容数据库，客观上成为内容制造者，形成了“用户创造内容”的模式。

（三）从线性传播到多种传播类型汇聚交融，形成新的复合传播模式

1. 无边界的传播

从传播范围来看，新媒体的特点是无边界的传播。传统大众媒体是区域性传播，平面媒体需要运输，电波媒体需要落地。而在新媒体的平台上，所发布的内容理论上几乎都是可以面对全球所有的网络使用者的，这种传播为媒体融合提供了解决方案。同时，由于新媒体受众的分众化，同一个信源的多次生产和多次销售行为，为各种信息源的新媒体经营提供了多赢的机会。

2. 时间固化的传播

从储存方式上看，传统大众媒体可以分为电波媒体和平面媒体。即使在电波媒体中，信息可以以时间性分布的形式存在，但在同一个时间点上，受众只能接收某一媒体所发布的单一的特定信息，受众并没有太多的选择权利，控制权更多的是掌握在媒体手中。平面媒体的信息是以空间性分布的形式出现的。也就是说，在同一个时间点上，受众拥有某一媒体所发布的所有信息，但实际上，这种信息空间性分布的媒体形式还是具有时间性的特点，即当读者读一份报纸的时候，他只是在读某个特定时间段的报纸，无论是日报、晚报，还是周报，报纸只是把特定时间段的信息内容空间化。如果读者想了解与某一信息相关的之前某一时间段的内容，这份报纸并不能提供。而新媒体从理论上消除了大众传播中信息组织方式的时间性，所有的信息都被固化在新媒体的平台上，提升了传统媒体信息的“长尾”价值，为信息的延时销售开辟了一片新天地。

3. 复合型的传播

从传播形态上看，新传播技术的明显优势是能够在新的平台上把各种传统大众媒体综合起来，实现报刊、广播、电视等的全面数字化，形成报刊网站、手机报、数字电视、手机电视等新媒体，供受众在自己方便的时间浏览。新媒体是多种传播形式复合的媒体。大众媒体界限分明的媒体类型区分，在新媒体时代将不再具有意义。媒体融合的产业链得以实现。

以凤凰传媒集团为例，该集团旗下的传媒矩阵包含五个方面，首先是电视，广播有凤凰广播，还有凤凰新媒体，凤凰新媒体旗下有凤凰网、凤凰网宽屏、手

机凤凰网。凤凰新媒体是整个凤凰传媒集团新媒体战略的一个代表，凤凰卫视集团控股旗下的电视、杂志以及各种媒介形式都会在新媒体的带领下更好地融合。可以说在当今的电视媒体平台中，没有哪一家电视媒体能像凤凰传媒这样有日均 1500 万访问量的大规模综合门户网站，有这样一个雄厚的传媒背景。

第二节　新媒体的经济学特征

数字技术的发展给新媒体产业带来了革命性的影响，涵盖了从媒体内容的创作、收集、存储到传输的整个过程，并由此影响到产业运营中作为投入与产出重要构成的产品、渠道、受众等，逐步形成了新媒体产业经济学特征的三大基础。

一、分众传播模式形成了新媒体的细分市场

新媒体受众所具有的多元化和个性化本质，促进了以分众为中心的碎片化细分市场的形成。“碎片化”(fragmentation)，英文解释为将完整的东西分割成诸多零块。20 世纪 80 年代的后现代主义者将其作为研究的重点之一。“碎片化”最早是指社会阶层的分化现象：随着社会阶层的划分数量和层次的增多，社会身份呈现出不同形态。社会阶层代表着多种形态的社会生存方式，从而影响着受众的需求和兴趣。

随着媒介选择的增多，受众的需求变得分散化，受众在接受媒介时变得随意、自由、多元，其从众心理逐渐淡化，开始注重自我，追求强烈的个性化意识。

这种碎片化需求，主要体现在受众接受媒介的时间和空间的自由和多元上。当代受众使用媒介的范围越发广泛，但在单个媒体上花费时间却越来越短，也越来越分散。随着人们生活节奏的加快，对于需要耗费较长时间和精力参与其中的媒介，人们往往无暇顾及或者力不从心。另一方面，人们的精神文化需求越来越重要，受众有意识地选择更多的空间，在这样的背景下，人们很难长时间将精力放在某一种媒介事物上。故而，一种迎合受众的需求特性，短小、迅捷、个性化的新媒体碎片市场就这样形成了。让我们回顾一天的上网习惯：上班一开电脑，往往面对的是 Windows 桌面，聊天的人喜欢先把 MSN、QQ 等聊天工具打开；上网用 IE 或者 360 浏览器，总有那么几个网站是每天必看的；关注天下大事，上

新浪、搜狐等门户网站扫描新闻，在百度、谷歌搜索关键词；中午在淘宝网上"逛街"、"打望"、"购物"；晚上回家，在开心、校内等SNS网站度过寂寞的夜晚……

我们不难看出，"注意力资源分布不均"的受众群体日渐显现，他们要求自主地利用其零碎的时间，随时随地接收信息，满足各自不同的心理需求。人们以往读书、看报的时间，现在已经大量转移到网络上，读书、看报不再是书斋里的行为，候机厅、公交车里、电梯中随处可见人们全神贯注地看着小小的手机屏幕或移动电视。在新闻出版总署开展的阅读调查中，阅读传统出版物的人数在以每年12%的速度下降，而阅读新媒体的人数则以30%的速度增长。性别之间的使用差异也比较明显，男性比较喜欢体育和财经，女性更容易接受娱乐和实用的生活信息。手机电视的用户最喜欢看"音乐视频"，其次才是传统的影视节目。在哈尔滨和上海的IPTV平台上，影视剧点播节目十分受欢迎。人们发现，受众在自主选择新媒体形式的过程中，因各自生活方式和行为方式的不同，形成了明显的、具有某种规律性的分众化。

对于分众化的受众注意力的收集、整理与满足，便形成了新媒体的细分市场。华纳全球发行服务公司高级副总裁安奈特·布索就认为，媒介内容提供商要为今日的消费者提供"时移"内容和"位移"内容，即随时随地都可以欣赏的节目。上海文广新闻传媒集团副总裁张大钟也表示，未来影响新媒体或者说整个媒体领域的重要变革，将来源于对受众的研究，因此了解消费者的需求，对未来的传媒业有重要意义。

二、"微内容"模式为新媒体产业数字化内容的大规模生产提供了产品基础

几乎所有Web2.0网站都具有一种"受者"为网站创造价值和为自己创造价值的功能。新浪微博、酷6网、人人网、淘宝网皆如此。我们以新浪微博为例，根据新浪公布的数据，新浪微博注册用户已经突破3亿，其中企业用户已经达到130565家。[①] 腾讯微博也透露，经过其认证的企业微博数量已经突破3000家。2010年8月25日上午10点30分左右，诺基亚通过网络全程直播N8手机首发式，这次直播的媒介不再是网络视频，而是微博。就在直播当天，微博上推出了诺基亚N8手机微博发布会，7小时内即收到微博评论、转发89034条，诺

① http://news.sina.com.cn/m/news/roll/2012－03－31/003724202903.shtml

基亚微博首页关注人数达到 49277 人。[①] 与此同时，一份出自广告公司的微博广告报价单在坊间流传。报价单显示，这些微博的"粉丝"数量最少的也有几万人，报价最低的是 200 元/条，具体报价根据"粉丝"的数量有所调整。"粉丝"数量超过 60 万，报价为 2000 元/条；"粉丝"数量接近 50 万，报价为 1500 元/条；"粉丝"数量接近 30 万，报价超过 1000 元/条；"粉丝"数量在 10 万至 30 万之间，报价为 500 元/条至 800 元/条。

同时，区别于传统媒体的新闻信息的泛媒体化，新媒体的数字内容体现出产品化的特征。互联网实验室根据网络媒介的不同，将新媒体划分为以下几种类型：(1)基于互联网，如电子杂志、电子书、网络视频、博客、播客、视客、群组、其他类型的网络社区等。(2)基于数字广播网络，如手机电视、数字电视、车载电视、公交电视等。(3)基于无线网络，如手机短信、手机 Wap 等。(4)基于跨网络，如 IPTV 等。

基于产品化的技术，数字内容可以从不同类型的新媒体中以不同的方式体现，实现了内容的数字化生产和大规模复制传播，同时，光纤技术、卫星技术使数据传输得到了飞速发展的可能，以千兆以太网为骨干的各国信息高速公路纷纷建立，为大规模的内容传输搭建了平台，为新媒体产业数字化内容的大规模生产提供了产品基础。

三、复合传播模式实现了渠道价值链的开放与多赢

由于新媒体流程还原了内容商品的原生态价值，在新媒体简短的价值链上，从信息到内容的消费途中存在开放与多赢。一方面，新媒体可以实现海量的内容存储，且方便搜索，同时可以实现内容与内容之间的互动链接，跳转、切换方便，一个新媒体平台因此也就容纳了几乎所有用户喜欢的节目，这些节目融入了多种媒介的传播，不仅有传统的广播式传送，而且有交互式的网络传送；另一方面是引入了数据可视化的数字技术，通过新技术激活信息的发散和收敛运动，从而加速了内容商品的传送和增值。这种开放与多赢的价值链，使各个环节的供应商之间的合作成为常态。

传播手段和接收终端的数字化，使得通过数字化跨媒介的信息交流成为常

---

① http://tech.qq.com/a/20110310/000064.htm

态(如网络电视、网络广播、电子图书等),接收工具高度结合互联网(如3G移动设备、电视机顶盒、集合网络功能游戏设备等)。多媒体渠道使传播服务的形式日趋个性化;同时能够提供数字摄录像机、处理软件以及各种光盘、磁盘、U盘等数字媒体存储工具,使媒体产品制作实现了资源共享,使产业的经济模式更为自然,更为直达,更为生态,更为可持续。

新媒体技术使传媒的生态环境日益复杂化。新媒体产业中的各个媒体企业以联盟为载体,与产业链上下游企业合作,聚合彼此价值链上的核心能力,创造出更大的价值,形成更强的群体竞争力。

作为当下的新媒体产品运营,所牵涉的环节主要有:广告主、技术提供商、服务提供商、设备供应商,甚至还有投资商等。新媒体是商业利益驱动下的产物,是产业链各环节的"市场共谋"。不同类型的数字传媒风起云涌,日新月异,发展速度非常快,但与此同时,各种数字媒体网络都在统一技术标志,以推动接收终端融合的发展。这将形成新媒体全新的产业版图,为新媒体产业构建起良好的商业模式。

传统媒体的经济模式表现在随着收益的不断增多,其成本也会急剧上升,而建构于数字平台之上的新媒体,其成本结构则是比较固定的,不会随着收益的上升而发生很大的变化。如传统媒体的广告费用常常以CPM(千人成本)来计算,广告的实际支出会随着受众的增加而一路飙升。相对而言,数字平台上的新媒体,不论用户是一人还是一万人,其运营维护的成本差别不会太大,基本不会出现数量级上的差距。信息技术的应用使内容发布与传播的成本得到大幅降低,草根阶层也能有机会创造规模化的经济效益。此外,新媒体与生俱来的互动特性,也使得新媒体广告越来越多地开始采取CPA(Cost Per Action)式的计费策略。这些与传统媒体迥异的经济学特性,正是新媒体屡屡与新经济挂钩的主要原因。

第三节 新媒体经营与盈利模式相关理论

一、Web2.0理论

奥莱理媒体公司(O'Reilly Media Inc.)主席兼首席执行官提姆·奥莱理

(Tim O'Reilly)授权在 2005 年第 21 期《互联网周刊》上刊登了一篇名为《什么是 Web2.0》的文章,文章认为,Web2.0 有七个方面的内涵:

(一)作为平台,Web 2.0 没有一个明确的界限,而是一个重力核心

我们不妨将 Web 2.0 视作一组原则和实践,由此把距离核心或远或近的网站组成为一个类似太阳系的网络系统,这些网站或多或少地体现着 Web 2.0 的原则。

(二)利用集体智慧

超级链接是互联网的基础。当用户添加新的内容和新的网站的时候,将被限定在一种特定的网络结构中,这种网络结构是由其他用户发现内容并建立链接的。如同大脑中的神经突触,随着彼此的联系通过复制和强化变得越来越强,而作为所有网络用户的所有活动的直接结果,互联的网络将有机地成长。

(三)数据是下一个 Intel Inside

现在每一个重要的互联网应用程序都由一个专门的数据库驱动:Google 的网络爬虫,Yahoo 的目录(和网络爬虫),Amazon 的产品数据库,eBay 的产品数据库和销售商,MapQuest 的地图数据库,Napster 的分布式歌曲库。数据库管理是 Web 2.0 公司的核心竞争力,其重要性使得我们有时候称这些程序为"讯件"(infoware)而不仅仅是软件。

(四)软件发布周期的终结

互联网时代软件的代表性特征就是它应该被作为服务来交付。这一事实导致这类公司在商业模式上发生很多根本性的变化。

1.运营必须成为一种核心竞争力

Google 和 Yahoo 在产品开发方面的专门技术,同其日常运营方面的专门技术相匹配。从软件作为制造品到软件作为服务的变化是如此彻底,以至于软件将不再能完成任务,除非每日加以维护。Google 必须持续抓取互联网并更新其索引,持续滤掉链接垃圾和其他影响其结果的东西,持续并且动态地响应数千万异步的用户查询,并同步地将这些查询同上下文相关的广告相匹配。

2. 用户必须被作为共同开发者来对待

这是从对开放源码开发实践的一种反思中得出的结论（即便所涉及的软件不太可能以开放源码授权方式来发行）。开放源码的格言“早发布并常发布”（release early and release often）事实上已经演变成一种更为极端的定位——“永远的测试版”（the perpetual beta）。其中，产品在开放状态下被开发，新的功能以每月、每周甚至每天的速度融入进来。Gmail、Google Maps、Flickr、del.icio.us 以及其他类似的服务，可能会在某个阶段打着测试版的标识多年。

（五）轻量型编程模型

正如互联网的成功是因为它推翻了许多超文本理论一样，RSS 以完美的设计来取代简单的实用主义，凭借其简单性而逐渐成为应用最广泛的网络服务，而那些相对复杂一些的企业网络服务尚未能实现广泛的应用。

（六）软件超越单一设备

Web 2.0 的特性是它已经不再局限于 PC 平台这样一个事实。在对微软的告别建议中，长期的微软开发者戴夫·斯塔兹（Dave Stutz）指出：“超越单一设备而编写的有用软件将在未来很长一段时间里获得更高的利润。”

（七）丰富的用户体验

最早可以追溯到 1992 年魏裴（Pei Wei）开发的 Viola 浏览器，互联网被用来在网页浏览器中传送“小程序”（applet）和其他一些活动内容。1995 年，Java 就是围绕着这样的小程序的传送而被引入进来的。JavaScript 和后来的 DHTML 都被作为轻量型方式引入，为客户端提供可编程性和丰富的用户体验。几年以前，Macromedia 缔造出“丰富的互联网应用程序”（Rich Internet Applications，该词也被 Flash 的竞争者——开放源码的 Laszlo 系统使用）一词，以凸显 Flash 不仅可传送多媒体内容，而且可以提供 GUI（图形用户界面）方式的应用程序体验。

和 Web1.0 比较，Web2.0 已经发生了根本性的转变，详见表 1—2：

表 1—2

Web1. 0	Web2. 0
DoubleClick	Google AdSense
Ofoto	Filckr
Akamai	Bit Torrent
mp3. com	Napster
大英百科全书在线(Britannica Online)	维基百科全书(Wikipedia)
个人网站	博客(blogging)
evite	upcoming. org 和 EVDB
域名投机	搜索引擎优化
页面浏览数	每次点击成本
屏幕抓取(screen scraping)	网络服务(web services)
发布	参与
内容管理系统	维基
目录(分类)	标签("分众分类",folksonomy)
黏性	聚合

通过总结上述七大原则,我们发现以下几个方面体现了 Web 2.0 的核心竞争力(见图 1—4)[①]:

- 服务,而不是打包的软件,具有高成本效益的可伸缩性。
- 控制独特的、难以再造的数据源,并且用户越多,内容越丰富。
- 把用户作为共同开发者来信任。
- 利用集体智慧。
- 通过客户的自服务来发挥长尾的力量。
- 软件超越单一设备。
- 轻量型用户界面、开发模式和商业模式。

① Tim O'Reilly,http://www.enet.com.cn/article/2005/1122/A20051122474593.shtml

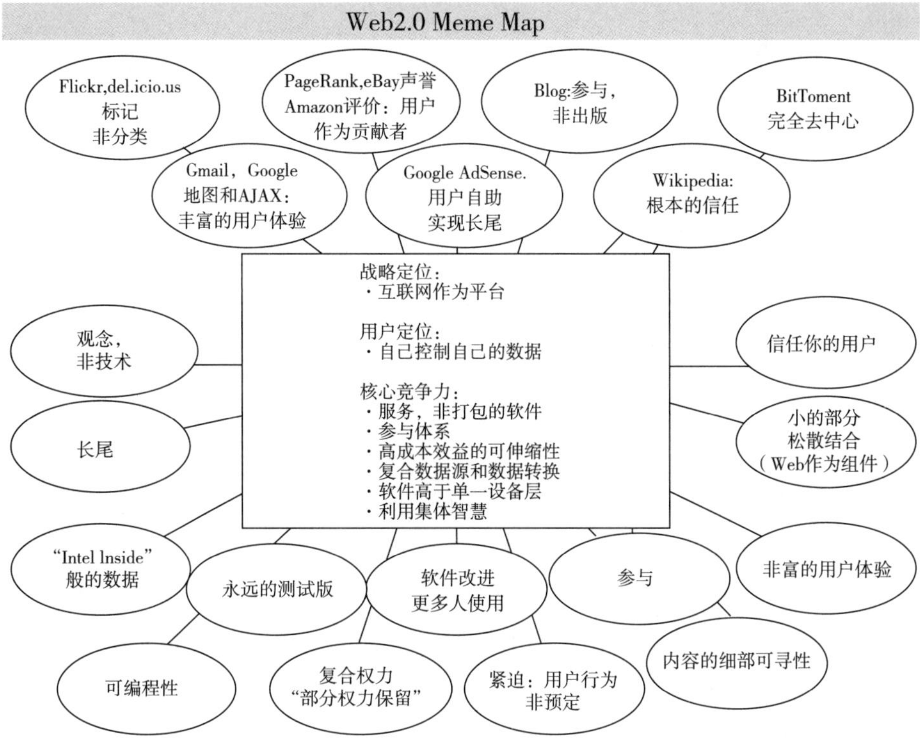

图 1－4

二、长尾理论与“微内容”①

(一)长尾理论

在网络媒体上，需求不旺或销量不佳的产品所共同占据的市场份额可以和那些少数热销产品所占据的市场份额相匹敌，甚至有过之而无不及。互联网以及与其相关的无穷选择正在改变我们的世界。谁能利用这一点，明天的市场就属于谁。这即是获得美国《商业周刊》“2005 年最佳思维”和《GQ》杂志“2006 年最重要的创见”的被互联网人士奉为“圣经”的长尾理论。2004 年 10 月，美国《连线》杂志总编克里斯·安德森(Chris Anderson)首次提出了“长尾理论”(the long tail)。

① 参考马锋、陈富明：《长尾理论与微内容开发：Web2.0 时代媒体发展的依据和路径》，《新闻传播》2007 年第 6 期，略有删改。

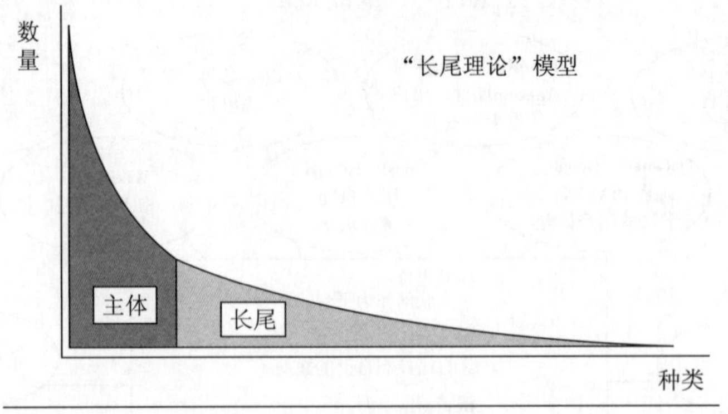

图 1－5

在传统经济学中，人们往往习惯于用正态分布曲线来思考市场的收益。人们通常只关注曲线的“头部”，而将处于曲线“尾部”、需要更多的精力和成本才能关注到的大多数人或事忽略。例如，在销售产品时，商家关注的是少数大客户和热门产品，“无暇”顾及在人数上居于大多数的普通消费者和非热门产品。而在网络时代，由于关注的成本大大降低，人们有可能以很低的成本关注正态分布曲线的“尾部”，关注“尾部”产生的总体效益甚至会超过“头部”。安德森在研究这个经济学理论的基础上，从得知一家数字点唱公司 Ecast 的一万张专辑中有 98％能在每一季度中至少被点播一次得到启示，随后，他考察了亚马逊和 iTunes（一网上音乐商店）等新兴数字娱乐业的所有大企业，发现虽然大热门很棒，但是无数利基市场（市场中通常为大企业所忽略的某些细分市场）正崛起为一个广阔的新市场。开始，他将这个现象称为“98％法则”、“新娱乐经济的新法则”，后来他根据一在线音乐公司 Rhapsody 一个月的消费数据汇成图，以流行度排序，开始的形状和其他需求曲线很相似，接下来曲线随着曲目流行度的降低而陡然下坠，但是一直没有坠到零点，形成统计学中的“长尾分布”。安德森在他的《长尾理论》一书中，列举了以下事实：

——亚马逊（Amazon）有超过一半的销售量都来自于在其排行榜上位于 13 万名以外的图书。

——美国最大的在线 DVD 影碟租赁商 Netflix 公司有 1/5 的出租量来自于其排行榜 3000 名以外的内容。

——在线音乐零售商 Rhapsody 排行榜 1 万名以外的曲目下载数甚至超过了位列排行榜前 1 万名的曲目。

长尾理论被认为是对传统的“二八定律”的彻底叛逆。20%的非热门产品为什么能产生80%的利润呢？安德森认为，这主要源于非热门产品生产和营销成本的飞速降低，这种降低来源于三种力量：

第一，个人电脑的普及使生产工具普及，廉价的生产得以实现。

第二，互联网使传播工具普及，消费和营销成本显著降低。

第三，Google等搜索引擎把低成本的产品和少量、但可能无限的需求迅速连接起来，推动需求曲线向尾部移动。

（二）微内容

这些“非热门”的长尾与“热门”头部产品相比较，两者又有什么区别呢？如果说热门产品主要是由宏内容（Macrocontent）构成的话，那么，非热门产业就是由微内容（Microcontent）构成的。

传统媒体的宏内容是由专业人员在专业机构中制作的并经由专门渠道发布的信息产品，由于成本较高、资源有限（如版面、时段等），因此必须遵从规模经济的传播模式——以尽可能少的内容服务于尽可能多的消费者，这是典型的大众传播模式。

微内容生产成为新一代互联网的标志。学者希恩斯维基（Cmswiki）将微内容定义为：最小的独立的内容数据，如一个简单的链接，一篇网志，一张图片，一段视频，一个关于作者、标题的元数据，E-mail的主题，RSS的内容列表等等。也就是说，互联网用户所生产的任何数据都可以被称作微内容。每一个网民都拥有廉价的生产工具，生产成本很低，传播和营销成本也很低，而且没有资源限制（网络空间无限大），因此，微内容在理论上可以无极限地生产和传播。这些散落于世界各地的数据和知识聚沙成塔，构成网络媒体的根本力量。

三、媒介融合理论

学者普遍认为最早明确提出“媒介融合”（Media Convergence）概念的是美国马萨诸塞州理工大学的伊契尔·德·索勒·普尔，1953年，他在其《自由的科技》一书中提出了“传播形态融合”。他认为：数码电子科技的发展是导致历来泾渭分明的传播形态聚合的原因。其本意是指各种媒介呈现出多功能一体化的趋势。最初人们关于媒介融合的想象更多地集中于将电视、报刊等传统媒介融合在一起。①

其实早在1978年，美国麻省理工学院媒体实验室的创始人尼古拉斯·尼葛洛庞帝就将“融合”的概念带入了新闻领域。他认为：“所有的传播技术正在遭受联合变形之苦，只有把它们作为单个事物对待时，它们才能得到适当的理解。”②1978年，尼古拉斯·尼葛洛庞帝用一个图例演示了三个相互交叉的圆环趋于重叠的聚合过程，这三个圆环分别代表计算机工业、出版印刷工业和广播电影工业。他预言，这三个圆环的交叉处将会成为成长最快、创新最多的领域。③

目前，不同的学者对“媒介融合”的定义也有所不同。有的认为媒介融合是在数字技术和网络技术的背景下，以信息消费终端的需求为指向，由内容融合、网络融合和终端融合所构成的媒介形态的演化过程。也有人认为媒介融合是传统的印刷的、音频的、视频的与新兴的互动性数字媒体组织之间的产业联盟与战略合作体。王菲在她的《媒介大融合》一书中有比较全面的论述。该书围绕任何人在任何地点和任何时候获得任何想要的东西这一数字新媒体发展的内在驱动力和终极目标，对媒介融合中的媒介产业、电信产业、互联网产业、IT产业、电子产业等领域内所发生的生产形态的融合、行业的融合、政策的融合、组织的融合、管理的融合、技术的融合，进行了从具体状态呈现到终极哲学意义的全景式地探讨。④她认为是技术、经济和市场这三个诱因共同作用，使媒介融合有了可能性和必然性，并从媒体产业链构成的角度切入，对内容融合、网络融合、终端融合这三个媒介融合的构成领域进行系统探讨。

随着报网互动实践的发展和媒介融合趋势的加强，2008年，我国新闻业界提出了一种新的概念“全媒体”，不少媒体提出来要打造“全媒体”时代，提出了“全媒体战略”。所谓“全媒体”，是媒体在融合过程中的跨媒介的产物，具体来说，是指综合运用各种表现形式（如文、图、声、光、电）来全方位、立体地展示传播内容，同时通过文字、声音、网络、通信等传播手段来传输的一种新的传播形态。它是信息、通讯及网络技术条件下各种媒介实现深度融合的结果，是媒介形态大变革中最为崭新的传播形态。⑤

---

① 孟建、赵元坷：《媒介融合：黏聚并造就新型的媒介化社会》，《国际新闻界》2006年第7期，第26～29页。

②④ 王菲：《媒介大融合：数字新媒体时代下的媒介融合理论》，南方日报出版社2007年版。

③ 孟建、赵元柯：《媒介融合：作为一种媒介发展理论的解释》，《新闻传播》2007年第2期，第13～15页。

⑤ 罗鑫：《什么是全媒体》，《中国记者》2010年第3期，第82～83页。

第四节 新媒体的盈利模式探索

一、网络盈利模式

提姆斯(Timmers)认为盈利模式是对产品、服务和信息流的一种构造,同时是一种对各类企业能获得的潜在利益的描述,也是对他们收入来源的一种描述。他提出系统识别盈利模式构造的途径是基于价值链的解构和重构,这种途径是识别价值链要素和整合链上信息的可能方法。①

提姆斯实际是用价值链作为工具来分析收入来源,并把整个逻辑定义为盈利模式。

马哈德万(Mahadevan,2000)随后又在提姆斯价值链分析的基础上,直接地把价值链加到盈利模式的定义中,并增加了物流。他认为盈利模式是对企业至关重要的三种流的唯一结合,这三种流分别是商业伙伴和购买者组成的价值流、收入流和物流。

其后,杜波森(Dubsson,2001)等人认为盈利模式是企业为了对价值进行创造、营销和提供所形成的企业结构及其合作伙伴网络,是产生持久的有利可图的收入流的客户关系资本。②

但奥弗尔(Afuah)和得希(Tucci,2001)对盈利模式的看法则有些不同,他们将其看作是公司运作的秩序,公司依据它建立,依据它使用其资源、超越竞争者和向客户提供更大的价值,依据它获利。③

萨福(Shafer,2005)回顾了从 1998 年到 2002 年的 12 个相关定义,他认为盈利模式是企业在一个价值网络中为创造和获取价值而形成的隐含的核心逻辑和战略选择的体现。④

---

① Timmers P. Business Models for Electronic markets. *Electronic Markets*. 1998,8(2). pp. 3～8.

② Torbay Dubsson,Magali Alexander,YvesPigneur Osterwalder. e-Business Model Design : Classification and Measurements. *Thunderbird International Business Review*. 2001. pp. 1～22. Michael,Minet Morris,Jeffrey Schindehutte,Allen,"Theentrepreneur's business model : toward a unified perspective",*Journal of Business Research*,2005,p. 58. pp. 726～735.

③ Allan Afuah,Christoper L. Tucci:《互联网商务模式与战略:理论和案例》,李明志等译,清华大学出版社 2002 年版。

④ Scott M. Shafer,Smith H. Jeff,Jane C. Linden,"The power of business models",*Business Horizons* 48(3). 11,pp. 199～207.

莫里斯(Morris,2005)则分析了30个定义,提出"一个盈利模式就是一套相互联系的决策变量如何在特定市场中创造持续稳定的竞争优势的精简体现。这些决策变量主要是在战略、架构和经济等方面"。①

以上这些是继承了原有盈利模式主线的观点,即收入—价值创造和提供的逻辑和战略的观点。

拉里·博西迪和拉姆·查兰(2004)提出的盈利模式"是一种可靠的、基于现实的程序,用于全方位地考虑你企业的具体情形。它能向你展示如何将必须实现的财务目标、企业的外部现实和内部活动——包括战略、经营活动、人员的选择和开发、组织的结构和流程——联系在一起"。②

国内学者叶乃沂针对网络盈利模式的定义是"企业在价值链系统一定位置上为目标市场提供价值和盈利的方式,由e化市场环境、客户关系、产品创新、财务要素、企业资源和业务流程等六个要素组成,这些要素之间相互联系和依赖,共同确定了盈利模式的构成和特点"。③

新媒体盈利模式的逻辑体现为企业选择自身在价值网络中的地位,并为客户提供一种特定的价值,其中,选择价值网络中的地位就是选择价值传递和实现的方式,由此形成一个价值创造的体系。围绕着价值创造这个中心,可以分解为五个要素:利润点、利润对象、利润源、利润杠杆和利润屏障。④

在新媒体盈利模式的实践中,有两种重要流派值得关注:其一为梅特卡夫(Metcalfe)定律,其二为客户价值论。梅特卡夫定律因以太网的发明者罗伯特·梅特卡夫而得名。20世纪80年代,梅特卡夫利用这一法则来说明网络的价值及其发展:网络价值以用户数量的平方的速度增长。网络的外部性是梅特卡夫法则的本质。

梅特卡夫定律认为"网络的价值与其节点的平方成正比",足够的流量自然能够产生用户流,从而实现收入流。遗憾的是,这一论断在互联网进一步发展的今天陷入困境。相对而言,客户价值论更具科学性。从梅特卡夫定律到客户价值论,是人们对互联网如何创造价值的检验、判断、修正的过程,这个价值观的转变,引导了互联网盈利模式的更新进步。

---

① Morris Michael, Schindehutte Minet, Allen Jeffrey, "The entrepreneur's business model: toward a unified perspective", *Journal of Business Research*. 2005, 58. pp. 726~735.

② 拉里·博西迪、拉姆·查兰:《转型——用对策略,做对事》,曹建海译,中信出版社2005年版。

③ 叶乃沂:《电子商务模式分析》,《华东经济管理》2004年第18卷第4期。

④ 倪娟:《电子商务的盈利模式研究》,《南京理工大学》,2005年。

马云就是客户价值论的最好的实践者。他对阿里巴巴的核心价值做了这样的阐述："阿里巴巴的价值不在于每天的浏览量是多少，而在于能否给客户带来价值。"事实证明，马云和他的团队创造了中国互联网商务的众多个第一。哈佛大学两次将他和阿里巴巴经营管理的实践收录为 MBA 案例。

可见，盈利模式的核心是创造价值。围绕着这个核心，一个好的盈利模式必须能够解决以下一系列问题：向哪些用户提供价值？向客户提供什么样的价值？如何提供这些价值？提供价值的关键因素有哪些？收入来源有哪些？如何保持自身的优势？等等。一个优秀的盈利模式还必须使企业具有持久盈利的能力，才能在竞争中保持不败。

二、盈利模式的构建要素

表 1—3 盈利模式的构建要素

盈利模式构成	核心要素	关键支持
利润点	客户价值	客户是否必须或愿意通过你的网站实现自己的价值
利润对象	目标客户	你的客户是否细分，定位？对其收入水平和消费能力的把握
利润源	收入和利润来源	能给网站带来收入的方式和环节的合理
利润杠杆	模式与价值的匹配	保证物流和现金流的安全快捷
利润屏障	影响网站盈利的阻碍	对于阻碍原因的寻找和克服

(一)利润点

利润点的核心是从客户价值的角度来定义的，即企业价值同客户价值同时最大化的那个点。如果用户愿意支付的价值超过企业提供产品或服务所需的成本，那么企业的产品与服务就具有盈利能力。正如马云所说："你能给顾客创造多少收益，你就能得到多少收益。"比如网络服务所创造的客户价值。

1. 取代了一些现实生活中的行为。如网络购物，使人们足不出户就能找到价廉物美的商品。

2. 眼神丰富了现实中的生活方式。如网络游戏，把全世界的网络游戏用户连接在一起，尽情享受游戏的快乐；又如百度知道，把大众的智慧体现在网络上，几乎任何问题都可以在那里找到答案；再如各种即时通讯软件，方便人们远距离地沟通和交流。

3.创造了很多现实生活中所没有的交流与休闲方式，丰富了人们的生活内容。如各种各样的虚拟社区论坛等，人们可以在这里尽情展示自己的风采，讨论各种问题。

表1—4

目的	实现方式	客户价值	被替代或延伸的领域
获取信息	新闻	对新闻知晓的及时、快捷、廉价	阅读报纸、杂志，定时观看电视
	搜索信息	资料信息海量、角度众多、观点丰富。专业人士会经常登录查询资料	订阅报刊、资料等情报产品
	供求信息	信息来源全面，历史记录，找到理想信息有迹可查	人才市场、中介、报纸、杂志
	购物	搜索精准，货比三家，物美价廉，节约时间	上街等柜台方式询价购物
通讯	即时通讯	及时、点对点、互动、廉价	电话、电报、信函
	电子邮件	方便、精准、快速，文件方式多元实现	电话、电报、信函
娱乐	在线音乐	速度快，资源丰富，不受时间限制，廉价	录音机、CD、电台
	在线影视	速度快，资源丰富，不受时间限制，廉价	电视、DVD、电影院
	游戏	声情并茂，虚拟现实，人景合一，资源丰富，不受时间限制，廉价	群体游戏、互动式阅读、欣赏
心理诉求	社区论坛	不受时间、地点限制，打破交流的真实身份的障碍，以吸引志同道合者，形成归属感	俱乐部、社团组织
	博客空间	不受时间、地点限制，打破交流的真实身份的障碍，以观点凸显自己的特色，以吸引志同道合者，形成归属感	日记、媒体发表
	交友	不受时间、地点限制，打破交流的真实身份的障碍，以自己的特色吸引朋友，形成归属感	交友聚会、俱乐部、社团组织
	同学录	海量上传，历史记录，同时不受时间、地点限制，方便联系	同学会
学习	在线教育	海量上传，历史记录，同时不受时间、地点限制，方便学习，使受教育的代价降低，人数增多	在教室上课

(二)利润对象

利润对象的核心是从目标客户的角度来定义的,即企业所要提供的商品和服务所针对的目标客户群。由于新媒体接受方式的分众化,目标受众存在着错综复杂的需求与爱好,因此往往受到地域差别、年龄差异、文化因素、心理因素等诸多要素的影响而呈现出区别化、多样化的细分。

细分客户范围的目的是帮助企业确定哪些客户是能带来盈利的,即哪些客户是最有价值的客户——一些客户使企业盈利增长,而另一些客户则在吞噬着企业的利润。"20/80"定律就指出企业20%的客户为它创造80%的收入,而剩下80%的客户仅为企业带来20%的利润,甚至部分客户会导致企业严重亏损。新媒体企业要准确地评估自己的目标客户范围,只有这样才能向确定的客户提供价值,从而使企业的利润得到保证。

按照美国人本主义心理学家马斯洛(Maslow)的需要层次理论,人的需要由低到高可分为五个层次,即:1. 生理需要;2. 安全需要;3. 爱与归属需要;4. 自尊需要;5. 自我实现需要。对于特色新媒体来说,第1~3层次的需要是基本需要,最好免费提供,以吸引大量的用户,第4~5层次的需要是较高级的需要,可以考虑适当收费。

表1—5 特色服务用户的基本需要、高级需要归纳

服务内容	基本需要	高级需要
即时通讯	交流、方便、及时、准确到达	娱乐性,与众不同
网络游戏	快速、刺激、娱乐	更高功力、道具、级别、地位
邮箱	安全、准确、快速	更安全、更多功能
下载	快速	更快,下载资源质量更高
新闻	丰富、及时、准确、下载	更快,精选自己需要的新闻
搜索	快速、方便	资源丰富、准确,更新及时
信息交流	丰富并且及时的答案	最及时的、专家级别的答案
社区	人气、圈子、归属感	更好的空间设计,虚拟形象,音乐配置,参与互动
交友	人气,成功率高,看到目标对象的基本资料	自己能被更多地关注,看到对象更多的资料
网络电视	节目多、有特色	更快,节目更多,可编程性、参与互动性

(三)利润源

利润源是从企业收入的角度来定义的,即企业从哪些渠道获得收入和利润。利润源是企业盈利模式中非常重要的一部分,它解决了收入来源有哪些的问题。利润源的评估有助于企业制定整体的战略布局。在传统商业模式中,企业往往从直接销售的产品或相关服务中获取利润。

针对传统商业如以销售前后的差价形成利润、提供的后续服务中获取利润等方式,新媒体主要依靠网络技术盈利,其盈利模式更加灵活、多样,也更加复杂,如广告盈利、电子商务盈利、分成盈利、中介盈利等。

满足各个层次需求的盈利点如表1—6所示:

表1—6 满足各个层次需求的盈利点

满足需求的层次	盈利点
生理需求	中介费、广告等收入
安全需求	有偿增值、信息、广告等收入
归属与关注的需求	有偿增值、信息、广告、无线增值等收入
尊重需求	会员服务费、有偿增值、信息、广告、赞助等收入
自我实现需求	会员服务费、有偿增值、信息、广告、中介等收入

(四)利润杠杆

利润杠杆是从模式与价值匹配的角度来定义的。不同类型的价值结构决定了企业不同的盈利模式,每种价值结构都有其对应的价值链,这些相关价值链必须与价值结构相对应。如果在匹配上出现错误的、不相适应的增值能力,则会导致企业在竞争中处于不利地位,利润降低甚至亏损。相反,企业所建立的增值能力如果能够和正确的价值结构相匹配,则可以促使企业创造持续的利润并保持竞争优势。

因特网的出现,对价值链的最重要影响是通过信息的沟通"减少中介",即通过网上订单,制造商可以直接或通过少量的批发商将产品送达终端客户。如亚马逊、淘宝网等,都是取消或减少中间商,通过自己的网站向顾客直接销售商品。亚马逊作为一个零售商,它还能绕过批发商和分销商向出版商直接订货。这样,亚马逊从网站上获得的利润要大大高于任何一个实体书店,这为它带来了源源不断的收入。

(五)利润屏障

利润屏障是从影响网站盈利的阻碍的角度来定义的，即企业为了保护自己的利润而采取的遏制竞争对手的一系列竞争规划。主要包括四个方面：

其一，有形、无形资产，包括对于有形资源(如公司资产)、无形资源(如商标和专利)以及人力资源这三类重要资源的持有能力，即要保护企业利润源不被竞争者所侵食，利润点不遭淘汰，利润杠杆不易被模仿。牢固的利润屏障是建立在领先的技术团队对产品或服务的不断创新，清晰准确的品牌定位以及鲜明的企业文化基础上的。

其二，整合能力，即企业整合各类资源并将其转化为客户价值的能力。当新媒体信息处于大量而无序状态，产品服务开发需要大量人力、财力和物力。任何一个综合型门户网站所能控制和掌握的信息、技术和资源都是有限的。因此，资源整合能力成为企业发展的核心能力，它为企业创造新的发展契机。几乎所有盈利的网站都得益于产业链的完备，借助其他企业的技术、客户、资本等优势，扩大业务量，形成资源优势互补，产生系统效应，以获得更大的竞争优势。

其三，竞争力，即相对于其他竞争者的核心竞争力，能够给客户提供无法替代的优势价值，不断创新的网络广告技术、网络支付技术、信息定制技术、网络通讯技术、信息加工技术、网络游戏技术等，以凸显其优势价值。

其四，持久性。伴随着网络信息的爆炸式增长，网络公司的发展也将以几何级数增长。商业网站应切实采取措施长久地保持其竞争优势，避免竞争对手赶上甚至超越。竞争优势的持久性可通过联合、收购、兼并等策略来实现。

二、互联网的盈利模式

互联网实验室认为，我国互联网行业主要有广告模式、物品交易模式、分成模式和中介模式四种盈利模式。四大模式又可分为品牌广告模式、关键词广告模式、传统差价模式、软件销售模式、道具收费模式、佣金模式、微支付模式、电信分成模式、信息中介模式和交易中介模式等 10 个子模式(如表 1—7 所示)。

表 1—7 中国互联网的盈利模式①

盈利模式	子模式	互联网类型	代表企业	产品/服务	模式特点
广告模式	品牌广告模式	综合门户	新浪	资讯服务	与平面媒体的商业模式无本质区别,只是将媒介从纸张搬到互联网
	关键词广告模式	搜索引擎	百度	搜索服务	将广告推送到用户自然检索页面,赚取由此产生的点击费
物品交易模式	传统差价模式	B2C 电子商务	京东商城	交易平台	与传统商场的盈利模式无本质区别,只是将销售地点由商场搬到互联网
	软件销售模式	财经服务	金融界	理财软件	利用网站销售自己的理财软件
	道具收费模式	网游	盛大	网络游戏	游戏免费开放,通过出售游戏中的道具实现盈利
分成模式	佣金模式	在线旅行服务	携程	酒店、机票预订	整合酒店、航空公司、旅行社资源,为客户提供预订服务,从中赚取佣金
	微支付模式	网络文学网站	起点中文网	文学作品	前半部分免费阅读,后半部分付费阅读,每千字两分钱。把用户所付总费用的 50%~70%付给作者作为稿费,上不封顶
	电信分成模式	无线增值	空中网	无线增值服务	通过运营商的通信通道将产品销售给用户,运营商从中分成
中介模式	信息中介模式	招聘服务	前程无忧	信息平台	利用免费方式获取大量求职用户,吸引招聘企业发布招聘信息,从中收取中介费
	交易中介模式	B2B 电子商务	阿里巴巴	第三方交易平台	为企业提供网上交易平台,从中收取"摊位费"

从新媒体的特征来看,目前比较典型的盈利模式有以下几种:

(一)广告盈利

广告是传统媒体的主要盈利模式。新媒体对广告的依赖程度虽然不如传统媒体,但广告依然是其重要的盈利模式。以网站为例,"从 1997 年中国出现第一则商业性网络广告开始,至今已经走过了十多年历程。这期间,中国的网络广告以年 50%的速度增长,成为中国互联网产业的支柱性商业模式"②。

以新浪、搜狐为代表的门户网站在得到国家有关部门批准登载新闻之后,

① http://www.chinalabs.com/html/shiyanshiguandian/20101014/41192.html

② 高丽华:《新媒体经营》,机械工业出版社 2009 年版,第 35 页。

不断做强新闻内容，以在线媒体的身份活跃在互联网上，并且积聚了大量的人气，广告客户纷至沓来。在中国的门户网站中，作为中文商业网站中影响最大的新闻频道，新浪新闻被公认为是最出色的。新浪的广告收入始终保持其龙头老大的地位。通过与国内外600余家内容供应商达成的合作关系，新浪设在中国内地的各家网站提供了30多个在线内容频道，及时全面地报道国内外突发新闻、体坛赛事、娱乐时尚、财经及IT产业资讯。新浪网是国内网站中第一家实行24小时滚动新闻制度的，这保证了新浪网在历次突发事件、重大新闻出现时都有迅速和突出的表现，成为中国互联网用户生活中不可或缺的一部分。

百度采用最多的一种盈利方式就是——关键词广告。它是指用户在搜索引擎中输入需要查询的关键词后，这时除了会得到这些关键词的链接外，与这些关键词相关的广告也都会出现在页面上。这种区别于传统广告的营销方式有很好的效果，厂商可以将广告准确地送达它们期待的目标客户群，搜索引擎公司则按照事先约定好的价格向厂商收取一定的费用。

据DCCI 2011中国互联网调查显示：2010年，中国搜索引擎广告规模为108.3亿元，预计2014年将超越380亿元，2015年将接近500亿元；搜索引擎的增长率并不会持续上升，将会在2014年被网络广告（不含搜索）所超越。[①]

（二）物品交易模式

中国电子商务当前正处于高速发展期，市场交易额持续快速增长。根据艾瑞咨询最新发布的统计数据显示，2011年中国网络购物市场交易规模达7735.6亿元，较2010年增长67.8%。[②]物品交易成为很多电商的主要盈利模式。根据服务对象的不同，电子商务服务一般分为B2B（Business to Business）[③]、B2C（Business to Customer）、C2C（Consumer to Consumer）三大类。B2B是企业对企业的电子商务，B2C是企业对消费者的电子商务，C2C是消费者对消费者的电子商务。

以京东商城为例，京东商城在线销售商品包括家用电器、汽车用品、手机数码、电脑软件、办公设备、家居家装、服饰鞋帽、个护化妆、钟表首饰、礼品箱包、食品饮料等十大类，逾10万种。其中，家用电器、手机数码、电脑商品及日用百

① 《多种力量正在悄然改变互联网业态》，http://www.dcci.com.cn/dynamic/view/cid/11/id/409.html

② http://ec.iresearch.cn/17/20120112/161325.shtml

③ 在英文中，2(two)的发音同to一样。

货四大类超过3.6万种商品。京东商城提供了灵活多样的商品展示空间，消费者查询、购物都将不受时间和地域的限制。依托多年打造的庞大物流体系，消费者充分享受了“足不出户，坐享其成”的便捷。目前，分布在华北、华东、华南、西南的四大物流中心覆盖了全国各大城市。2009年3月，京东商城成立了自有快递公司，物流配送速度、服务质量得以全面提升。京东商城在为消费者提供正品行货、机打发票、售后服务的同时，还推出了“价格保护”、“延保服务”等举措，最大限度地解决了消费者的后顾之忧，保护了消费者的利益。

京东商城的盈利模式主要在于直接销售收入，赚取差价。依靠赚取采购价和销售价之间的差价的在线销售产品种类超过3万种，产品价格比线下零售店便宜10%～20%；库存周转率为12天，与供货商现货现结，费用率比国美、苏宁低7%，毛利率维持在5%左右，向产业链上的供货商、终端客户提供更多价值，实现了企业的“低应力、大规模”的商业模式。

物品交易模式还包括售卖专业软件。以金融界网站（www.jrj.com）为例，该网站创建于1999年8月，由美国IDG、新加坡VERTEX等共同投资兴建，是中国领先的金融和财经信息提供商，以及全球最大的中文财经网站之一。2004年10月15日，金融界在美国纳斯达克挂牌上市，它也成为目前中国唯一一家在美国上市的中国财经类互联网公司。目前，金融界网站为用户提供下载版和WEB版两种证券分析工具。其中，下载版软件包括QuickWin（快赢）证券投资分析系统、大行情资金黑洞信息平台、大参考高效波段攻击平台、大趋势机构资金动向分析平台；WEB版分析软件包括自选股雷达、牛股大财神、短线之王。以上产品均是收费服务。①

此外还有靠虚拟物品收费的网站。以盛大为例，游戏实行免费开放，但是要想取得VIP游戏玩家身份，购买各种游戏道具是需要付费的，这成为盛大盈利模式中最重要的一种方式。

（三）分成模式

分成模式主要有佣金模式、微支付模式和电信分成模式。

以携程为例，携程主要采用佣金模式来盈利。具体可以概括为：以商务客户为主要利润源，以市场营销为主要利润杠杆，以掌握客源为主要利润屏障，专注于提供以酒店预订、机票预订和“酒店＋机票”为主要利润点的旅游与度假服

① http://www.jrj.com.cn/jrj/cp.htm

务。酒店预订是携程的业务之首，也是携程运作和发展的基础。目前，其合作酒店已超过5000家，遍布全球34个国家和地区的350多座城市。同时，携程每天在国内的55个城市中的一千多家酒店拥有大量的保留房，为其会员提供即时的预订服务。酒店预订代理费是携程最主要的利润来源。虽然携程也明确了网络支付与前台支付的区别，但大多数客户仍只采取到目的地酒店前台支付房费的方法，因而其酒店代理费用基本上从目的地酒店盈利折扣返还中获取。机票预订是携程最近几年迅速发展起来的一项业务，目前它与国内外各大航空公司开展合作，覆盖国内外绝大多数航线，会员可在携程网站上查询丰富、实时的机票资讯。

微支付模式存在于广大的文学中文网中。以起点中文网为例，一部作品，前半部分免费阅读，后半部分付费阅读，每千字两分钱。把用户所付总费用的50%～70%付给作者作为稿费，上不封顶。

另外，新媒体业务发展离不开产业价值链的分工合作，内容服务产生了一条新的价值链，其中，内容提供商、电信运营商都在发挥着各自的作用。电信运营商提供了内容的增值渠道，在运营商搭建的网络上，内容在内容提供商与消费者之间流通，通常都是由CP（内容提供商）提供给SP（增值服务提供商）。[①]

SP在运营商的网络平台之上提供服务，用户通过SP消费内容产品。运营商提供传输通道和收费渠道，SP提供服务，CP提供内容产品。运营商与增值服务提供商进行分成。其中，增值服务提供商所得的部分要再与内容提供商分成。作为运营商来讲，主要提供通信功能的优化和内容信息的整合；作为SP/CP，主要是服务于新功能的设计，包括用户的开发，提供个性化、定制化、互动化的信息。据信息产业部发布的数据显示，中国现在从事增值业务的SP/CP企业数已经达到13000个，拿到全国接入执照的SP/CP已经有690多家，能够经营全国性的业务，SP/CP起到的作用将越来越大。

手机短信与电视互动业务始于2002年。当年，中央电视台与中国移动合作推出“2002年春节联欢晚会”短信互动，由观众参与的内容包括回答主持人问题与选择自己最喜欢的节目，而这项富于开创性的业务一下子就盈利了一百多万人民币。

随着增值业务市场的发展，增值业务已经成为运营商所获得的业务收入中非常重要的一部分。根据艾瑞咨询推出的《2008～2009年中国移动互联网行业

---

① 石磊：《新媒体概论》，中国传媒大学出版社2009年版，第172页。

发展报告》统计，2008 年中国移动增值市场规模达 1251.3 亿人民币（约合 183.2 亿美元），相比 2007 年的 1050 亿人民币，年同比增长 19.2%。[①]

（四）中介模式

这种盈利模式广泛存在于各大招聘网站中。人才招聘网站利用免费方式获取大量求职用户，吸引招聘企业发布招聘信息，从中收取中介费。企业会员发布招聘广告，网站收取费用。如前程无忧、中华英才网、智联招聘等网站。

另外，还有一些网站是以为企业提供网上交易平台，从中收取“摊位费”来实现盈利的。以阿里巴巴为例，该网站的目标是建立全球最大、最活跃的网上贸易市场，让天下没有难做的生意。阿里巴巴被称为“网上世贸中心”，和其他早期互联网公司不同，它从创建之初就有明确的商业模式。阿里巴巴的创立者马云清楚地知道其最大的盈利模式——收取会员费。阿里巴巴的会员分为两种：中国供应商和诚信通会员。“中国供应商”主要面对的是出口型的企业，依托网上贸易社区，向国际上通过电子商务进行采购的客商推荐中国的出口供应商，从而帮助出口供应商获得国际订单。其服务包括独立的“中国供应商”账号和密码，建立英文网址，让全球 240 多个国家和地区的 3200 万家商人会员在线浏览企业。目前，中国供应商的会员费是 6 万～8 万元/年（阿里巴巴的最低报价是 4 万元左右，较大的方案是 30 万元，平均每家的费用是 8 万元）。“诚信通”是阿里巴巴为从事中国国内贸易的中小企业推出的会员制网上贸易服务，即为中小企业提供更多的生意机会，开拓生意渠道，创新营销方法以及提供全套的网上贸易服务。“诚信通”会员针对的是国内贸易，通过向注册会员出示第三方对其的评估，以及在阿里巴巴网站上的诚信交易记录，帮助“诚信通”会员获得采购方的信任。诚信通分为企业版诚信通和个人版诚信通两种，其会员费是：企业会员 2800 元/年（410 美元/年），个人会员 2300 元/年。“中国供应商”和“诚信通”会员除了容易获得买家的信赖外，还拥有企业信息的优先发布权，以让客户更快地找到企业。

除了付费的这两类会员外，阿里巴巴上面还活跃着免费的中国商户和海外商户数千万家。据阿里巴巴 2009 年的财报显示：截至 2009 年 12 月 31 日，2009 年全年阿里巴巴营业收入为 38.75 亿元，净利润为 10.13 亿元。全球注册用户达 4770 万，付费会员 61.5 万。2009 年，阿里巴巴国际交易市场的注册用户全

---

① 中国移动增值市场规模定义为用户为各项移动增值业务付费总和。

年共增加360多万，增幅达46.3%，平均每个季度的用户增长达到90万。目前，阿里巴巴共有1157万名注册用户，企业商铺数量增加45.0%，达到140多万个。①

二、新媒体盈利模式的不确定性成为一个世界性难题

网络技术迅速发展的十多年来，新媒体产业的发展历程并非一帆风顺，尽管每个企业都懂得“客户创造价值”，都在竭力锁定自己的目标市场，苦心经营盈利模式，然而，网络企业的朝生夕死、大起大落、兼并收购，其竞争的惨烈，是以往传统产业所未曾经历过的。个中的辛酸，主要源于其盈利模式的不确定性。

（一）新媒体盈利模式的理论质疑

1.定律自身的缺陷

梅特卡夫定律认为通讯网络的价值与用户数量的平方成正比，而成本至多以线性增长。但通讯网络技术的发展却证实了这种量化定律的缺失之处：为所有链接者或者网络赋予了同样的值。这种偏颇的理念导致了科技投资的冒进和泡沫。②

梅特卡夫定律把网络价值仅归结为用户的人数，忽视了影响网络价值的另一个重要因素，即用户对网络价值的贡献不同。实际上，网络的价值不仅与用户人数有关，而且与用户之间交互作用的强度有关。用户之间的交互性越强，用户获得的效用越大，越促进为其支付相关费用，因而对网络价值的贡献也就越大。而且用户之间的交互效用具有“滚雪球”的趋势，变得越来越大。也就是说，面对这样的用户价值现状，已经不能用梅特卡夫定律来说明了。

上述分析考察网站的网络价值，我们不难发现，门户网站的网络价值在一定程度上被高估了，因为门户网站的用户并没有同样地以二次方的方式为网络价值作出贡献。以在门户网站单纯浏览新闻或购买产品的用户为例，这些用户之间并没有形成一个点对点的通讯网络。事实上，这些用户甚至不构成一个“网络”：两个单独在网上浏览新闻或购买商品的用户并没有给对方带来任何效

---

① http://it.sohu.com/20100316/n270868518.shtml

② 沈建苗编译：《梅特卡夫定律错在何处？》，《计算机世界·技术与运用》2006年第29期。

用，因此，对门户网站的网络价值的贡献微乎其微。当然，这些用户对门户网站也有价值，但这种价值仅限于其"注意力"对广告商的价值，与我们讨论的网络价值无关。梅特卡夫定律存在一个根本缺陷，那就是为所有链接或者群组赋予了同样的值。

当然，几家非常成功的网络公司确实利用网络的强大功能，提供如今带来可观利润的服务。但"如果我们把目光偏离这一小批成功者，就会发现：总体来说，信奉该定律的公司日子都不好过。每造就一个雅虎或者 Google，就会出现几十家甚至几百家 Pets. com、EToy 、Excite@Home 这样的网络公司。它们都致力于增加用户数量而不是提高利润，一直在没有收入的情况下增加开支"。虽然喧嚣的网络时代已远去，但梅特卡夫定律依然存在，仍然可以解释显然由大获成功的 Google 引发的新一轮投资热潮。但是，想在宽带推动下获得新的网络增长期，就绝不能重蹈上世纪 90 年代的覆辙。①

2. 定律规则滥用

IT 产业观察人士刘兴亮在接受《第一财经日报》记者采访时说，梅特卡夫定律作为发展模式现在确实到了亟须变革的关键时刻，不能总是依赖单一的规模，用户增长早晚会出现边际效益递减，还是要更多关注内在本质。

在中国，梅特卡夫定律效应的延续，导致了初期本土互联网的注意力经济。早期的新浪、搜狐、网易、TOM 等门户网站，大都以免费电邮、新闻组、同学录、免费游戏等服务拉拢用户，提高流量。直到 2004 年，搜索引擎百度为了增加流量，增强入口经济，重金收购了 hao123，这一业务创造的流量至今占其总流量的近 15%。

这种追求流量、用户数的举动，几乎覆盖了所有细分领域，包括已成大气候的电子商务。阿里巴巴、淘宝、京东等，至今仍将会员数量、流量当做最核心的财务数据。当京东商城 2011 年遭遇亏损质疑时，创始人刘强东甚至表示，公司一定要先越过规模门槛，然后再求其他。刘兴亮说，用户规模是互联网企业吸引广告客户的基础，事实上，注册用户本身还能为企业直接带来收益，比如阿里巴巴，多年来，会员费一直是其主要收入来源之一。

但是，市场不是一个纯粹、完美的世界，企业肯定要追求商业利益。那些原本领先的巨头，一旦面临市场份额被蚕食，很容易突破商业伦理，甚至不惜违反

① 沈建苗编译：《梅特卡夫定律错在何处?》，《计算机世界·技术与运用》2006 年第 29 期。

法律,依靠商业手段打击对手,从而形成垄断。那么,这是否意味着,新生的互联网小企业,无法获得正常的流量呢?

怎么样突破这种局面,刘兴亮认为,只要有创新的技术、产品或商业模式,方能形成新的用户,产生新的流量,同样可以出头。①

(二)新媒体盈利模式的多样性困惑

新媒体盈利模式的多样性,恰恰突出了网络媒体盈利模式分析的困难。依照米歇尔·麦克卢汉对于媒体的分析,媒体发展到电子媒体后重新回到整合的阶段,一方面是个人需要的所有知识的整合,一方面是特定知识的纵向整合,这种整合要求传统媒体在横向上进行扩展,在纵向上进行延伸,因此任何一种盈利模式都还难以独当一面。

首先体现在模式归纳的不足。所有理论总结构建的盈利模式是一个抽象的模式,它必然存在以下一系列问题:第一,对企业来说,模式体现的是共性,在具体细节上未必适合自己;第二,模式所有人都可见,如何利用现有模式构建竞争优势是各个企业需要认真思考的;第三,从某种角度来说,已有的就是落后的,尤其是像互联网这样的技术、市场变化都很快的行业来说,模式所依赖的条件可能很快就不存在了。所以,构建一个抽象的模式只是基础,对企业来说,模式创新或改造就是紧接着的任务,而这种分类对于模式创新只有借鉴作用,很难直接指导创新。

相关研究者认为,新媒体的模式创新将是一个永恒的主题。创新途径主要是对理论要素形态进行重新组合或引入新的实践要素、形态而产生新的行之有效的模式,而且,这种模式是一种动态,随时随地发生改变。

(三)"免费"模式的困惑

据赛迪网-IT技术报道:互联网上共发生了三次收费与免费的战争。这三次战争分别发生在电子邮箱、电子商务、互联网安全领域。战争都是以免费的胜利而告终,并带来更好的产品、服务和商业模式。

关于免费用户的商业价值,一个公式或许能够说明:

免费用户基数×商业模式=收入

---

① 《泛滥的梅特卡夫定律》,《第一财经日报》,http://business.sohu.com/20101111/n277525577.shtml

因此，对于任何一家互联网公司，商业模式不是想出来的，而是做出来的。要找出一个合理的商业模式，首先要把免费用户的基数做大，否则谈论商业模式没有任何意义。互联网公司最根本的任务是把产品做好，追求极致，努力提高用户体验，这是做大免费用户基数的基础。①

据南方报业网—南方都市报报道：调研公司 GfK 公布的最新调查结果显示，全球 87%的网民不愿为网络内容付费。GfK 对美国和欧洲 16 个国家的 1.68 万网民进行了调查，只有 13%的网民表示愿意为在线内容付费。而绝大部分都不愿意为此而付费，更有甚者，其中 33%希望所有网络内容都要免费，而且不希望有广告。②

在网络经济市场中，广大用户逐渐习惯于使用免费的产品和服务。产品和服务的免费现象可以说是普遍存在于各类细分市场当中的，免费邮箱、免费聊天工具、免费网络游戏等充斥着用户的视线。网络公司们频繁地使用“免费”的攻势，使网民认为互联网服务理所当然应该免费。

在我国网络公司中，由“免费”产生的盈利危机主要体现在以下几个方面：

1. 某些网络公司一味地为了抢占市场，在不考虑自己的资金流转以及产品和服务的性质是否适合的情况下，大规模、长时间地推出免费试用的策略。产品和服务的边际成本和渠道成本不够低，会给企业在免费期间带来非常大的亏损，即使今后能够有盈利，也需要相当长的一段时间才能扭亏为盈，对企业的后续发展不利。若再加上自身的流动资金不足，那企业很有可能撑不到真正盈利就已经破产了。

2. 当网络公司结束免费期开始收费时，却遇到了用户大量流失的局面。面对这样的情况，网络公司可能会采取差异化的服务来获取利润，比如网上银行大众版服务和专业版服务的形式，但是这类差异化的服务是否真正具有值得用户付费的价值，直接决定了那些专业版服务所赚取的利润能否补偿免费大众版所产生的净成本，这些都是网络公司需要考虑的问题。

3. 相当一部分网络公司是通过提供免费的服务来交换用户的注意力或者劳务，以作为可以转换为实际利润的稀缺资源和可供利用价值的，可是这些稀缺资源只是一种潜在的价值形式，如果不能设计合理有效的转换机制，那么一切都是徒劳的。

---

① http://tech.ccidnet.com/art/230/20100712/2112977_1.html

② http://www.bianews.com/news/99/n—134799.html

当然，调查也显示有13%的网民表示愿意为在线内容付费。那么，他们愿意为什么您付费呢？显示结果分别是：即时信息，成人信息，QQ道具，无线地图搜索，偶尔查询报纸历史报道档案。对以上付费行为的分析我们可以看出，人们愿意付费的理由分别为：交往风险的降低；信息获取的随时随地；交流沟通的随时随地；生活服务的随时随地。如搜索引擎是免费的互联网产品。作为占领中国市场第一位的百度，2009年全年的营业收入为44.48亿元人民币，所占的市场份额为76%。而根据CNNIC的数据，截至2009年底，中国搜索引擎用户数为2.6亿。由此，百度的用户ARPU值约为22.57元。腾讯在2009年的总收入为124亿元人民币，截至2010年3月，腾讯QQ的注册数量达到10亿个。由此，每个注册账号的ARPU值（每用户平均收入）为12.4元。如果按照实际用户覆盖率85%（艾瑞数据）计算，QQ的用户量为3.23亿，则每位用户的ARPU值为38元。

由此可见，互联网的产品和服务虽然免费，但是却基于这种模式开创出一个全新的、繁荣的行业。百度和腾讯的免费模式告诉我们，新媒体的收费对象不是内容，而是增值服务的方式。免费只为吸引用户，然后通过增值的实现方式服务，将部分免费用户转化为收费用户，这就是所谓的免费增值模式（freemium）。

"免费背后是促进信息流转，信息流转可以产生新的价值，这是免费的精神。"布丁网创始人徐磊在其微博中如此解释。但是，问题不可避免地出现了：免费服务和增值服务两者的界限在哪里？"360免费白皮书"认为：免费服务和增值服务必须要界定清楚，否则就难以建立免费商业模式。

增值服务和免费服务一定不能是同质化的，就是说，不能将一种服务分成低端和高端，然后低端服务免费，高端服务收费。现在有部分国外的杀毒软件，初级功能版本的产品免费提供用户使用，高级版本的产品则采取收费的模式。这种模式在互联网上是行不通的。

增值服务应该和基础服务有关联，但是它们一定不能是同一种服务，否则二者会产生冲突。

如果厂商把免费服务的品质做得太好了，那么它的增值服务就不会有很多人用。如果厂商想推动用户购买高端的增值服务，那它就不得不降低免费服务的品质。但是，降低免费服务的品质，其后果并不是卖出更多的收费服务，而是降低了用户的忠诚度，用户就会用脚投票，选择走人。[①]

新媒体的这种免费增值模式如何界定清楚，是一个世界性的难题。这种免费商业模式的建立，需要付出巨大的代价。眼下，由于模式的理论积淀和实践的经验尚且不足，摸索中带来的产品和服务的不稳定以及产业模式的不成熟让新媒体企业的实践者感到困惑而迷茫。2011 年 10 月 13 日，迅雷受内外因素的共同影响，宣布撤销上市计划。内因方面，业界认为，迅雷的商业模式尚存在不足。作为中国最大的下载服务提供商，迅雷下载器是迅雷的旗舰产品。艾瑞数据显示，截至 2011 年 2 月，迅雷拥有 2.91 亿活跃用户，占据国内下载软件市场 78.7%的份额。并且，这些下载都向互联网用户免费提供。虽然有庞大的用户，迅雷却很难将海量的用户、流量转化为收入，要实现持续盈利和规模商业价值很难。迅雷在下载、视频、游戏等付费增值等多个领域周旋，努力践行通过“免费”走向“增值收入”的路径，但并没达到预期的效果。不过，迅雷非常有信心，迅雷 CEO 邹胜龙认为此事对于迅雷来说，未必是件坏事，重新定义更为适合的商业模式，在下一波中找到真正展示自己价值的高峰为时也不会太远。[②]

思考题：

1. 如何理解新媒体？
2. 新媒体时代传播模式的变迁如何体现？
3. 如何理解“个体化公共媒体”，这一媒体形态有怎样的实现路径？
4. 新媒体“多元化传播”包括哪些模式？
5. 新媒体如何通过还原内容商品的原生态价值产生传统媒体不可替代的运营优势？
6. 新媒体产业实现了怎样的商业模式，如何评价这一商业模式？
7. Web2.0 有怎样的内涵意义？
8. 概述新媒体经营与盈利模式的三大理论基础。

① http://tech.ccidnet.com/art/230/20100712/2112977_4.html

② 《迅雷中止赴美上市邹胜龙转型遭遇模式困惑》，http://tech.163.com/11/1019/08/7GNEVV2E000915BF.html

第二章 新媒体产业发展及市场格局

第一节 中国新媒体产业发展历程

一、全球新媒体产业高速发展

在新媒体应用日益普及的趋势下，全球新媒体产业一直保持着快速增长的势头。首先是媒体使用方面，据国际电信联盟统计，2010 年全球互联网网民超过 20 亿人，其中，发展中国家网民人数达到 12 亿人。与此相对，发达国家每百人网民数量在 2000 年就达到 24.6 人，2010 年则超过 71.6 人，而发展中国家在 2000 年每百人仅有 2.0 个网民，2010 年虽较 2000 年增长近十倍，达到 21.1 人，但仍落后发达国家 10 年以上。到 2010 年末，全球使用手机数量达到 52.82 亿部，发达国家每百人拥有 116.1 部手机。发展中国家每人拥有手机数量在 2000～2010 年十年间增长了 11 倍，2010 年已经达到 67.6 部。

据统计，全球主要新媒体公司的合计市值已达 2890 亿美元，而主要传统媒体公司的合计市值为 2960 亿美元，两者旗鼓相当。[①] 欧洲新媒体发展也很迅速。在宽带发展方面，英国保持着最高的营业额收入，德国则是增长最快的国家。这一领域，英国、法国和德国在 2012 年将达到 120 亿欧元的总收入。[②]

二、中国互联网产业发展历程

作为最具代表性的新媒体，中国的互联网产业从 20 世纪 90 年代初发展至

① 尹韵公主编：《中国新媒体发展报告 2011》，社会科学文献出版社 2011 年版，第 2 页。

② 柯妍、唐晓芬：《欧洲新媒体产业发展和规制变化》，《中国记者》2008 年第 5 期，第 68 页。

今，短短十几年时间，对周围世界所发生的变化产生了前所未有的深刻影响。

根据互联网各个发展时期的特点，结合我国互联网发展的经济、社会背景，以及我国为实施信息化建设所发布的各种政策措施对互联网发展产生的影响，中国互联网产业的发展可分为四个阶段：1987 年至 1994 年底为萌芽发展阶段；1995 年初至 2000 年中期为快速发展阶段；2000 年至 2003 年初为曲折发展阶段；2003 年至今为繁荣发展阶段。

关于中国互联网产业的发展历程，胡延平认为应分为三个阶段：1987 年至 1995 年为萌芽阶段；1995 年至 2000 年为启动阶段；2000 年以来为融合阶段。融合阶段最重要的事情是混沌当中正在孕育的新的技术格局和产业秩序。[①]

《人民邮电报》上刊载的一篇文章《中国互联网发展趋势的分析和思考》把中国互联网产业发展分为三个阶段，即：2000 年以前为孕育与发展阶段；2000 年至 2004 年为第一次起飞；2004 年以后为第二次起飞。文章认为，如果说第一次起飞是国内互联网界跟风炒作、国际风险投资推波助澜的结果，那么第二次起飞是国内互联网务实奋进、国际风险投资谨慎选择的结果。第一次起飞是一个个小网站在一穷二白的基础上描绘出的海市蜃楼，而中国互联网的第二次起飞则是在具有雄厚网络产业基础上建造出的高楼大厦，是已经初具规模的互联网大产业的整体起飞。[②]

（一）中国互联网产业起步阶段（1987 年至 1994 年底）

1. 信息高速公路

美国前副总统戈尔先生曾经将互联网比喻为“信息高速公路”，他在说这句话的时候（20 世纪 90 年代中期），全球互联网接入技术还只处于电话线或 DDN 专线的水平上，实际离“高速公路”所代表的水平相差甚远。资料显示，早期国内互联网资源极其短缺，供需矛盾非常突出。尤其是作为一项重要指标的国际出口带宽，开始只有几百个 KB，虽然此后的增长速度很快，但是直到 20 世纪的最后一天，全国的国际出口带宽也只有 351MB。[③] 那时，多数接入服务商（ISP）只有 2MB 左右的出口带宽，却发展了几万甚至十几万的用户，因而上网速度慢得惊人，有时打开一个网页需要几分钟的时间，只有到了下半夜速度才会

① http://www.yesky.com/20020917/1630887.shtml

② http://tech.sina.com.cn/i/w/2004－07－15/1717388297.shtml

③ 见 2000 年 1 月 18 日 CNNIC 发布的第五次《中国互联网络发展状况统计报告》。

稍快一些。正是由于这个原因,早期的"网虫"们几乎个个都是夜猫子,并且有许多人落下了神经衰弱的病根儿。带宽不足严重制约了中国互联网产业的发展。

"中国人离信息高速公路有多远——向北1500米。"1996年的深冬,北京市中关村白颐路南端街角处竖起了一块巨型广告牌。当时,普通中国人对"信息高速公路"这个概念几乎一无所知。向北1500米,其实是一个名叫"瀛海威"的公司的科教馆,是对互联网知识进行科普的地方。瀛海威是中国互联网发展史上一个绕不开的名字,这块广告牌则被认为是中国互联网产业的里程碑事件。①

2. 越过长城,走向世界

1987年9月14日,王运丰教授和他的同事以及来自德国卡尔斯鲁厄大学的教授措恩,坐在中国兵器工业计算机应用技术研究所的一间办公室里,郑重地在计算机上敲下了一份电子邮件:"Across the Great Wall we can reach every corner in the world(越过长城,走向世界)。"但由于系统小漏洞,这封邮件一直到六天后的9月20日才成功发出。邮件首先到达德国卡尔斯鲁厄大学,随后到了美国和爱尔兰。"越过长城,走向世界"这句话被光荣地载入中国史册,因为它是中国人通过在互联网上建立的电子邮件节点,向世界发出的第一封电子邮件。

中国互联网协会理事长胡启恒曾说:互联网进入中国,不是八抬大轿抬进来的,是羊肠小道走出来的。早在20世纪80年代,互联网在国际上已经渐成气候。在海外工作过的中国科学家们立刻意识到,通过互联网与海外交流,显然比传统的长途电话和传真更便宜、更快捷。然而,当时一些发达国家对中国实行禁运,不同意中国互联网接入美国的骨干网。1990年,王运丰在措恩教授的帮助下,注册了中国的顶级域名". cn"。由于中国尚未实现与国际互联网的全功能连接,这个域名服务器便暂时放在德国卡尔斯鲁厄大学的机房里。②

与此同时,一群科学家正在中科院的高能物理研究所"倒腾"中国的第一条互联网专线。科学家们费尽了口舌,就技术问题、报批手续等问题,折腾了整整18个月。1993年3月2日,中国部分连入国际互联网的第一条专线终于开通。这一天,揭开了中国人使用互联网的序幕。

---

① 《中国互联网风雨十年路》,《中国证券报》2005年7月11日,第A10版。

② 《昨天篇:互联网的中国之路》,《世界知识》,2011年第11期,第15页。

1994 年 4 月 20 日，国家计委利用世界银行贷款重点学科项目 NCFC(National Computing and Networking Facility of China)工程的 64K 国际专线开通，实现了与互联网的全功能连接。中国成为国际互联网大家庭的第 77 个成员。又过了一个月，中国互联网的顶级域名服务器从德国移交到了中国。1995 年，按照中国邮电部电信总局与美国商务部签订的协议，从北京和上海接入国际互联网的两条 64K 专线正式开通，并且开始向全社会提供互联网的接入服务。这一年，美国的微软公司发布了 Windows 95；这一年，美国的网景公司上市，股价一路飙升，引起无数人对互联网公司的种种商业猜想；这一年，中国打开了通往互联网时代的大门。[①]

(二)中国互联网发展的高涨阶段(1995 年初至 2000 年中期)

1.信息服务空前活跃

互联网初起，人们整天想的是，靠互联网，能活下来吗？1999 年初，尼葛洛庞帝访华，数字革命报告会掀起了中国数字化生存的风暴。当年的全球网上营业额已达 1020 亿美元。中国互联网起步虽迟却发展神速，互联网用户已达到 2250 万。[②] 这一阶段，中国互联网进入了一个空前活跃的时期，一大批中文网站企业，如新浪(前身为四通利方)、网易、ChinaByte 等最终发展了起来，并获得了巨大的成功。它们提供新闻报道、技术咨询、软件下载、娱乐休闲等 ICP 服务和虚拟主机、域名注册、免费空间等技术支持服务。

自 90 年代末开始，电子商务成为热点，引来国内外众多的掘金者。根据一些机构的统计，国内电子商务市场的规模已达数千亿元，并以每年 40%的速度持续增长，前景极为广阔。2000 年我国电子商务交易总额为 771.6 亿元人民币。[③]

在大量商务网站开通、出现网络购物服务的 1997 年，我国制定了《国家信息化“九五”规划和 2010 年远景目标》，将互联网列入国家信息基础设施建设，提出通过大力发展互联网产业，推进国民经济信息化进程。1999 年 3 月，北京图书大厦网上书店在国内外多家银行的支持下开业；同月，8848 网站开通；4 月，中国电子商务网开通。此后，相继开通的商务网站还有雅宝、易趣、阿里巴巴、酷必得等。一些门户网站也开辟了网上购物服务项目。

---

① 《昨天篇：互联网的中国之路》，《世界知识》2011 年第 11 期，第 16 页。

②③ 《金融电子化》2001 年第 4 期，第 1 页。

2. 移动互联网服务强势凸显

1999 年 4 月至 6 月，信息产业部批准开展 IP 电话试验的三家公司中国电信、中国吉通、中国联通先后开通了 IP 电话业务；同年 8 月，中国网通公司成为第四家获准经营 IP 电话的公司，10 月投入试运行。在此期间，国外兴起的“无线上网”热潮也涌入国内，国外上网手机产品诺基亚 7110、摩托罗拉“太极”、爱立信 R380 等纷纷抢滩中国大陆市场。面对这一形势，中国移动通信公司于 2000 年 5 月 17 日国际电信日正式推出了移动互联网，提供无线上网服务。

3. 网民，一亿人的生存

CNNIC 发布的第 16 次互联网统计报告中的一个重要数据是，中国网民总数目前已经突破一亿大关。而在一年半之前，这个数据还只不过是 8000 万。一亿网民，相当于每十三四个中国人中就有一个接触过互联网，这在全球发展中国家以至发达国家中都是一个很了不起的成绩。

当时，上网的费用非常昂贵，一个小时的网费和电话费高达数十元，大致相当于目前国内一些城市一个月的宽带包月费，普通人很难承受得起。同时由于上网需要具备一定的计算机知识和网络知识，因此早期中国网民的特征是“三高”：高收入、高学历、高消费。各种资料显示，近年来增加的数千万网民中，十几岁的学生一族为数最多，而他们对于网络的兴趣似乎仅仅是出于娱乐的目的。

4. 网资，流淌的财富

资本经营铸就了互联网，互联网又产生出更多的财富。如果说新技术是互联网产业的引擎，那么资本市场提供的风险资金无疑就是助推之能量。中国互联网自问世之初就成为商业人士攫取财富的新大陆，并延续至今。当时的张朝阳拿到了第一笔风险投资创办了搜狐网站，极大地振奋了中国互联网的创业者。而 IT 业界最热点的话题是，如果你有一份完美的商业计划书，就足以获得投资商成千上万的美钞。

1997 年 2 月，中国最早、也是最大的民营 ISP、ICP 瀛海威全国大网开通。随着门户网站时代的到来，新浪、搜狐、网易在 1998 年至 1999 年形成了国内三大门户网站三足鼎立的地位。后起之秀腾讯借助庞大的 QQ 用户群，亦步入门户网站的行列。中国互联网经济逐渐崛起。一些中国互联网企业开始进军海外股市纳斯达克，如中华网（1999 年 7 月）、新浪网（2000 年 4 月）、亚信、网易等，而搜狐也于 2000 年 7 月在纳斯达克上市。

前新浪网总裁王志东 1999 年 12 月 2 日在北京大学作演讲时说：从 1995 年开始，随着雅虎、Amazon 等互联网公司的上市，带动了整个美国的网络经济新潮。人们都已经看到，这些新兴起的网络公司在短短的时间内能够达到几十亿甚至几百亿的市值，并且已经超过了像波音、GE 等许多传统工业制造经济时代的巨人公司的市值。在网络经济的大浪淘沙之下，许许多多的传统产业已经开始慢慢地落后于网络产业。①

（三）中国新媒体产业泡沫阶段（2000 年底至 2003 年初）

1. 从输血到造血

“拿来主义”曾是中国互联网成长中的一种希冀。不仅商业运作方式实行的是“拿来主义”，连商业运作成本也主要是靠国际资本“输血”维持。1999 年 7 月 12 日，中华网在纳斯达克上市，这是在美国纳斯达克第一个上市的中国概念网络公司股。以此为标志，紧接着，新浪、搜狐和网易等相继在纳斯达克挂牌上市，中国互联网产业的发展从此有了一个股市晴雨表。这次浪潮也带动了中国各地的网站建设。

2000 年 3 月中旬，以美联储调高利率和微软遭地方法院拆分两大事件为导火索，互联网危机全面爆发。互联网经济像泡沫一样，瞬间破碎。在一年多的时间内，美国以信息高科技股为主的纳斯达克指数，从 2000 年 3 月 13 日 5048.26 点的最高峰，一路狂泻，缩水 70%左右，将两万多亿美元的资产化为乌有。2000 年 5 月，欧洲流行时尚网 Boo. corn 宣告破产；同年 6 月，当时的网络超级巨星亚马逊宣布第二季度营业收入将明显低于华尔街预期；8 月，零售商美国价值网站关闭……

由美国蔓延开来的互联网危机也深刻地影响了中国互联网的发展：搜狐亏损 1924 万美元，网易亏损 1725 万美元，新浪亏损 4337 万美元。我国几家在美国纳斯达克上市的网络公司随纳斯达克大盘一路狂跌，均在 5 美元之下徘徊。搜狐股价在 2001 年 3 月跌破 1 美元，濒临摘牌。网易因虚假财报停牌，股价降至六七十美分。这一股席卷全球 IT 界的网络寒潮持续了近两年。

从 2000 年至 2002 年，纳斯达克的股市泡沫波及整个中国互联网产业，让

① 《互联网：泡沫还是黄金》，《改革先声（新视点）》2000 年第 4 期，第 47 页。

中国网络经济不可避免地进入了萧条期，大量网站或倒闭或盘整，中国的互联网企业开始了反思和挣扎。互联网寒冬不仅教会了中国互联网企业以生存之道，也提供了一个巨大的机会，这就是促进中国互联网实现了与中国移动通信增值服务市场的嫁接，并因此完善了自身的"造血"机制。

有两种新模式将支撑网络经济于不倒。一是网络与传统产业结合的互联网服务；二是网络经济在扩张过程中涌现出来的新技术与新产业增长点将继续吸纳大量资本，比如 ASP，比如无线、宽带等，都称得上是"大好题材"。按照 DCCI 互联网数据中心胡延平的说法：网络概念逐渐清晰，整个产业付出了几年时间和无数心血后，网络军团正在兵分三路发展。一路回到 IT"为互联网做"，提供研发、硬件、软件；一路在 IT 与其他各个新老产业之间形成市场潜力无比巨大的中间产业带，"做互联网"，为其他产业提供各种互联网应用服务、解决方案；一路则进入各个传统产业以及在新诞生的行业里"用互联网做"自己的业务。[①]

(四)中国新媒体产业复苏及大发展阶段(2003 年至今)

1.突破应用，初具规模的互联网产业强势起飞

(1)宽带改变新媒体运用方式

互联网应用提供商和运营商在合作机制方面的积极探索，涌现出很多专门经营宽带应用内容的公司，使宽带互联网产业生态链逐渐形成，网络增值服务经营模式的探索取得有效进展。宽带市场的发展，为包括通信运营业、设备制造业和网站在内的整个互联网产业的起飞奠定了基础。

宽带网的建设大大改变了互联网的应用方式。2005 年以来，宽带的普及、3G 的推广以及 Web2.0 的逐步运用，有力地推动了中国互联网和新媒体行业掀起第二次发展浪潮。宽带应用已由早期互联网 50%以上的电子邮件以及外部浏览，发展到大量的视频、大容量的软件，并且随着人机通信、机器与机器通信等技术的逐步推广，在线游戏行业和无线增值行业的运用增长加快，互联网与传统服务的结合趋势越来越明显，互联网企业瞄准了人们的食、衣、住、行、娱乐等方面，提供相应的在线服务。Web2.0 的用户创造内容，社区成长非常迅速，形成了对虚拟世界市场价值的开发，构建了人类的交易、交流、工作、生活、

① 《解读 2000 年中国网络经济关键词汇(上)》，http://www.yesky.com/20000830/1250340.shtml

学习等全方位的虚拟空间。

(2)网民数量形成市场规模

随着网络基础设施建设的推进，2010年，中国互联网加速宽带化发展，宽带网民数量达到4.5亿人；传统互联网进一步向移动互联网延伸，手机网民达到3.03亿户，移动终端日益多样。2010年是中国新媒体发展史上具有标志性意义的一年，本年度中国互联网网民数量超过4亿人，年底达到4.57亿人，超过1/3的中国人成为网民。从2000年到2010年，中国网民从2250万人增长到4.57亿人，增长了约20倍。中国互联网起步较晚，2000年的普及率还不到1.7%，当时不仅远远不及发达国家平均水平(24.6%)，而且大大低于世界平均水平(6.4%)，甚至还略低于发展中国家2%的普及率平均水平。经过十年的奋起直追，中国互联网普及率在2010年达到34.3%，是发展中国家平均水平21.1%的1.6倍，与发达国家在普及率方面的差距逐年缩小。此外，中国手机用户在2010年突破8亿户，2011年3月底达到8.9亿户，是美国3.03亿手机用户的近3倍，在用户规模上是名副其实的新媒体第一大国。①

《南方周末》2004年4月22日刊登了一篇题为《互联网经济10年凉热(1994～2004)》的报道，对当时中国新媒体的产业发展历程作了这样的总结："从产业的角度看，8000万网民已经使网络媒体拥有仅次于电视和报纸的读者群和广告受众，新浪和搜狐新闻的日访问用户已经远远超过任何一家报纸的读者面。中国的电子商务不再仅仅是企业的一个网上产品样本展台，而成为许多大大小小企业的又一条销售渠道。这8000万网民正在创造一个个在未来10年中消费需求过百亿元的市场，譬如广义的短信即移动互联增值市场、网络游戏市场、网络广告与搜索排名、B2C与C2C电子商务等。"

(3)新媒体产业价值链的形成

网络泡沫破灭后，中国很多的互联网企业关门、倒闭、改行，而留存下来的网站是回归务实经营的那部分。各门户网站重新认识了新经济的本质，必须遵循经济活动的基本规律。他们向产业链要自己的市场价值，推出了各种丰富多彩的网络应用和服务，培育网民的有偿信息消费新观念，确立了多元化的收入模式。例如搜狐公司，把自己称为新媒体、电子商务、通信及移动增值服务公司，四位一体，反映了门户网站的多元化发展的轨迹。"移动梦网"更是互联网产业链大合作的第一次成功尝试。2000年，中国移动短信只有10亿条，"移动

① 尹韵公主编：《中国新媒体发展报告2011》，社会科学文献出版社2011年版，第2～3页。

梦网"启动后，广大中小互联网企业纷纷参与，2002 年中国移动短信达到了 900 亿条，2003 年达 2000 亿条。在"移动梦网"产业价值链取得成功后，"互联星空"、"联通无限"等相继推出。互联网产业价值链在最初形成的由最终用户、互联网企业和制造商构成的简单产业链上不断地细分和延伸，互联网内容提供商、接入服务商、系统集成商、应用开发商和软件商、传统行业、大企业、政府纷纷加入其中，互联网产业价值链已经基本形成，并且在日益壮大。① 目前，一个以市场需求为导向，以市场价值最大化为目标，以通信运营业、信息产品制造企业和软件企业为支撑，广大互联网增值服务企业、科研机构、政府组织齐参与，协调有序、合作紧密、资源共享、优势互补、具有中国特色的互联网产业价值链已经基本形成，互联网产业开始进入良性发展的时期。

(4)产业巨头的成长

一个产业形成的一个很重要的标志是有没有一批产业巨人。以市值来看，新浪、网易、搜狐三家互联网公司的总市值约为百亿美元，已超过大多数当年在香港上市的红筹股。著名互联网评论家吕伟钢告诉大家这样一组比较数字，他说，搜狐的价值相当于什么？以市值算相当于一个燕京啤酒，两个上海航空，三个神州数码，四个华润置地，八个物美，二十个北大青鸟环宇。每个网络富豪背后是以惊人的速度崛起的大市场，以网络游戏来说背后有一个网络游戏业。②

其实，新浪、搜狐、网易三家只是构成网站这一环节上的第一梯队，排在第二梯队的盛大、TOM、掌上灵通、携程网、中华网等网站的实际年收入也接近亿元。而腾讯、空中网、慧聪等第三梯队网站每年实际收入也已经超过 5000 万元。此后，很多不计其数的行业网站、人才网站，它们当中很多收入也都超过千万元。③

2003 年福布斯中国富豪榜最令人瞩目的是出现了好几位排名非常靠前的"网络富豪"。在他们背后是一个正在以惊人速度崛起的大市场。2005 年，互联网产业 100 强首次诞生，《2005～2006 中国互联网产业调查报告》发布，新浪、百度等 50 家网站入选"品牌 50 强"，盛大、网易等 50 家网站入选"创新 50 强"，共同构成"中国互联网产业 100 强"。这也是我国互联网产业发展历程中首次诞

①③ 申江婴：《中国互联网发展趋势的分析和思考》，《人民邮电报》2004 年 9 月 1 日。

② 贺文华：《互联网峰会大腕挖商机 互联网是 1%胜率的游戏》，《北京娱乐信报》2004 年 4 月 14 日。

生的"100强",标志着中国新媒体企业阶层的形成。[①]

2010年6月1日,谷歌旗下的DoubleClick公布了全球网站4月份独立访问人数TOP1000排行榜(不含谷歌自己的网站及成人网站),前20名中有7家来自中国的网站,百度、QQ、新浪、网易、淘宝、搜搜、优酷榜上有名。[②]

如今,中国互联网已拥有多项值得骄傲的资本:网民总数达到3.84亿,全球第一的地位无人能撼;腾讯市场价值超越400亿美元,跻身全球前三名巨头行列;中国本土互联网公司在中国市场全面战胜Google、微软、雅虎等互联网巨头,成为完全依靠市场竞争取胜的行业之一。[③]

2.新媒体产业整体优势凸显

2006年,国家先后公布了"十一五"经济社会发展规划、科学技术发展规划、文化发展规划纲要,在这三个重要的国家规划中,都将发展新媒体列入科技创新的重点。例如在《国家"十一五"时期文化发展纲要》中就明确地指出"大力发展以数字化内容、数字化生产和网络传播为主要特征的新兴文化产业,加快发展民族动漫产业,大幅提高国产动漫产品的数量和质量,积极发展网络文化产业,鼓励扶持民族原创的健康向上的互联网文化产品的创作和研发,拓展民族网络文化发展的空间。"纲要还强调"大力推进以数字技术和互联网技术为核心的文化生产和传播的新兴行业,积极发展电子书、网络出版物等新业态,发展手机网站、手机报刊、电视、数字电视、网络广播、电视、电影等新兴的传播载体"。[④] 上述利好政策,为新媒体的整体突进,特别是与传统媒体的融合提供了强大推力。

新媒体确实以超乎寻常的速度在发展。伴随着互联网的全方位商业运营的步伐,三网融合,IPTV、移动电视、手机电视等数字新媒体和新业务也迅速兴起。尽管我国IPTV的用户规模有限,但其增长势头明显。2004年中国IPTV用户仅有416万,2006年年底上升到55万户左右,而截至2010年,这个数字猛增至6300万户。[⑤] 这表明运营商对于IPTV试点地区的范围在逐渐扩大,消费者也逐渐认同这种新技术。在电信业务转型的大趋势下,无论是固网运营商还是移动运营商都在积极地寻找增值业务,以谋求进一步的发展。与此同时,

① 《人民日报》2005年12月23日第011版。

② http://tech.163.com/10/0601/22/684IFS0500094IGJ.html

③ 方兴东:《中国互联网如何提升创新能力》,《人民日报》2010年3月23日。

④ http://news.xinhuanet.com/politics/2006-09/13/content_5087533.htm

⑤ http://tech.sina.com.cn/t/2006-08-08/17041076387.shtml

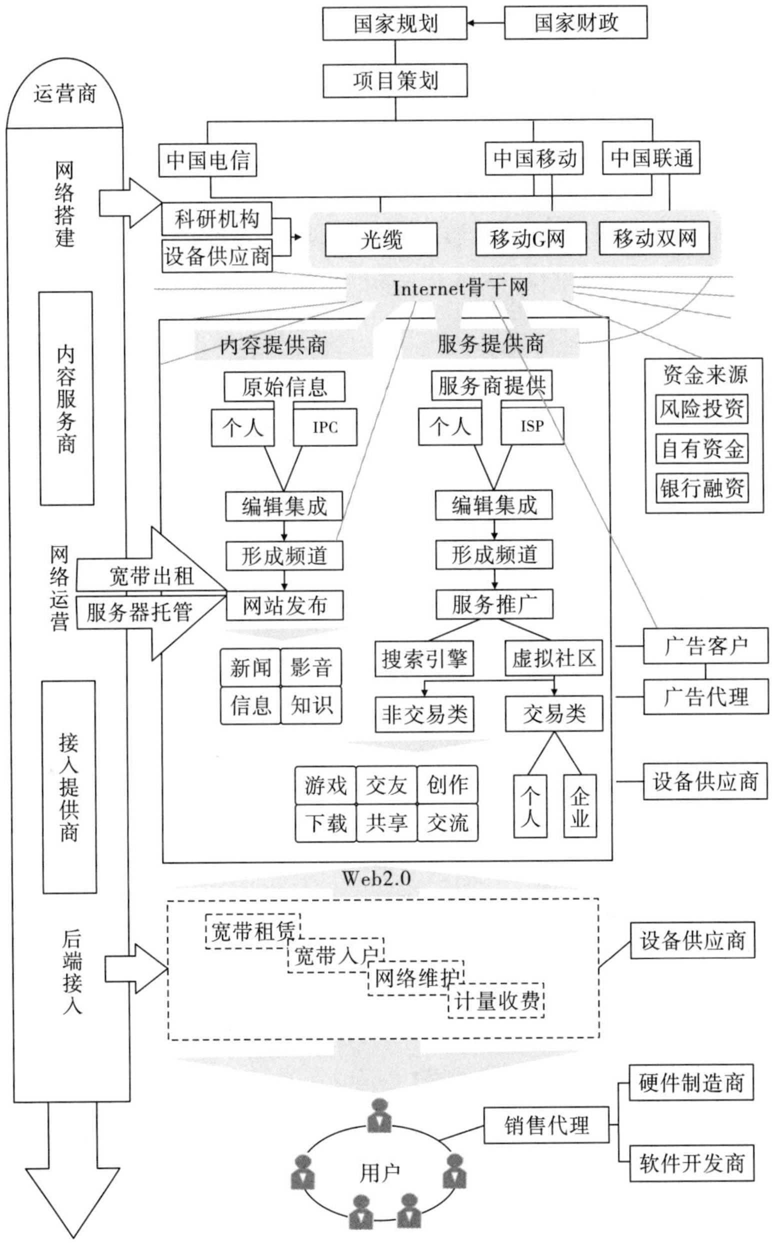

图 2－1　互联网产业地图①

① 崔保国主编:《2011 年中国传媒产业发展报告》,社会科学文献出版社 2011 年版。

手机无线广告业务、播客、博客、视频、户外电视等新媒体增长也形势可观。

2003年以来,经过反思以后的中国互联网企业重新崛起,不再是异想天开和造概念,而是按照市场的需求来运作,特别是主流媒体进军新媒体,引发了产业的大发展。中国互联网正进入战略差异化和能力分化的阶段。互联网的运用带动了包括无线网络、数字广播电视等众多产业的变革、转型和融合,影响了软件服务商、设备提供商、电信运营商、印刷出版者等媒体关系网络中重要参与角色的战略规划和发展地位,掀起了一场浩瀚的多产业革命。

第二节　中国新媒体细分市场概况

一、细分市场

细分市场(Market Segmentation)是指营销者通过市场调研,依据消费者的需要和欲望、购买行为和购买习惯等方面的差异,把某一产品的市场整体划分为若干消费者群的市场分类过程。每一个消费者群就是一个细分市场,每一个细分市场都是具有类似需求倾向的消费者构成的群体。

"细分市场"的概念是美国市场学家温德尔·史密斯(Wendell R. Smith)于1956年提出来的。它是第二次世界大战结束后,美国众多产品市场由卖方市场转化为买方市场这一新的市场形势下企业营销思想和营销战略的新发展,更是企业贯彻以消费者为中心的现代市场营销观念的必然产物。[①]

二、新媒体产业细分市场结构

(一)中国新媒体产业

中国新媒体产业在2009年增速放缓,但仍保持了快速的增长态势,市场规模达到838.3亿元,较2008年增长了32.2%。伴随着新媒体企业的运用实践,新媒体企业对产业的认识和利用程度正逐步加深;同时,对于新媒体产品的创

① 郭国庆、李先国:《市场营销学》,武汉大学出版社2003年版。

造也培养了新媒体的受众，网民规模持续大幅增长，用户对互联网的接受程度、应用水平以及消费能力都明显提升，广告主对新媒体产业的广告投入在2009年保持较快增长；手机媒体增长迅速，且增长有提速的趋势，带动相关产业迅速发展。

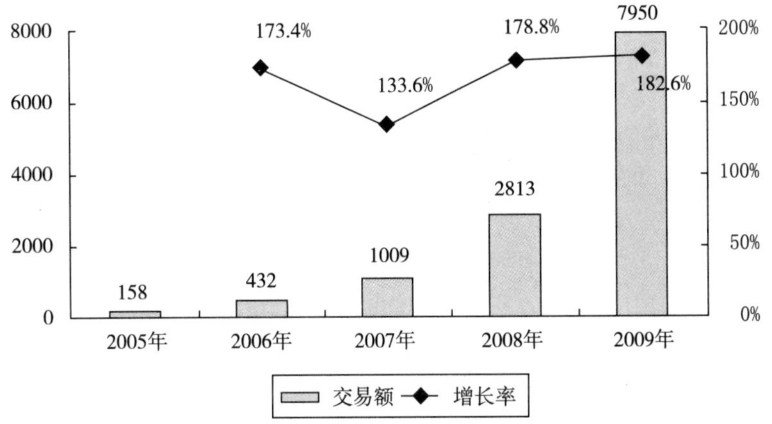

图2-2

数据来源：赛迪顾问 2010.1

(二)中国新媒体细分市场概述

从2009年中国新媒体产业细分市场结构图我们可以看出，互联网媒体业发展较为成熟，占据新媒体产业53.7%的市场份额；数字电视的普及率提高较快，使得数字电视的收视规模有较大提升，市场占比达到19.6%；户外数字媒体和移动互联网媒体分别占据10.2%和11.0%的市场份额；IPTV领域由于受到政策影响较大，2009年用户规模和收视费用虽然有稳步提升，但其在整体市场中的占比依然较低，为1.8%。从增长速度上看，移动互联网媒体应用以124.2%的增长率一骑绝尘，而户外数字媒体则只有12.5%的增幅(见图2—3)。[①]

① http://www.chinavalue.net/News/News.aspx? NewsId=9100

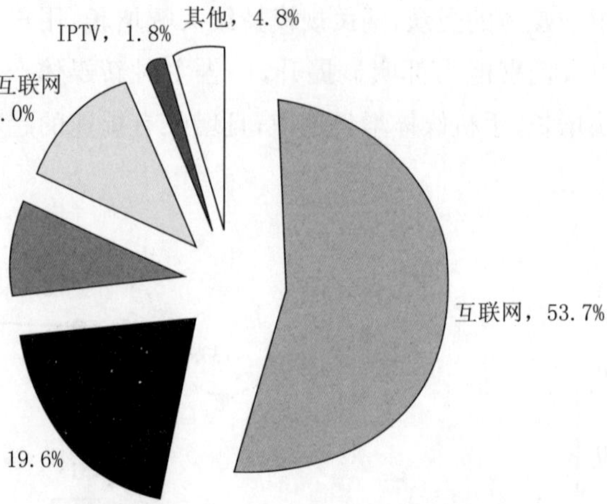

图 2-3　2009 年中国新媒体产业细分市场结构图

数据来源：赛迪顾问发布《2009～2010 年中国互联网市场发展现状与趋势》研究报告。

1. 互联网高速增长

2009 年，中国互联网经济依旧保持高速的增长态势，整体市场规模为 743 亿元，同比增长 30.6%（见图 2—4）。①

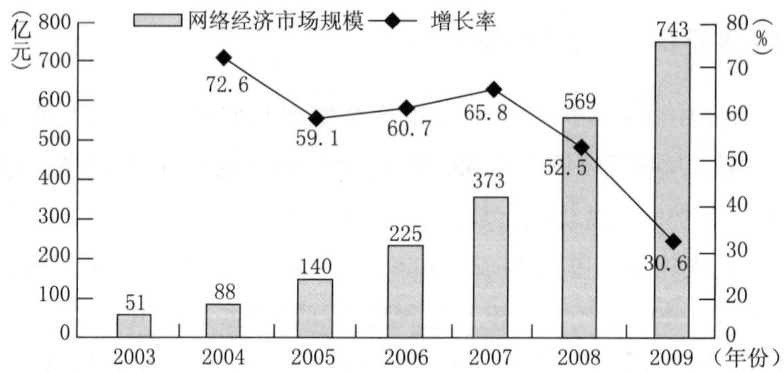

图 2-4　中国网络经济市场规模(2003～2009)

说明：网络经济市场规模只包括运营商收入，不包括渠道商和代理商收入，同时也不包括移动增值行业。

资料来源：艾瑞市场咨询有限公司编《2009 年中国互联网市场年度总结报告》。

① 崔保国：《2010 年：中国传媒产业发展报告》，社会科学文献出版社 2010 年版。

2. 互联网网民数量增幅巨大

在 2002 年至 2010 年中国互联网用户规模和普及率的纵向比较中，2010 年中国互联网用户规模相较于 2002 年增长了 3 亿 9790 万人，普及率相较于 2002 年增长了 29.7%；在与日本、美国网民规模的横向比较中，中国网民普及率增长 29.7%，日本和美国分别为 22.3%和 19.3%。由此可见，中国互联网网民规模的增长速度、互联网普及率增速惊人。然而，相较于 2010 年拥有 80%网民普及率的美国和日本，中国网民的普及率仍有巨大的增长空间，总之，互联网的价值潜力不可估量。互联网媒体业发展较为成熟，占据新媒体产业 53.7%的市场份额。互联网资源的激增，交流平台日趋活跃；网民规模持续大幅增长，用户对互联网的接受程度、应用水平以及消费能力都明显提升；互联网领域中搜索引擎营销、社区营销的价值得到进一步认可；进入全业务运营时代的电信运营商都在移动互联网全面布局。

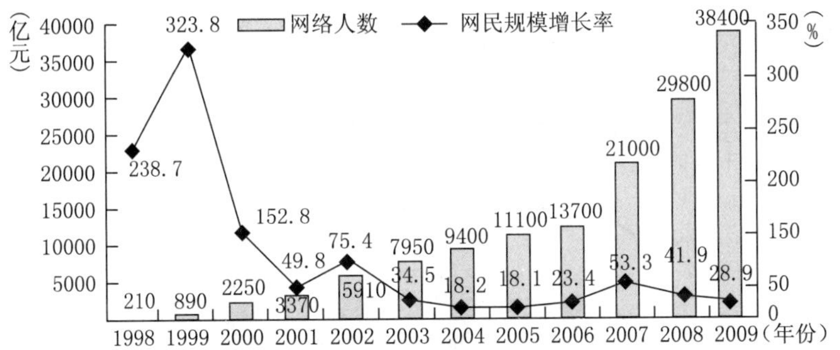

图 2－5　中国网民规模和增长率(1998～2009)

资料来源：中国互联网络信息中心编辑《中国互联网络发展状况统计报告(2004～2010)》。

3. 互联网市场集中度提升，网站合纵连横进入战国期

根据艾瑞集团针对中国互联网行业发展作出的解析，2010 年，中国网站的核心企业业务扩展开始陷入多元化竞争，主要表现在四大互联网企业业务线延长交错。阿里巴巴、百度、腾讯、盛大网络所涉及的业务包括即时通讯(如阿里旺旺、百度 Hi、QQ)，搜索引擎(如一淘搜索、百度搜索、搜搜、云中搜索)，网络游戏(如百度游戏、腾讯游戏、盛大游戏)，电子商务(如阿里巴巴/淘宝、支付宝、财付通、盛大支付)，视频(如桃花网、奇异、酷 6)，SNS(如淘江湖、说吧/贴吧、朋友/空间/微博、盛大连接)，阅读(如百度文库、盛大文学)，移动互联网(如移动

电子商务、移动搜索、手机游戏、华友世纪)等。

4.市场竞争进阶到开放平台和应用产业链塑造

市场竞争朝着开放平台转变,平台应用数量呈几何倍数增长。其中,淘宝服务开放于 2009 年 6 月,当时平台应用数量为 100 多个,2010 年 12 月已达 20000 多个;新浪微博开放于 2010 年 1 月,当时有平台应用数量近 100 个,2010 年 11 月就增至 800 多个,2010 年成为名副其实的平台开放年。作为 SNS 代表网站,开心网在 2010 年底有近 100 个平台应用。

5.网络经济对传统经济的渗透加强

根据艾瑞集团发布的数据,2009 年中国互联网广告收入达到 206 亿元,市场规模持续增长。艾瑞咨询认为,中国网络广告市场正在经历着两层变化,一方面,广告主意识的转变给市场带来强力的推动作用。网络广告营业收入占整个广告市场规模比重显著增长,2010 年网络广告营业收入规模占比达到 14.1%,比 2007 年的 6.1%增长明显。另一方面,搜索及视频、社交网站等新媒体的爆发式增长成为拉动网络广告高速增长的主动力。

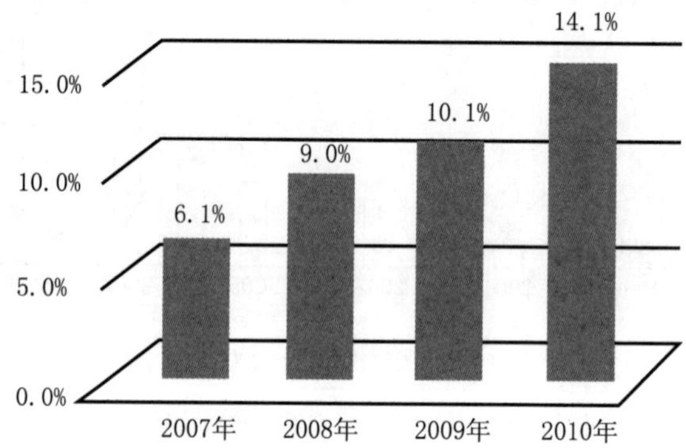

图 2-6　网络广告营收规模占整个广告市场规模比例

DCCI 2010 中国互联网调查数据显示:搜索、视频以及 SNS 承载的广告、资讯的关注度和参与度具有明显提升,搜索、视频及 SNS 成为 2010 年网络广告市场三种重要增长驱动力。

多种网站媒介用户参与度下降,但是相比 2008 年,搜索引擎、视频以及 SNS 网站上的资讯、广告吸引用户深度参与的效果有较大提升。点击参与过搜索引擎网站上资讯、广告的用户比例由 24.4%上升 4.2%至 28.6%;点击参与过视频网站上资讯、广告的用户比例由 12.6%上升 5.5%至 18.1%；SNS 网站上资讯、广告的关注度也提升近 3 个百分点，达 12.7%；而作为榜首的综合门户资讯、广告的参与度却由 49.3%下降近 7 个百分点至 42.4%。①

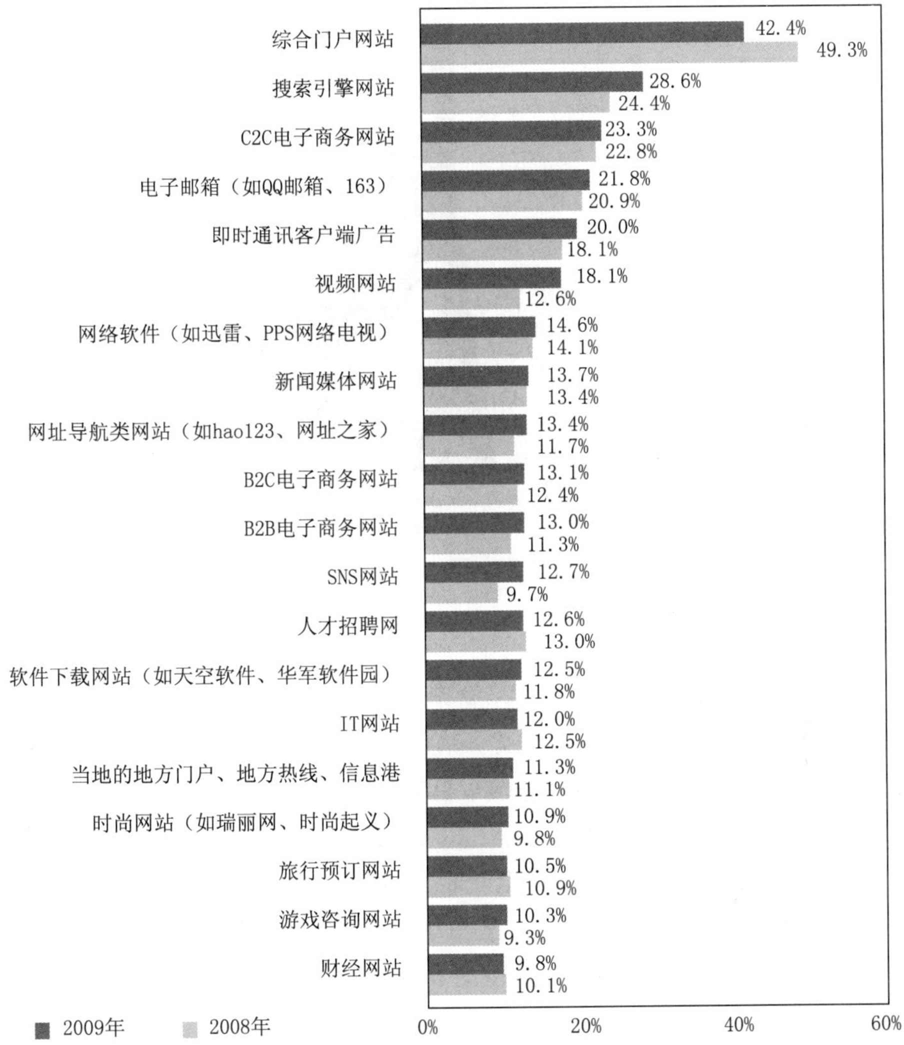

图 2-7　2008 年和 2009 年中国互联网受众网络媒介咨询/广告参与度统计

---

① 《搜索、视频及 SNS 成 2010 网络广告市场三种重要增长驱动力》，http://www.dcci.com.cn/publish/view/cid/4/id/399.html

2009 年的网络广告市场中，百度以 21.3%的份额位居第一，第二至第六位排名依次是：谷歌、新浪、搜狐、腾讯、网易。以上六家公司广告收入占整个市场份额的 52.2%。

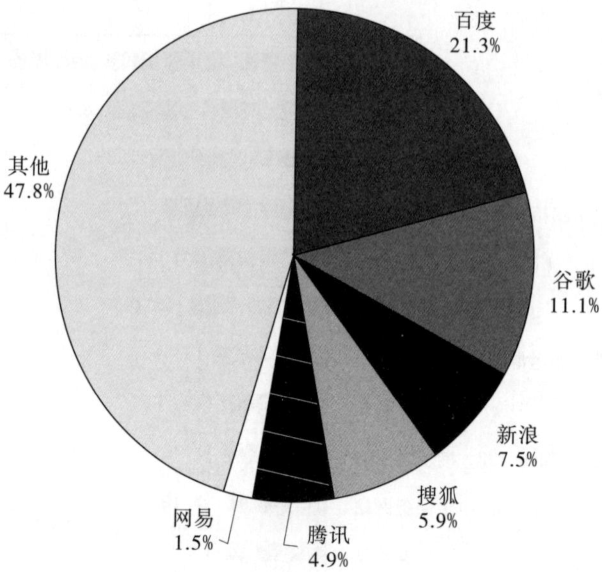

图 2－8　中国网络广告市场份额(2009)

资料来源：艾瑞市场咨询有限公司编《2009 年中国互联网市场年度总结报告》

总的来看，综合门户网站在网络营销市场中仍具有显著优势，但垂直服务应用的兴起，对综合门户网站的优势具有明显分化的作用。DCCI 调查数据显示，2009 年，网络视频、网络社区和搜索引擎广告的营收规模分别为 5.9 亿、7.8 亿、70.1 亿，同比增长分别为 73.5%、18.2%、37.9%。因此，随着搜索、视频、社区用户规模的不断增加，相关广告产品的发展完善，网民对相关广告产品的关注度、参与度的提升，搜索、视频、社区等领域网络营销的增长潜力是显著的，并将成为未来网络营销市场增长的驱动力。

6. 电子商务快速发展

据艾瑞集团发布的《2008～2014 年中国电子商务市场整体交易规模》报告显示，2010 年电子商务整体交易规模达到了 4.8 万亿元，增长率为 33.5%，其中网购交易规模达到 4980 亿元，预计 2014 年将达到 20.4 万亿元，增长率提高到 47.0%。《2008～2014 年中国网络购物市场用户规模》报告显示，2010 年网络购物规模达到 1 亿 4800 万人，人均年消费 3364.9 元，增长率为 35.8%，占网民的比率达到 30.5%。预计 2014 年网络购物用户规模将达到 34800 万人，占网民比率将达 42.9%，增长率放缓至 20.4%（见图 2—9）。

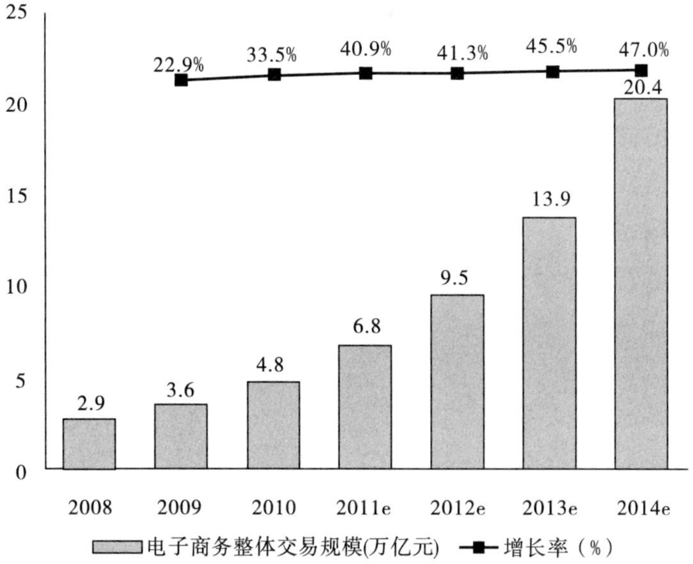

图 2－9　2008～2014 年中国电子商务市场整体交易规模

（三）移动互联网的快速增长将带动新一轮的产业发展

1.移动互联网市场快速增长

移动互联网占据新媒体 11.9%的市场份额，其用户规模和应用与服务呈不断日趋增长态势。从增长速度上看，移动互联网媒体应用以 124.2%的增长率一骑绝尘。

2009 年 1 月，通信行业 3G 产业链开始正式搭建，把中国移动传媒推上了产业发展的快车道。2010 年标志着移动互联网时代的来临。据艾瑞咨询报告，2010 年，中国移动互联网用户达 3.03 亿，中国 3G 用户规模达 4300 万，中国智能手机出货量达 3019 万台，中国手机应用商店用户达 1400 万，中国手机应用下载量达 8.63 亿次。

（1）移动互联网引领信息技术变革

3G 技术是一个基于网络和终端技术、高速无线宽带以及全新的产业链生态系统的架构，进一步融合了电子消费终端设备。以 MID、MP3/MP4、PSP 为代表的无线接入技术和 Telephone、Callphone 为代表的应用服务创新推动了网络融合，以PC为代表的语音、数据、多媒体、服务融合带来有线宽带接入，以Laptop为代表的语音、数据、多媒体、服务融合带来移动宽带接入，诞生了以iPad、iPhone为代表的多终端融合电子消费设备，成为移动互联网时代的第一"杰作"。

(2) 高度个性化应用服务功能的实现

移动网络技术的发展为短信、彩信、Push to Talk、电子邮件、即时通讯、视频电话等通信服务的诞生奠定了基础，进而催生了互联网接入、搜索、导航、视频、音乐、游戏、动漫、TV等信息和内容服务，成为更加个性化的移动电子商务、移动支付、位置服务、安全、拍卖等商业和生活服务的实现基础。移动互联网高度个性化应用服务功能的实现，为新媒体市场开辟了一个颇具商业价值的领域。

(3)跨网络、跨终端深度融合的实现

中国移动互联网的发展正是基于"开放、协作、共享"的理念，这一理念成为移动互联网企业的成长路径。2000年首次诞生了移动梦网、移动增值服务平台、SP/CP三大移动增值服务，架构了只能提供"网络＋平台服务"的战略路径；2004年诞生了资源下载、新闻资讯等手机门户网站，架构了"品牌媒体＋社交网络"的战略路径；2007年诞生了手机浏览器、手机即时通讯、手机输入法等手机客户端软件，架构了"桌面平台＋深度个性化服务"的战略路径；2010年诞生了移动终端产品、信息、内容、应用服务、平台激励机制等移动平台服务，架构了"移动终端＋产业链生态系统"的战略路径。

(5)手机广告市场发展潜力巨大

据艾瑞咨询报告，2010年手机广告市场规模达到17.4亿元。报告分析认为，由于受通信网络环境改变、智能手机发展和普及、手机广告投放能力提升等因素推动，2012年将成为中国手机广告市场的爆发年，市场规模将达到55.2亿元，增长率达到83.4%。在移动互联网时代，手机广告价值的传递通过广告主、广告媒介平台、移动运营商最终到达受众，针对性更强且极大地提高了广告的到达率，为手机广告市场带来了巨大的发展潜力。随着3G概念的普及和业务推广，产业链各参与方开始着力于细分行业的探索和创新。电信运营商、终端设备厂商、信息服务提供商、移动互联网企业，从终端设备、数据业务、资费及服务等各个方面进行突破，使得中国移动互联网新型商业模式不断迸发，"增长"、"平台化"、"创新"、"开放"及"上市"等成为2010年行业发展的关键词。

艾瑞咨询点评：2010年中国3G市场进入稳步增长期，中国移动、中国联通以及中国电信通过大规模网络覆盖、资费体系调整及全新业务挖掘争夺用户，移动互联网领域成为电信运营商竞争的重点。

在终端方面，“明星终端＋中低端机型覆盖”的战略成为3G市场有力的竞争手段。电信运营商以高端机型开拓市场，完善和丰富产品线，同时发力中低端市场，增加中低端机型及补贴，充分释放前期带来的明星终端效应。

（四）中国数字电视、IPTV取得较大突破

1.快速发展的数字电视、IPTV

由于2009年数字电视的普及率增幅较大，使得数字电视的收视费用得到大幅提升，数字电视取得较大突破，市场占比达到19.6%；IPTV领域由于受政策影响较大，2009年的用户规模和收视费用虽然有稳步提升，但其在整体市场中的占比依然较低，为1.8%。

由于政府推动，电信、广电两家运营商加快发展步伐，中国IPTV和数字电视市场用户数得到快速增长。截至2009年12月底，中国（除香港、台湾外）IPTV用户数达到470万。①

数字电视即DTV(Digital Television)，是指从节目摄制、编辑、制作、存储、发射、传输到信号接收、处理、显示都完全数字化的电视系统。其具体传输过程是：由电视台送出的图像及声音信号，经数字压缩和数字调制后，形成数字电视信号，经过卫星、地面无线广播或有线电缆等方式传送，由数字电视接收后，通过数字解调和数字视音频解码处理还原出原来的图像及伴音。

IPTV(IP Television)也叫交互式网络电视，是利用宽带网的基础设施，以家用电视机（或计算机）作为主要终端设备，集互联网、多媒体、通信等多种技术于一体，通过互联网协议(IP)向家庭用户提供包括数字电视在内的多种交互式数字媒体服务的崭新技术。用户可通过两种方式享受这些服务，即“计算机＋电视机”或“网络机顶盒＋电视机”。

据国际电子商情网《水清木华：2009～2010年中国数字电视运营简报》数据显示，2009年中国有线数字电视用户规模达到6500万户。上海市、浙江省、广东省、江苏省等地区积极推进有线数字化整体转换工作，这些地区有线数字电视用户增长幅度较大。② 详见图2—10：

---

① http://www.c114.net/news/44/a489237.html

② http://www.esmchina.com/ART_8800106967_1300_2101_3603_0_64c29068.HTM?art_bottom

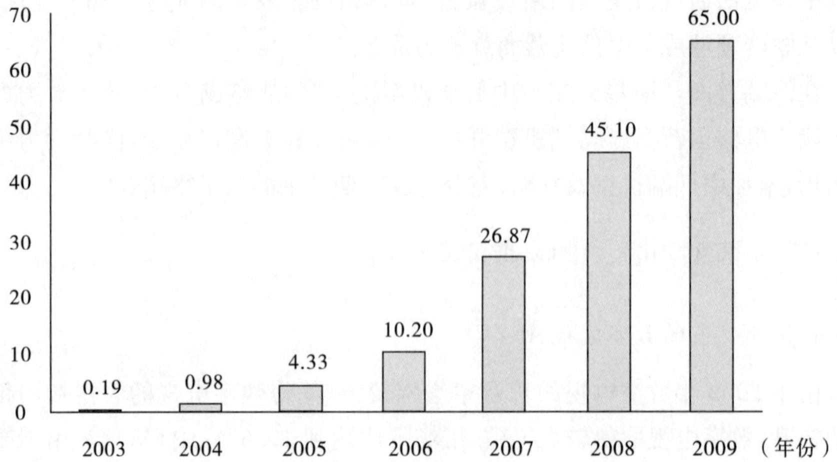

图 2－10　2003～2009 年中国有线数字电视累计用户数

数据来源：国家广电总局；整理：水清木华研究中心（单位：百万户）

中国的 IPTV 用户主要来源于中国电信、中国联通（原网通）和杭州华数三家运营商。其中，中国电信和中国联通是中国最大的固网运营商之一，IPTV 业务不仅是其企业转型的业务重心，同时也是维系和拓展宽带业务的有力武器，并随着整个通信行业的纵深、立体化，开始由 IPTV 朝着三屏业务的发展趋势演进。①

2. 数字电视和 IPTV 各自优势定位，形成互补格局

IPTV 的主要卖点是交互及因特网业务的扩充。首先，IPTV 不但能提供电视内容还能提供基于互联网的内容传播，受众也从单一的电视观众扩展到网民，具有时移、交互的特性。其次，IPTV 还可以非常容易地将电视服务和互联网浏览、电子邮件，以及多种在线信息咨询、娱乐、教育及商务功能结合在一起，在未来的竞争中处于优势地位。

与 IPTV 相比较，数字电视的卖点主要为高清图像质量的直播。如中数传媒推出的数字电视直播，包括风云剧场、游戏竞技、东方物流等针对性极强的 33 个频道，吸引了不同层次的用户。

IPTV 与数字电视，两者在市场格局中已经形成错位补充、适度竞争的关系。从产业角度看，欧洲、北美、韩国等地区和国家都将 IPTV 作为有线电视的延伸与拓展。国家广电总局也开始着手统筹规划数字电视、IPTV 的发展，促进

① http://www.esmchina.com/ART_8800106967_1300_2101_3603_0_64c29068.HTM? art_bottom

二者互补共存。数字有线电视在政府的资金支持下开始进行整体转换,特别是2009年以来,在扩大内需的政策引导下,有线运营商和有线数字电视产业链上各环节的厂商彼此加强合作,融资渠道更加广泛。数字有线电视整体保持了2008年快速的发展势头。国家也将IPTV作为产业化、市场化发展的模式进行定位,开发产品,满足个性化、高端化服务需求。

3.政策利好,三网融合促进发展

数字电视的发展得到了国家广电总局的强力扶持。国家广电总局发布的《关于加快广播电视有线网络发展的若干意见》中明确要求,省级广播电视部门要积极争取政府的支持,组织制定切实可行的整合方案,明确整合路线图和时间表,推动具体实施,确保2010年底前各省基本完成整合,为今后全国广播电视有线网络规模化、产业化发展奠定基础。IPTV从2009年以来在政策领域就传来多个利好消息,2009年4月10日《电子信息产业调整和振兴规划》发布以来,IPTV作为新兴服务业的典型业务代表,被赋予了以新应用带动产业新增长的重任,中国的IPTV因此迎来了一个新的发展时期。

2010年1月13日,国务院总理温家宝主持召开了国务院常务会议。会议决定加快推进电信网、广播电视网和互联网三网融合。会议指出,广电企业可以正式经营增值电信业务和部分基础电信业务、互联网业务;电信企业也可以从事广播电视节目制作和传输。会议同时提出推进三网融合的阶段性目标:(1)2010年至2012年,重点开展广电和电信业务双向进入试点,探索形成保障三网融合规范有序开展的政策体系和体制机制;(2)2013年至2015年,总结推广试点经验,全面实现三网融合发展,普及应用融合业务,基本形成适度竞争的网络产业格局,基本建立适应三网融合的体制机制和职责清晰、协调顺畅、决策科学、管理高效的新型监管体系。

据统计,三网融合后将会给产业链相关各方带来空前巨大的商业机会,将使我国在今后几年内形成6000亿元以上的投资规模,每年将拉动GDP增长约0.8个百分点,增加约20万个就业岗位。合一后的三网,将成为我国经济的一个新型支柱产业。

(五)户外新媒体重新洗牌遭遇考验

户外数字媒体占据新媒体市场份额的8.2%,只有12.5%的增幅。作为新媒体的重要一员,户外数字媒体遭遇了2009年洗牌、2010年的回暖和市场纵深大发展的历程。

1. 多元投资跑马圈地

户外新媒体最辉煌的一页可以说是在 2005 年 7 月 13 日，成立仅三年的分众传媒登陆纳斯达克，融资 1.72 亿美元。根据当时分众传媒的股份计算，三十出头的创始人江南春身价接近 3 亿美元；而此前投资分众的 Softbank、TDF、鼎晖等机构均获得了几十倍的回报。

分众传媒的成功继而加速推进并购，巩固其在户外媒体行业内之"中国最大的生活圈媒体群"的霸主地位；航美传媒通过节目内容版权的垄断来巩固渠道；触动传媒则利用技术壁垒打造核心竞争力；炎黄健康传媒加强与医院的合作，开始参与医院叫号分诊系统建设；世通华纳则发布了由尼尔森执行的"中国公交移动电视收视调查"，跻身主流媒体行业。

一时间，追随者众，复制者如云。据易观国际 2008 年初的统计显示，包括美容院、健身场在内，几乎每个细分领域都同时拥有 6 家以上的运营商。例如，在楼宇领域，除了分众，另外还有 8 家新媒体；在公交领域，民营新媒体有 4 家，广电系统的有 4～5 家；在航空领域有 7 家；医疗领域则有 6～8 家。纵观分众的发家史，效仿者们总结出这样一条简单路径：圈地、扩大规模→吸引风投→继续圈地→上市。

根据 ChinaVenture 提供的数据，2005 年，户外新媒体行业共发生 8 起投资案例，涉及金额达 5660 万美元；而 2006 年这个领域的投资案例就达 17 起，涉及投资金额为 2.67 亿美元；到了 2007 年，户外媒体行业的投资案例达到 26 起，涉及投资金额达 3.74 亿美元。①

2. 危机席卷进入蛰伏期

基于户外新媒体所采取的"资本圈地"的发端模式，资金成为这个强调资源规模和垄断性领域的第一要素。

2008 年 11 月，分众传媒股价狂泻 45%。2009 年第一季度，分众传媒持续运营净收入比去年同期下降了 14%。分众业绩的下降成为户外新媒体遭遇"冬天"的标志。经济下行的影响显现，几乎所有的投资机构都开始变得谨慎。2005 年创建了广州播客公司的骆华，希望打造美容美发领域的分众。实施布点圈钱的广州播客公司，目标是达到一定规模后，吸引风投，然后继续圈地扩张直

① 《风险投资商谨慎投资户外新媒体》，http://tech.sina.com.cn/i/2009－03－21/02032930040.shtml

至上市。截至2006年年底，广州播客公司已在北京、上海、广州等地吸纳了近2000个中高档美容美发店。通过近三年的等待，2008年，已经砸进去自己2000多万真金白银的骆华不仅没有等到风投的“春风得意”，反而迎来的是户外“寒冬”，最终，成为一只被“冻僵”的天鹅。

2008年年底，几乎所有的户外新媒体都进行着市场清理和业务整理。“有价值救的就再投点，没价值救的就让其自生自灭。”正如北京一位新媒体CEO认为，资本既是推手，又是杀手，如果运作不好，往往会让这个媒体很快死掉。

随后席卷全球的金融危机直接导致中国户外新媒体产业进入了蛰伏期。

据易观国际的统计数字，2009年中国户外液晶广告市场的增长速度明显放缓，由2008年的71.3%下降至36.04%，此后两年的增速将持续回落到23.71%和17.50%。[①] 市场规模日渐萎缩，在2008年年末金融危机的冲击下，广告客户大幅削减预算，风投猛然抽身，使以广告收入和资本投入为命脉的户外新媒体企业措手不及。与前两年无限风光的大干快上相比，2009年户外新媒体显得十分失落。洗牌，成为一个重要的主题。整个行业竞争异常激烈。

面对市场的考验，一些品牌价值和受众定位不清晰的媒体发展形势每况愈下，一些已经得到融资或者准备上市的户外新媒体企业不得不放弃上市计划。合并，整合媒体资源及价值，成为媒体求生存的一个发展方向。在公交移动电视领域，2007年率先上市的华视传媒成功并购数码媒体集团(DMG)，对外发出了融合的信号。大浪淘沙，市场的严酷最终使真正能够为客户和大众带来价值的媒体获得更好的发展。

3. 市场向好变局重新洗牌

2010年是中国经济逐步企稳回升的一年，基于宏观经济层面的良好运行及消费内需增长等利好因素，中国广告市场依旧保持了强劲的增长势头。传统广告市场的回暖给品牌新媒体的发展带来了良好的前景，户外移动新媒体在2010年前三个季度广告投放总额呈40%的高幅增长，也在微观层面展现了其强劲的发展势头。

作为目前中国唯一一家登陆纳斯达克资本市场的户外移动新媒体企业，以精准度呈现全新服务和媒体价值模式的华视传媒，在2010年度实现了财务数据与业务拓展双赢的经营局面，或许为中国新媒体企业未来的发展经营带来诸

---

① 《风投“盛宴”提早散席　新媒体行业面临人洗牌》，《上海证券报》2009年3月31日。

多启示与参照价值。

由此可见，户外新媒体行业整体将持续发展，但是市场份额会向少数几家垄断企业集中，行业发展加速洗牌，好的会迅速壮大，没有市场竞争力的会迅速被淘汰。新浪和分众数字媒体的并购案，已经为2009年户外新媒体的并购风潮书写了一个极为震撼的开端，我们看到的是，更多的户外新媒体公司为了生存下去而走向了整合和并购之路。这将是户外新媒体未来重要的发展态势。

值得注意的是，户外新媒体行业发展有待成熟。要证明其商业价值和传播价值并不是短时间内能够实现的，虽然利用资本杠杆来实现资源整合是新媒体实现跨越式发展的重要因素，但资本市场的拔苗助长难免出现泡沫。而要实现行业的健康发展，促进各企业回到市场良性竞争层面，需要企业提高自身的核心竞争力，包括最基本的品牌竞争力、销售竞争力以及培养广告主与消费者的忠诚度。

思考题：

1. 互联网寒冬给中国互联网产业带来的反思是什么？
2. 中国互联网产业价值链重组经历了怎样的路径？
3. 中国移动互联网如何走上产业发展的快车道？
4. 简述数字电视和IPTV形成的互补格局。
5. 中国户外新媒体的立足之本是什么？

第三章
新媒体产业链及发展战略

第一节　新媒体产业价值链

一、基本概念

“产业”的概念是随着社会经济形态的发展而不断变化的。《麻省理工学院现代经济学词典》(1983)对产业的定义为:“在完全竞争市场的分析框架内,产业是指生产同质产品、相互竞争的一大群企业。”再综述相关经济学家的定义,我们认为,产业是一个介于微观和宏观之间的中观概念,它是指生产同类产品(服务)或可替代产品(服务)的生产活动的集合。

“价值链”的概念是由哈佛商学院教授、美国著名战略管理学家迈克尔·波特(Michael Porter)于1985年在《竞争优势》(*Competitive Advantage*)一书中提出的。他认为,每一个企业都是在设计、生产、销售、发送和辅助其产品的过程中进行种种活动的集合体。所有这些活动都可以用一个价值链来表明。

按照迈克尔·波特的理论,价值链的理论演变包括产业价值链。产业价值链是由相关的产业集群组成的,而这些产业集群形成了一个链式结构,我们把它叫做产业价值链。“无论是何种形态的产业链,还是哪个层面的产业链,其本质都是以价值为纽带,将能够决定和影响节点产业产品主要价值部分连接所构成的链。”[①]因此,衡量一个产业是否成熟,关键是看它的产业价值链有没有形成。

① 周新生:《产业链与产业链打造》,《广东社会科学》2006年第4期,第30页。

迈克尔·波特先对价值本身进行了理论阐述。他认为,价值是买方愿意为企业提供给他们的产品所支付的价格。价值的衡量标准是总收入,而总收入则是企业产品得到的价格与所销售的数量的综合反映。如果企业所得的价值超过创造产品所花费的各种成本,那么企业就盈利。一定水平的价值链是企业在特定产业内的各种活动的组合。① 传统价值链分析诠释了价值链构建中的价值集合和增值过程,也就是说,此价值链观点是建立在物质流的基础之上的。企业为了获得更多的利润空间,可以通过采取控制价值链承载要素的方式实现价值集聚。

二、新媒体产业价值链特征

与波特的传统价值链相比,新媒体的产业价值链应该表现为不同的经济活动单元通过协作共同创造价值,这一价值不再受限于产品本身的物质转换和价值集中,而是被置身于一个更为开放的协助体系。这个体系不仅依靠物质流更依靠信息流。海恩斯(Peter Hines)是这一观点的典型代表。海恩斯认为,与传统价值链相比,虽然新媒体产业价值链仍旧是"集成物料价值的运输线",但是这个"运输线"需要更多的外部支撑。由此他得出这样的结论:新媒体产业价值链把顾客对产品的需求作为生产过程的终点,把利润作为满足这一目标的副产品。这一点与波特所定义的"价值链只停留于把利润作为主要目标"存在差异。同时,在新媒体的产业价值链中,价值链不单纯地着眼于生产过程,更要着眼于反馈与互动,换句话说,除了物质流之外,更要分析信息流。新媒体的产业价值链与传统的产业价值链相比较,其视点已从企业内部延伸到企业外部,供应商、销售商和顾客都被视为价值链的范畴,顾客在价值链中的地位日益受到重视。新媒体产业价值链的定义着眼于需求的角度,强调的是媒体价值由生产向消费的传递。②

新媒体产业价值链具有整体性、分工性、增值性的特点。

(一)整体性

新媒体是集内容生产、技术服务、渠道运营和终端市场开发为一体的新兴产业,从结构上看,一个有机的整体,方能构成产业价值链的各个组成部分。在

---

① 迈克尔·波特:《竞争优势》,华夏出版社 2005 年版,第 36~37 页。

② 殷俊等著:《新媒体产业导论》,四川大学出版社 2009 年版,第 124 页。

这个价值链中的内容生产、技术服务、渠道运营和终端市场开发形成上下游角色，它们相互联动、相互制约、相互依存，彼此之间存在着大量的资源、物质、资金方面的交换关系，是一个价值递增过程。在新的竞争环境下，产业中的竞争不仅仅表现为单个企业之间的竞争，还表现为一条产业链同另一条产业链的竞争，一个企业集群同另一个企业集群之间的竞争，甚至是一国企业与另一国企业之间的相互竞争。

（二）分工性

一条完整的产业链必然是以产业之间的分工来进行构建的，产业价值链的各个环节对要素条件的需求存在差异性。不同的环节，对于技术、人力、资本、规模等的要求不同。新媒体在其产业链构成中，不同企业发挥着各自独特的作用。产业链所形成的分工合作，可以凸显各个环节的专业化优势。如何通过分工与合作，强化产业链环节之间的融合，对于其集聚产业优势、实现盈利具有重要的现实价值。

（三）增值性

新媒体产业链背后的价值增值环节在前面价值产品的基础上，进一步面向新的客户，生产出新的价值产品。产业链的核心在价值的创造上，这是所有参与各方获取价值的必要条件。但是，这并不意味着前面环节投入的价值量在后面都能够实现。如果存在价值增值瓶颈，价值链上一部分投入的价值将会损失掉，无法实现增值。

三、新媒体产业价值链的构成

任何人在任何地点和任何时候获得任何想要的东西，这是数字新媒体发展的内在驱动力和终极目标。为满足这一需求所生产的产品、渠道、终端制作系统和形态就构成了新媒体的产业链。

基于数字化技术、网络化技术、移动通信技术等，通过互联网、无线通信网、数字广播电视网和卫星等渠道，以电脑、电视、手机、PDA、MP4 等设备为终端的新媒体产业价值链主要包括内容提供商、软件及技术提供商、营销机构和检测机构等。包括平面媒体、电子媒体、网络媒体、移动媒体、户外媒体等不同媒体之间的相互融合，信息采集、制作、发行、销售、广告、测评等不同生产环节的相互渗透,构成了新媒体产业系统。

新媒体产业链可分为三部分,即内容运营链、终端运营链以及监测与评估链(见图3—1):

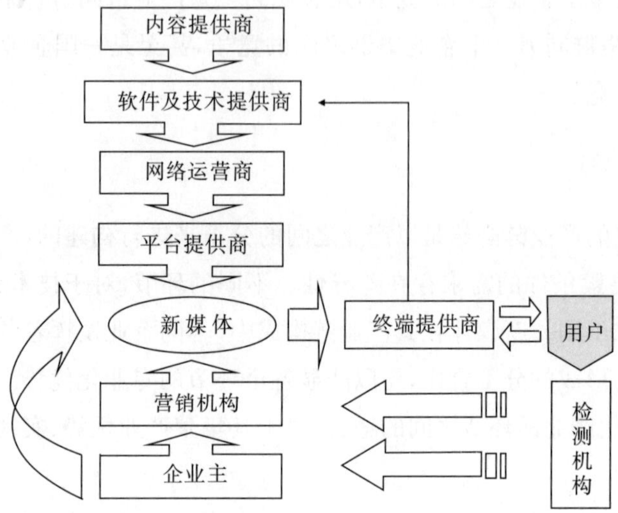

图3-1 新媒体产业链

资料来源:互联网实验室

(一)内容运营链

1.内容提供商成为新媒体产业链的核心企业

对于上游的原创环节和生产环节来讲,内容提供将是最大的需求市场。内容提供商运用创造性的思维和策划,对产品进行原创性的、格式化的内容制作,包括文字、图像、声音等。因其能够满足消费者的需求,因此是新媒体产业得以实现商业价值的关键。而针对不同的渠道对内容的需求是不同的这一特点,内容提供商对内容进行集成化运营就显得尤为重要。它将负责内容的监控和整合,将内容进行转码,按照规范对内容进行编目和索引、产品的定义、定价、打包等;运用软件技术,实行业务和资费管理;最后将播出内容进行多种方式的加工,分发给网络运营商。比如关于"2010南非世界杯"的一条新闻消息,其内容运营处理为:在网站上表现为一组报道,如文字新闻、图片的专题新闻、相关链接等;在手机上则只能表现为受字数限制的、格式化的手机报消息或图片;在电视上表现为现场画面和解说，进一步还可以改编成专题片甚至做成游戏等。

2. 数据库模式是新媒体内容的核心

内容提供商是依托内容产业的数据库，自由地利用各种数字化的软件和硬件，技术性地通过数字化终端，向消费者提供多层次的、多类型的内容信息。

依托于数据库模式的新媒体内容产业可以实现“镜像”的复制消费，内容的经销商和消费者之间的交易是通过数据传输的。赵子忠认为，内容供应商的数据库就如同一个大的“印刷机”，而消费者的数据库就如同“纸张”，通过互联网的信息高速公路，在消费者的订制下，实行“印刷”过程。① 随着数字技术的飞速进步，技术及产品的创新已不再是数字阅读产品发展的主要障碍，要实现数字阅读产品的盈利，首先，传统“以产品为中心”的思维必须向“以客户为中心”的思维转变。随着网络信息技术的发展，传播载体发生变化，出版技术手段不断增多，不同的出版主体应根据客户的不同需求采取不同的商业模式。如何最大限度地满足消费者的个性化需求，将是内容提供商不得不思考的重要问题。

3. 营销机构成为产品设计和营销的重要角色

新媒体产业链要实现商业模式，离不开传媒产品的适销对路。营销机构的任务是根据信息发布者的需求，提供营销调研、营销方案、过程执行等服务。营销机构主要包括广告公司、公关公司和各类销售公司，其重要作用就是将内容提供商所提供的媒体产品和希望合作的企业连接起来，达到有的放矢地提供内容的作用。

4. 设备、技术提供商成为新媒体产业中的传输渠道或播出平台

新媒体的设备提供商主要指互联网系统，移动、联通系统，广电系统和电信系统。新媒体的网络运营，成为新媒体产业内容的传输渠道或播出平台。

5. 网络运营商是新媒体产业链中的核心环节

网络运营商是指为新媒体内容的传播、分享、交易等服务提供网络空间、技术和服务支持的计算机网络运营机构。

网络运营商拥有骨干和核心网络资源，通过建立虚拟网络来进行运营服务，为平台提供商提供网络支持。网络运营商包括无线网络运营商、固网运营商、数字广播网络运营商等，涉及广电系统和电信系统。广电系统主要是提供

---

① 赵子忠：《内容产业论》，中国传媒大学出版社2005年版，第51页。

数字网络信号的传输;电信系统主要提供宽带网络接入和无线移动网络服务。网络运营商作为新媒体产业链中的核心环节,是价值产业链的整合者与组织者,并在这个环节实现了新媒体从产品到收益。

(二)终端运营链

1.终端制造商

终端制造商是连接客户的最终环节,以提供终端工具而成为新媒体产业链中一个重要的物质支持。如IPTV、数字电视需要在原有的设备基础上,分别对电脑和电视终端做改进配置;手机终端对设备的要求更高,需要制造商承担终端软硬件产品的开发、设计、推广,以满足新媒体多种文本格式的要求。

2.终端服务商

终端服务商是在新媒体产业链中,将内容提供商、网络运营商和终端用户整合在一起的业务平台。它是新媒体传输的最终环节,是新媒体内容传给受众的具体实现。它为内容播出提供包括电脑、电视、手机等的渠道服务;提供用户订制服务;为网络运营商提供高效、便捷的全面解决方案。

作为新媒体终端用户的受众,具有信息的接收者和生产者的双重身份。如博客、播客、社区论坛、网店等自主信息服务模式,用户借助运营网络,可以自助订制节目,可以直接参与内容的制作,形成"用户创造内容"的受众价值。当然,在这种情况下,新媒体对受众的技术使用能力、文化素养、表达方式等都提出了新的要求。同时,现实表明,新媒体受众人群主要集中在白领、高知和学生一族,这就意味着新媒体的受众较之传统媒体的受众有着更为自主的参与性。

(三)监测与评估链

通过新媒体的监测环节,反馈用户的信息,向新媒体行业和企业提供效果评估报告,对广告的传播效果、到达效果、用户行为等指标进行综合评估、分析,为行业提供公信数据,为广告客户提供效果依据。新媒体产业是一个富于创造性的产业,个性化和创新性决定了很多内容需要进行公信力的评价,包括内容产品的评级等。相对于传统媒体的监测机构,新媒体的监测机构涉及的监测范围传输网络更多,传播行为更复杂。新媒体产业监测与评价体系的建立,对于加强产业标准化评估,鼓励创新,引导产业健康发展,起到至关重要的作用。

第二节　新媒体产业模式解析

新媒体的产业链主要是依托数字平台、网络平台、电信平台、广电平台四大领域展开的，故而作为一个新兴产业，新媒体应该涉及这几个领域的全部，在模式上出现了移动互联网模式、数字电视模式、户外移动模式等。

一、移动互联网产业链

随着3G技术的进步，满足人们随时随地无线接入网络的移动互联网得以快速发展，其主要服务模式包括：手机上网、手机聊天、手机购物、手机广播、手机电视、手机报、手机游戏、无线音乐等。其产业链构成为：媒体CP、媒体SP、媒体内容供应商、广告商、用户等。

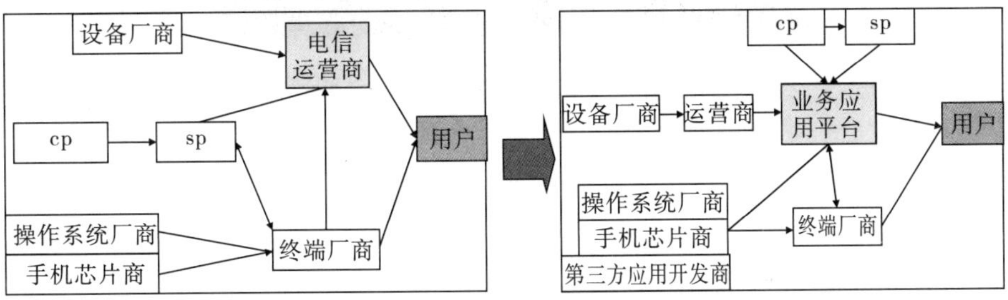

图3－2

资料来源：贝叶思咨询2010.09

从图3－2我们可以看到，移动互联网产业是以移动运营商为中心，各个链节互相交融附着而成的。也就是说，产业链当中的每个角色都有自己的核心业务，同时也都有能力往链条的上游或者下游去做业务延伸和渗透，所以各个角色的定位越来越模糊。

门户网站成为重要的内容或软件提供商；运营商能创造自己的门户和IM等业务(如中国移动的“飞信”)；终端厂商正在变成互联网企业。在整个链条中，缺少哪一个角色都不完美。在利益分配上，最大的话语权仍然掌握在运营商的手中；其次是把握核心技术的终端设备厂商(如手机、上网本等)和内容等服务提供商；而作为产业链相对下游但却非常重要的各类搜索、门户、娱乐和电子商务网站，以及各种 IM(即时通讯)、SNS(社会交互性网络服务)、博客等，显然将面临更大的挑战。

二、数字电视产业链

数字电视能够提供给我们的发展途径和应用是多样化的，与其他信息网络相连形成家庭综合信息终端，可以播出高清晰度电视，可以通过标准清晰度电视处理方式播出传统的音视频节目，也可以提供播出数据、日常信息及点播节目这样的附加多媒体业务，而广播或接入户则可以通过卫星、有线、地面无线、微波等多种手段建立。未来高清电视产业及市场在广电行业领域内具有相对的独立性，是一个潜在的、市场条件逐渐成熟的新兴产业。

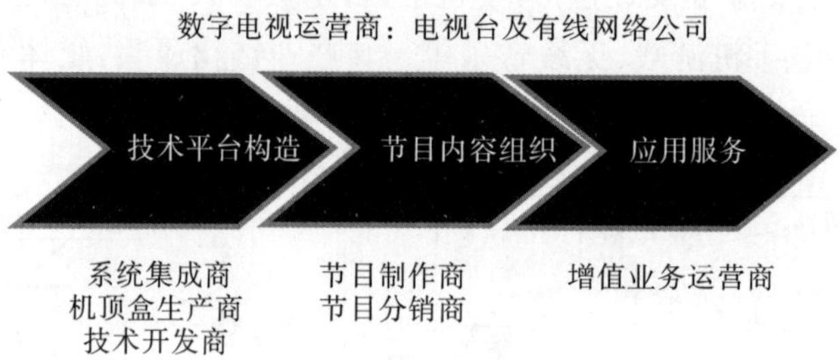

图3-3

电视产业链应当建立在收视消费市场基础之上，其体系的形成有赖于三个基本环节：技术平台构造⇒节目内容组织⇒应用服务。其产业链包括系统集成商、机顶盒生产商、技术开发商、节目制作商、节目分销商、增值业务运营商等。

四、户外移动电视产业链

(一)户外大屏幕媒体产业链

户外电子屏媒体产业以电子化、数字化、网络化的商业终端为主要信息传输系统，以自身所在细分户外区域内的主要人群为受众，以广告主为主要客户，进行产品营销。其产业链涉及户外电子屏媒体运营商、广告主、广告代理商、户外资源方、内容资源方、受众等多个方面。

目前，由于商业行为的日益复杂化，这些构成部分也存在复杂的合作关系或持股关系。户外电子屏媒体运营商是这一商业行为中的主体，户外资源方是

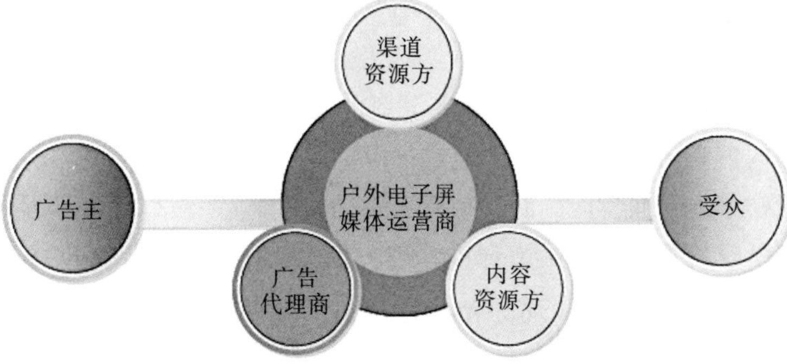

图3-4 户外电子屏广告服务模式

资料来源:易观国际

终端放置的前提,内容资源方是电视节目或视频节目播放的前提,而广告代理商为户外电子屏媒体运营商提供广告销售代理服务。户外电子屏可细分为商业楼宇电子屏、公交地铁电子屏、卖场电子屏、航空电子屏、LED大屏幕、医疗环境电子屏、列车环境电子屏、校园环境电子屏以及其他渠道电子屏等。

第三节 新媒体发展战略

21世纪以来,随着全球经济的高速发展,新媒体产业突飞猛进,传统媒体的产业结构、产业组织以及产业政策面临着严峻的挑战,技术革命和信息化的快速发展使得包括多媒体、跨媒体、电子商务、大电信、网络出版等多种产业特性的组织形态不断涌现,传媒界对新媒体发展战略的思考变得刻不容缓。

一、媒介融合战略

(一)关于媒介融合的定义

“媒介融合”(Media Converge)这一概念最早由美国马萨诸塞州理工大学的浦尔教授提出,其本意是指各种媒介呈现出多功能一体化的趋势。当时人们关于媒介融合的想象更多是集中于将电视、报刊等传统媒介融合在一起,但此后,先是数字技术的发展使得媒介形式逐渐向数字媒介转变,所有的传播技术都快速地转化成数字形式，互联网与报刊、广播、电视等传统大众媒介陆续实现融合。此后，网络技术的推动，又使媒介融合得以脱胎换骨，形成了网络报纸、电子杂志、网络广播、播客、网络电视等新的信息传播渠道，并最终使得媒介融合成为建构媒介化社会的核心力量之一。①

美国密苏里新闻学院副院长莱恩·布鲁克斯教授在2006年4月中国人民大学新闻学院的学术讲座中解释说，"媒介融合"是一个新闻学上的假设，其核心思想就是随着媒体技术的发展和一些藩篱的打破，电视、网络、移动技术的不断进步，各类新闻媒体将融合在一起。②

总之，媒介融合是当今传媒领域一场重塑媒体生存形态的变革，其从理论走向现实，历时30余年。在世界范围内，发达国家的传媒界无一例外地都在新媒体的布局上有战略规划。美联社近年来通过实施多媒体和新媒体战略规划保持其活力，具体措施包括创建多媒体平台、创建有通讯社特色的新闻博客、进入网络游戏等。《纽约时报》一方面大力研究开发新技术，另一方面积极寻求与新媒体的融合，借此希望寻找到一条困境突围之路，具体措施包括成立研究开发中心、研制时报阅读器、收购网站等。美国甘乃特集团实施移动战略，计划在两年内为旗下的90张日报和19个广播电台开设移动网站。在欧洲，文本短信和移动网站已成为各大日报的重要组成部分，欧洲人通过移动设备接收预警短信、手机优惠券和购物远比美国用户频繁。日本和韩国则在二维码应用方面走在世界前面。

我国先后公布了《国家"十一五"经济社会发展规划》和《国家"十一五"科学技术发展规划》、《国家"十一五"时期文化发展规划纲要》，三个规划都把发展新媒体列入重点。新媒体对中国传媒业来说既是机遇也是挑战，传媒业积极构建新媒体发展战略，并寻求重点突破，是当务之急。

（二）媒介融合的形成动因

1.数字技术推动

数字技术的全面应用，使文字、数据、图片、音频、视频等信息都可以统一编码，通过"0"和"1"的信号在网络上进行传输和使用，使我们的传播速度和范围得以无限扩展。而在融合中，IP技术是一个支点性元素，通过统一技术标准，有

---

① 孟建、赵元珂：《媒介融合黏聚并造就新型的媒介化社会》，《国际新闻界》2006年第7期，第24页。

② 关梅：《媒介融合的现状及其应对》，《新闻爱好者》2008年第3期，第15页。

线网络和无线网络的融合成为可能。光通信技术提供了充足的、高速的、低成本的、安全可靠的传输宽带。软件技术的进步使网络的特性和功能在许多原有硬件的基础上就能够得到升级换代。在上述技术推动下,新媒体产业形成了可以存储、检索、处理、传送的数字平台;形成了以交互性、便利性、灵活性等为特质的,可以整合所有传播功能的网络平台;形成了以手机这一多媒体生产工具为基础,整合新媒体产业强势终端的电信平台;形成了广播电视产业终端化、多元化的广电平台,从理论和实践上为媒介融合提供了产业平台。

2.媒介生产的竞争力推动

(1)成本竞争

与目前国内众多传统媒体投入巨大的人力和物力成本生产和发行的内容都只是一次性使用,造成资源浪费的经营现状不同,数字新媒体由于具有无限复制的虚拟模式,信息几乎可以零成本进行复制,而且,数字信息与其他消费品有所不同,信息产品可以实现重复使用。一条新闻被人读过了,并不意味着它的价值就消耗了,其他没读过的人仍然会感兴趣,也就是对于没消费过的人来说,它的价值仍然存在。信息内容是可以重复使用的,这是英国媒体经济研究学者多勒提出的观点,从经济学角度来说,就是联合消费品。这也正是报纸、书籍、音像产品可以重复使用、复制、大批量生产的理论依据。传统媒体通过与新媒体融合,其竞争力也将大大提升。

(2)替代威胁者竞争

新技术催生的新媒介进入传媒领域不可避免地会对原有媒介造成威胁。特别是各类网站和电信企业,虽然在内容方面需要依赖于传统媒体,但在信息传输平台和渠道上,两者已经逐步分流一部分受众,削弱了传统媒体的垄断地位,人们的信息传播方式正在发生“迁移”。从信息发布和接收的渠道和终端来看,传统的单一的信息接收已经发展成为无处不在的海量的信息平台,人们在公共汽车上、地铁上、卖场里、电梯里,随处都可以接收到信息。从资讯的丰富性来说,看新闻上新浪网,看财经上和讯网,看视频上优酷网,看小说上起点网,查资料上百度网,交友上世纪佳缘网,炒股上东方财富网,购物上淘宝网,外出订机票上携程旅游网……可见,新媒体的发布和接受方式已经深入到了人们的日常生活中并改变着人们的生活方式。

(3)受众解构的竞争

数字化技术造就了信息传播渠道的多样化,一对一的分众传播模式无情地解构了一对多的大众传播模式。年轻受众在这场深刻的变革中逐渐偏向新媒体，传统媒体的受众正在逐步流失。2011年7月19日发布的《第28次中国互联网络发展状况统计报告》显示，截至今年2011年6月底，中国网民规模达到4.85亿。[①] 连同中国手机用户超9.4亿[②]的规模数字，充分地说明了新媒体受众的强势。为此，《纽约时报》发行人索尔兹博格发出了"明天的年轻人可能不再需要报纸"的危言；英国广播公司BBC总裁马克·汤普森说："除非BBC更加努力去贴近年轻受众，否则它可能永远失去一代人。"

(4)市场竞争

作为受众，他们通常对媒体有两方面的要求：一是内容质量要求越来越高，能够提供丰富的信息，具有足够的吸引力；二是要求信息产品的价格更加低廉。媒体的广告商则有三方面的诉求：一是覆盖面广，要求媒体有较高的受众到达率；二是影响力强且有效，要求到达目标明确、影响力强；三是投入成本降低，即广告的物美价廉。

新媒体因其分众的细分市场，能够满足受众和广告商的不同要求，故而发展迅速。2006年以来，网络媒体、移动媒体、数字电视和户外新媒体等总收入快速上升，短短几年，新媒体产业总产值从占传媒产业的四分之一直逼现在的半壁河山，并且增长势头不减，对传统媒体造成了一定的威胁。

(三)新旧媒介的竞合

媒介的发展是传播形式不断丰富、共同演进的过程，而不是新旧媒体相互替代的过程。美国学者罗杰·菲特勒提出了媒介共同演进理论，他认为"新媒介并不是自发地和孤立地产生的——它们从旧媒介的形态变化中逐渐产生。当比较新的传播形式出现时，比较旧的形式通常不会死亡——它们会继续演进和适应"。[③]

传统媒体具有内容原创资源。相比较而言，网络具有海量信息、超链接、互动性强、传输速度快等特点，手机媒体具有便携、移动、简洁、快速等优势，这些都是对传统媒体的补充和完善，对于媒体产业链的一种整体延伸。新旧媒体之间不是相互取代的关系，而是不同传播渠道、不同服务方式的互补关系，新媒体

---

① http://news.youth.cn/rd/201107/t20110719_1668071.htm

② http://tech.163.com/11/0927/10/7EUV674C000915BE.html

③ 罗杰·菲特勒著，明安香译：《媒介形态变化——认识新媒介》，华夏出版社2000年版，第19页。

在某种意义上来说是传统媒体功能进一步演进的结果，从产业优势互补上看，两者将形成竞合关系。

业界认为，新旧媒体可以通过合作与竞争，实现战略意义上的竞合。不同的终端对于受众的吸引是不同的，受众需要各具特色的传输渠道来获取信息，比如在新闻方面，美国的微软公司和全国广播公司合作创立的 MXVBC 提供了一种“新闻提示”服务，上网用户可以通过免费下载软件获得提示。当日重大新闻标题都将自动出现在电脑桌面上，并获得 24 小时不断地更新内容，受众需要了解详细内容时，轻击鼠标即可。

二、媒介产业融合的实践

(一)关于产业融合的定义

我国著名经济学者马健对产业融合有这样的定义：由于技术进步和放松管制，发生在产业边界和交叉处的技术融合，改变了原有产业产品的特征和市场需求，导致产业的企业之间竞争合作关系发生改变，从而导致产业界限的淡化甚至重划产业界限。[①]

媒介产业融合表现在从技术融合到渠道和终端的融合，再到市场融合，最后达到产业融合，是一个逐步实现的过程。究其本质，媒介融合就是传媒领域内的产业融合。

20 世纪 70 年代的通讯技术和信息处理技术的革新及迅速发展，推动了通讯、广播、报刊等传媒领域的资源共享，媒介产业融合发展趋势初见端倪。1994 年的“哈佛论坛”和 1997 年的“伯克莱会议”上提出了“产业融合”这一新经济概念。新媒体融合，使多个产业特性的组织形态如电子商务、跨媒体、大电信、网络出版等不断涌现，不同产品形式如多媒体数字报纸以图文、音频、视频、FLASH 等多媒体形式呈现，并通过有线宽带网络和无线通信网络实现多终端发布，最终形成了新媒体融合的产业链。

媒介融合的实现是一个渐进的过程，从 20 世纪 90 年代的报纸、杂志与网络的初步融合，到如今的电视、网络和电话三个产业的融合渗透，媒介融合已经实现了从理论到实践的跨越，并日益成为当今媒介发展的主流趋势和重要体现。

媒介产业融合战略主要是基于新媒体企业的资源扩充整合与成长性考虑

---

① 《信息产业融合的发展趋势与我国发展信息产业融合的对策》，《现代情报》2007 年第 1 期，第 27 页。

而形成的。产业竞争原理表明，竞争的根源在于资源的稀缺性。因而，产业内的企业可以通过战略结盟，分享内容、技术、渠道和终端市场等资源优势，以谋求各产业链上的资源扩充，形成新的产业竞争力(见图 3—5)。

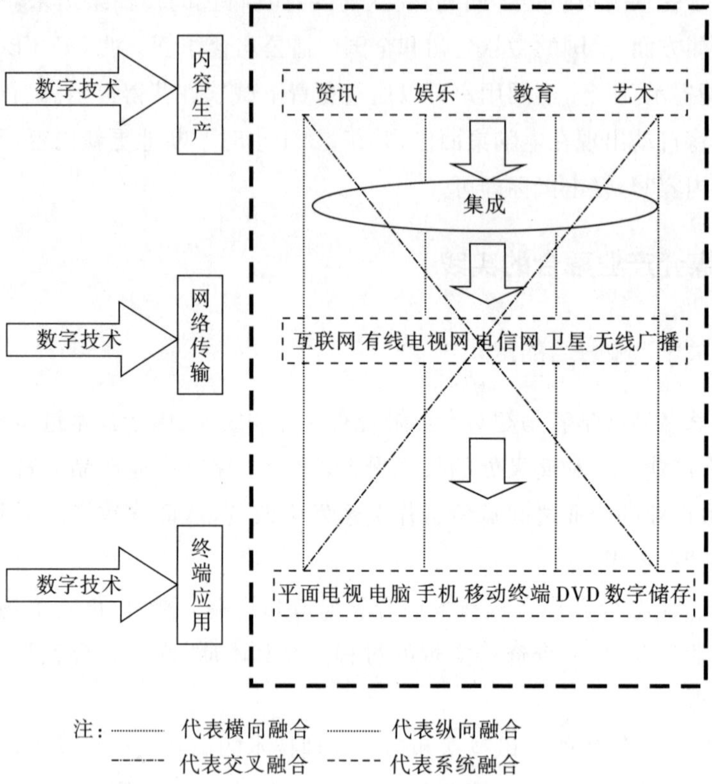

图 3－5　媒介融合产业结构图①

(二)内容产业的融合

内容产业的融合是在数字技术成熟的条件下，在生产端口和消费端口都具有了以数字技术作为应用技术的前提下，从生产到消费的整个产业系统均以数字技术形成一个贯通的整体。数字技术的成熟使原有各种形态的内容(如文字、图像、影像、语言等)都变成了可以用“0”和“1”来表达的数字，并且数字技术破除了原本分属的印刷、电波、电子媒介形态之间的壁垒，使内容的生产和交换

① 王菲:《媒介大融合》，南方日报出版社 2007 年版，第 30 页。

得以在一个共同的平台上进行。[1]

1. 内容产业融合的前提条件

(1)无限增长的内容模式

新媒体内容的数据库模式和终端多元化,为新媒体传播的分众化带来可能。比照传统媒体的传播理论,新媒体的传播模式由"广播"走向"窄播",形成了分众传播模式。在分众传播中,对象是某些特定的时间和环境下特定人群的特定需求,是特定人群的特定需求的针对性传播,分众传播对无限增长的内容需求具有强烈的内在驱动力。同时,互联网的开放性,使用户创造内容成为可能,用户大量贡献的内容推动着无限增长的内容模式的可持续发展。

(2)规模化的生产

传统的传播业在新媒体转型的市场压力下急剧转型,并从传媒产业链上迅速地凸现出来,形成一个独立的生产形态,即内容产业。这样的内容产业在新媒体形态下催生的新的业态和流程中,可以使内容的生产从传统媒体的单一的、单介质的、一次性发布的、专享的模式转变成新媒体的一次采集、多次利用、多介质传播的模式。新的内容产业的形成使大规模的内容生产成为可能,这不仅丰富了新媒体产业链的价值体系,而且大大激发了新媒体产业市场的活跃。

(3)终端的支持

今天的受众已经可以通过网络收看到丰富多彩的视频和音频节目,3G 技术的应用不仅使人们可以直接在手机上浏览网页和新闻,还支持快速下载,传播图像、音乐和视频节目等。另外,电子杂志、户外媒体等新媒体也进入人们的生活,改变着传统的媒介环境,丰富着媒介形态,而这些也正是实现媒介融合的基础。我们即将进入"三网"(包括电信网、互联网、广播电视网)融合、"三电"(包括电讯、电脑、电视)"共生"的时代。多终端的技术日渐成熟,将吸引越来越多的用户,为内容产品的生产提供了巨大的空间。

2. 内容产业链的数字化演进

传统媒体的内容生产表现为"生产⇒发行⇒消费"这种单一的线性模式,内容生产从属于媒介特定的载体,这是在传统的媒介产业链下的常态。其产业链往往表现为单一的、以媒介为核心的、封闭式的链条结构,各自为政,无法置身于整个传媒产业链中进行资源的分享与融合,内容无法形成规模价值,更难以

---

① 王菲:《媒介大融合》,南方日报出版社 2007 年版,第 52 页。

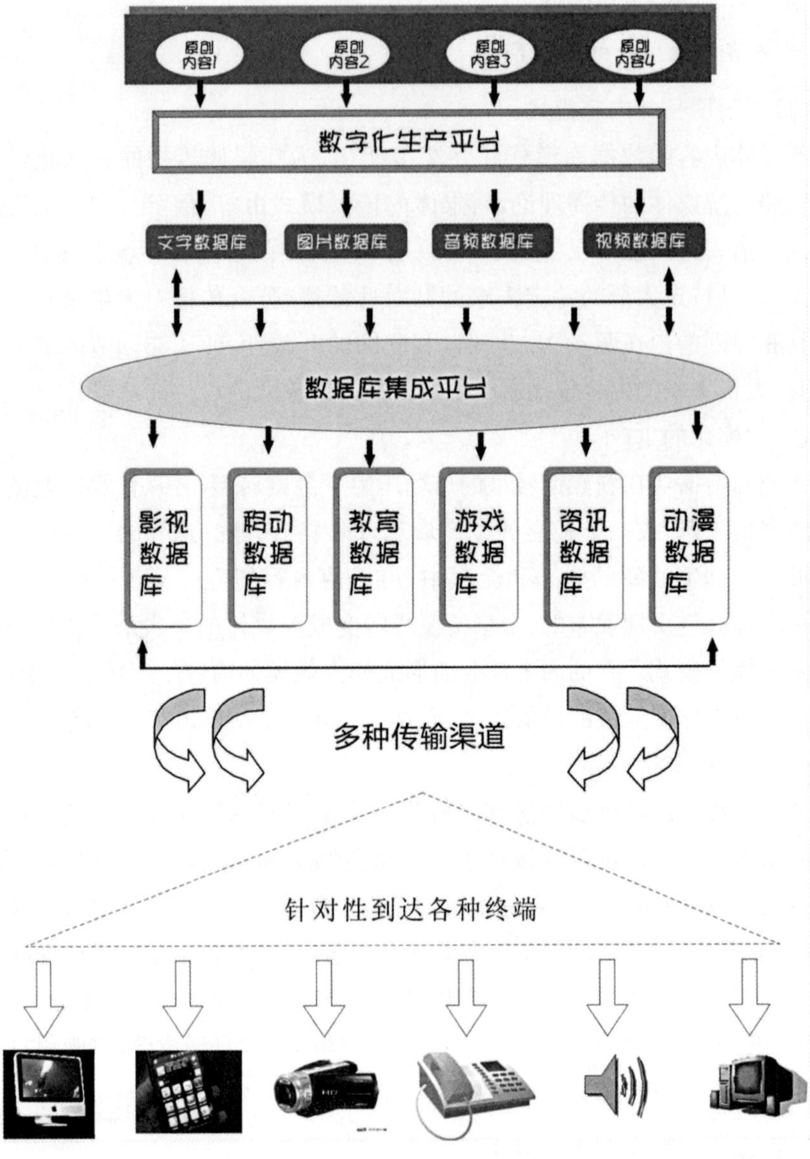

图 3-6

形成产业价值。而在数字化的新媒体中,其技术标准更像一座桥,连接起了各类媒体之间的内容生产,使内容生产得以形成产业模式,并独立成为一个产业链的上游集群,通过各种渠道分配到各类终端,改变了原有的线性生产模式,演进成由原创、生产、应用构成的立体产业平台。目前常见的内容融合包括四个主要方面:

(1)一次采集、多次利用的全媒体模式

新媒体的内容产品,因其信息特质,发行的规模效益十分明显。媒体形态的变化催生了新的新闻生产业态和流程,美国的“坦帕新闻中心”和英国的 BBC 均率先尝试了内容生产的一次采集、多次利用、多介质传播的生产模式,为新媒体内容产业化实践提供了经验,奠定了基础。

2003 年,美国学者戴默(Lorl Demo)及其同仁在《融合连续统一体:媒介新闻编辑部合作研究的一种模式》中提出了“融合连续统一体”这个新概念。他们按照融合程度依次由弱到强、由简单到复杂,界定了“融合新闻”的几种模式:交互推广、克隆、合竞、内容分享、融合。他们根据自己所掌握的美国及其他国家的媒介当时的实际情况对每种类型进行定义和阐释,指出在融合阶段,各方在采集和播报各个环节合作,借助不同媒体的优势以获取最有效的生产方式和传播方式。①

大量西方学者的著作论述了在“融合新闻”生产中传媒的生产流程以及从业人员的角色变化等诸多问题。如美国哥伦比亚大学新闻学院教授约翰·帕夫利克 (John Pavlik)在《新闻业与新媒介》(*Journalism and New Media*)中深入分析了新媒体出现对新闻行业的冲击和带来的诸多变化。他指出:“一种新的新闻形式正在出现,或许最好的描述是将其称为‘全景化报道’。全景化报道包含五个方面:①传播形式的广泛性;②超媒介;③增强受众参与;④动态化的内容;⑤个性化服务。”②

“全景化报道”理论与“波纹”理论具有很大的一致性。起源于道·琼斯公司的“波纹”信息资源管理理念认为:一个新闻事件的发生就像一块石头投到水里,会产生很多波纹,一个波纹一个波纹地扩散开,影响面会迅速放大。道·琼斯可以把这个新闻通过道·琼斯通讯社、《华尔街日报(网络版)》、CNBC 电视频道、道·琼斯广播、《华尔街日报》等七种不同的媒体卖七次。传统报纸同样也可以通过新闻信息的多形态呈现、多渠道发行、多终端阅读,实现多次售卖,继而获取更大、更多的增值机会,获得游说广告商更大的筹码,通过一次售卖赚取比原来单一介质更大的收益。③

---

① 蔡雯:《从“超级记者”到“超级团队”——西方媒体“融合新闻”的实践和理论》,《中国记者》2007 年第 1 期,第 81 页。

② 约翰·V. 帕夫利克著,张军芳译:《新闻业与新媒介》,新华出版社 2005 年版。

③ 《从传统报业到全媒体的探索之路》,《中国评论月刊(网络版)》,http://gb.chinareviewnews.com/crn-webapp/mag/docDetail.jsp?coluid=0&docid=100832441&page=2

一种新型的新闻业在内容产业的框架下正在形成，它的显著特征包括：新闻无处不在，在全球各地都可以得到信息，报道迅捷、互动性，多媒体形式的内容完全按受众的个性化需求提供内容服务。[①] 由此，目前国内的报纸、广播和电视等传统媒体正积极推动全媒体营运模式改革，通过整合文字、图像、声音、视频等多种不同传播方式进行全方位、立体式的传播，让受众获取全方位的感知和感受。这种全景化传播格局将是内容产业融合发展战略的有益实践。

(2)内容产业的数字终端化

首先是报纸网站。报纸网站发源于美国。1992 年，《圣荷塞信史新闻报》创办了全球第一份电子网络版报纸。1993 年，全世界有 20 家报纸纷纷建立了自己的报纸网站，之后报纸网站作为报业与互联网合作的重要应用在世界范围内发展流行。报纸网站在中国出现已有近 20 年的历史，在发展过程中不断成熟，经历了三个阶段。

报网融合最早是从电子版开始的，做法是将报纸刊登的内容简单地贴到网站上。这在某种意义上可以实现部分无成本发行、跨地域传播，从而扩大了报纸的影响力。但鉴于电子版缺乏互动性，报纸的电子版对报网融合的发展并没有太大的实际意义，印刷内容的翻版充其量只能算是一个资料数据库。

第二个阶段是较为独立的新闻网站的诞生。20 年来，中国各个省报都纷纷成立报网，因地制宜地走出自己的在线新闻之路，既完成对纸媒内容的重新整合，又努力发挥网络优势，根据网络的特点开拓新颖独特的内容与服务。

第三个阶段是内容网站的成熟阶段。传统媒体的网站中产生了一些具有盈利性的大型信息传播平台或新闻门户网站。如新华网、人民网、南方网等网站所提供的内容已大大超出了其合作经办的新闻单位的传统新闻内容，在栏目和类别上各具特色，具有大量粉丝和意见领袖，并建立起了自己报网的网络话语权。同时，在新闻之外，还建设了大量的信息性、服务性、商务性栏目，甚至发展到视频分享、分类广告、增值服务等，形成了内容经营的盈利模式。

总之，内容产业的数字终端化在传播方式上至少有五个明显的突破。

第一是时空的突破：传统媒体大多拥有自己的发行领域，而新媒化数字终端化后的开放性突破了这一空间限制，同时，信息的全时化无缝播报与即时更新，也突破了传统媒体的定时生产周期。

第二是线性传播流程的突破：网络的交互性实现了传者与受者的互动交

① 约翰·V.帕夫利克著，张军芳译：《新闻业与新媒介》，新华出版社 2005 年版。

流,传播的多节点、发散性突破了传统媒体单一、线性的传播模式。

第三是单一传播方式的突破:网络的多媒体传播功能丰富了传播模式,终端可以通过使用音频、视频、网友播客、FLASH 动画等多种手法进行传播。

第四是对传统一对一大众传播模式的突破:网络终端可以实现受众定制化,如使用 RSS 阅读器订阅信息,满足了受众个性化的需求,这使新媒体的一对一的分众传播模式得以逐步实现。

第五是信息量限制的突破:网络信息来源广泛,并且具有超链接这一技术优势,形成海量信息,突破了传统媒体信息量的限制。

(3)交互性内容的增值产品

随着信息网络和智能手机的日益普及,信息已经从电脑走向手机,从办公室、书房走向口袋。正如移动电话替代固定电话一样,移动通信所具有的随时随地随身的特点使其成为消费的主流方式,也促进了内容产业的增值产品的发展。目前,增值产品涉及视频增值服务、移动电子商务、移动支付、手机搜索、手机阅读、手机娱乐等,移动互联网的应用前景十分广阔。产品种类由最初单一的点对点短信业务发展到如今的语音、消息、互联网、资讯、位置、音乐、游戏、图像、商务等九大类 50 余种,充分深入到了移动用户的工作、生活、娱乐等各个层面。

以中国移动为例,他们先后与华友飞乐唱片公司共同打造中国移动无限音乐产品,从新闻集团手中收购凤凰卫视 19.9%的股份,把控流媒体的核心资源,同时还在全国各地分别建立了不同的内容生产合作基地,而且规模都不小。2007 年 8 月 16 日,中国电信综合信息服务的专业化经营管理机构——中国电信集团号百信息服务有限公司成立,旗下拥有“号码百事通”、“电信传媒”、“电子商务”几大业务板块。而电信传媒更是凭借户外、网络、语音、平面、移动五大类近 20 小类产品的媒体产品,以及由 3G 技术催生的手机数码终端多媒体,再加上与广电合作的 IPTV,已经成为目前国内覆盖面最广、综合能力最强的媒体提供商之一。特别是电信传媒凭借在传媒资源上的强大实力,倾力打造 LED 大屏、网络视频、手机视频“三屏联动”模式,更是超越了现有媒体当前的传播境界。①

凤凰新媒体的增值业务也开展得卓有成效。2010 年起开始提供手机视频服务,对凤凰卫视独家提供的电视节目和纪录片进行视频内容分销。手机订阅和按观看次数付费服务收入同样与移动运营商进行收入分成。凤凰视频付费

---

① 关键:《电信传媒引领全媒体集成时代》,《广告人》2009 年第 9 期,第 183~184 页。

视频点播平台(vip. v. ifeng. com)除了按播放次数付费外,还提供每月45元人民币的包月服务、互联网增值服务(包括提供一系列在线推广解决方案)以及股票预测平台"优股"("Pick-Ur-Stock")等产品。2010年,凤凰新媒体总营业收入为8010.5万美元,无线增值业务占总收入的37.2%。[①]

(四)内容产业融合的展望

内容产业融合的一个重要目标就是全媒体的建构。在全媒体的传播框架下,人们可以通过各种渠道、多种媒体来获取信息。从产业链的角度来呈现,作为内容产业主角的传统媒体在长期的运作中已经积累了丰富而雄厚的信息资源且优势明显,并立足于内容集成商和内容供应商的基点,形成与渠道和终端相匹配的分众信息内容,将内容提升到产业的高度,为媒介融合提供有质量和创造力的内容,成为真正的内容供应者而不是简单的新闻采集发布者。

二、渠道与终端的融合

(一)融合的主要环节

在新媒体产业链中,渠道与终端的融合是媒介产业融合的技术平台和实现网络。其融合的主要环节包括:

——广电和电信的融合;

——有线和无线的融合;

——移动和固定所构成的横向融合;

——网络、终端和内容之间的纵向融合。

上述融合主要涉及以下几个技术领域:传统的内容发布系统,声像以及基于网络和电信的全球移动通讯系统(GSM),网络通讯协议(WAP),码分多址(CDMA),通用分组无线服务技术(GPRS),3G、4G及流媒体等技术。渠道与端口的融合,在报纸、杂志、广播、网络、电信等媒介之间实现信息资源的共享和互联互通,达到对人们接收信息所涉及的视觉、听觉、触觉等全部感官充分集成的目的,实现一种全新的信息生产方式和集成模式。

如果说媒介内容载体融合使内容生产从媒介中独立出来,形成媒介融合的

① 《凤凰新媒体:传统移动服务比重高　收入依赖运营商》,http://www.techweb.com.cn/finance/finance/2011—05—17/1035384.shtml

前端产业的话，那么，数字传播技术对媒介内容载体融合的意义在于它统一了媒介内容的逻辑载体，打破了传统的内容生产与相应媒介之间的固有对应关系，从传播工具上实现了不同媒介系统之间的内容转换。

表 3—1

印刷媒体	印刷品（文字、图片）
	电子出版物（文字、图片、视频、动画……）
广播媒体	模拟无线电发射（声音）
	数字网络传播（声音、视频、图像、文字……）
电视媒体	模拟无线电发射（视频）
	数字网络传播（视频、文字、图像、动画……）
网络媒体	数字有线网络传播（文字、图像、声音、视频、动画……）
	数字无线通信（语音、图像）
	新一代数字无线通信（语音、图像、视频、动画……）

在数字传播技术的支持下，传统媒体和新媒体在传播渠道和传播终端等方面呈现出交叉现象，这种依赖数字传播技术的媒介渗透在一定程度上已经对原有的传播媒介划分方式和媒介功能产生了挑战。数字传播技术打破了媒介内容形态之间的藩篱，媒介内容形态日趋模糊化，传统媒介形态的内容产品在新的数字形态中获得兼容，各种形态的内容产品均可以制作、存储和传播。

(二)融合的形成条件

1. 数字技术的引入

各种媒体内容都可以转换为统一的编码进行传输和交换，在网络使用者看来，网络上传输的都是统一的 0/1 比特流。

2. 光通信技术的发展

主要表现在传输信息业务中的带宽支持。特别是光纤网作为最理想的物理平台，为无线电通讯全部可用频段的十倍，明显提高了系统传输容量。波分复用(密集波分复用)技术的发展更是大幅度地实现了光线带宽的扩容。

3. 网络接口技术的发展

网络内部接口在物理层面保证了网络平台的无障碍互通，同时可使终端用户无需考虑各种网络物理层面的差异，随时使用网络平台。

4. 统一的技术标准化

无论是渠道还是终端融合，都力图通过合力实现同一技术标准之下的市场规模最大化，在强大的网络外部条件下获得最大化收益。如2006年“闪联”(《信息设备资源共享协同服务》)1.0版标准的诞生，成为中国第一“3C协议产业技术标准”，从而实现“内容＋网络运营＋设备＋新型应用模式”的全新网络架构，使各种网络在数字化的框架下，多网融合成为可能。

(三)融合的发展现状:三网融合

1.关于三网融合

中国的三网融合指电视、电信、互联网的融合。电视网指有线电视网，是一个不可交换、互不连通的单向的视频业务传送网。电信网指公众电话网，能提供如电话、传真、移动电话等业务，是一个非常成熟的、规模很大的通讯网络。互联网指能提供计算机分组交换传输数据服务的网络。

三网融合的提出，其价值在于采用了业务、控制、承载与接入分离的分层体系结构，支持水平业务提供模式，摒弃了传统的垂直业务提供模式，支持语音、数据、图像等多媒体业务，使三网的技术功能趋于一致，业务范围趋于相同，网络互联互通、资源共享，能为用户提供话音、数据和广播电视等多种服务。三网融合的关键业务包括IPTV、互联网视频(电视机方式和PC方式)、手机电视、三屏共享(见图3－7)：

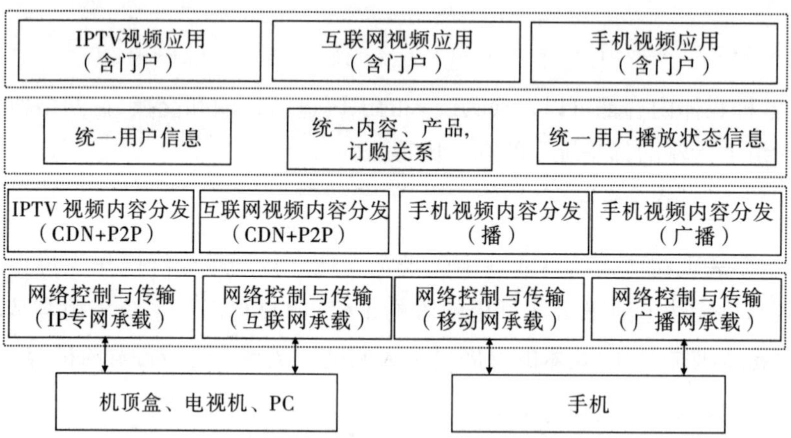

图3－7①

① 李涛:《合下电信业务平台及终端融合趋势探析》,《邮电设计技术》2011年第2期。

——IPTV以电视机为接收终端，通过运营商专网传输(有QoS保障)，以视频节目为主。

——互联网视频(电视机方式)以电视机为接收终端，通过互联网传输，以视频节目为主。

——互联网视频(PC方式)以PC为接收终端，通过互联网传输，以视频节目为主。

——手机电视以手机为接收终端，通过无线网络传输，以视频节目为主。

——三屏共享以电视机、PC和手机为接收终端，三屏共享视频节目，支持用户在不同屏幕下收看。

2.机遇与挑战并存

中国“三网融合”的概念早在1998年就提出来了，但是因为技术条件、行业管理体制限制及对未来民用信息产业发展的方向判断不确定等多种原因，中国的“三网融合”面临着巨大的挑战。关于这个话题，在2011年10月26日召开的“中国(上海)三网融合与智慧城市高峰论坛”上有一些业界最新的观点可供参考，综合如下：

(1)广电方面

从广电系统内部的产业化发展来看，广电目前最重要的任务是加快城市有线网络数字化升级改造，实现由小网向大网、模拟向数字、单向向双向、用户看电视向用电视转变。加快建设下一代广播电视网，加快网络整合，确保到2010年基本实现一省一网。

虽然广电企业一直在做着多方面的努力，但有线网络的形势依然严峻，目前，缺乏资金建造覆盖全国的网络，以及面临复杂的产业结构调整。国家广播电影电视总局是隶属于国务院的执行单位，负责监管媒体和提供资金，但是一直没有关于三网融合改造的详细资金计划。除此之外，将大量的有线电视运营商整合成能与电信运营商相抗争的大型的省级公司，还面临着许多意想不到的困难，因为这些有线电视运营商内部有复杂的持股情况。

从广电企业与外部的融合来看，有线电视网络的覆盖度很高，并能快速为用户提供上网服务。广电企业的进入门槛较低，这对电信运营商来说是直接的挑战。一旦广电企业成功进入宽带业务领域，电信业的格局有可能由原来的三国演义演变为四方争霸。竞争将使各方为了自保而构筑行业壁垒。

(2)电信方面

播控权是广电、电信双方的核心诉求。电信企业要经营广电业务,还要得到国家广电总局的允许。最近广西电信在14个地市的IPTV业务就被国家广电总局叫停,这个案例也反映出电信企业要经营广电业务还需跨越很高的门槛。也许有人会想,一旦市场放开了,电信企业也可以参与广电业务的竞争。但从根本上说,电信企业要参与广电业务的竞争难度很大。首先,电信企业对广电业务不熟悉,我们很难想象让电信或移动去参与电视节目制作会是什么样的结果;其次,运作广电业务需要庞大的资源,这个资源不一定是电信运营商所具备的。

(3)移动方面

手机新媒体,从其诞生至今经历了巨大变迁。手机从最初单一的通话发展到现在可以提供上网、聊天、视频、娱乐等功能,拥有一款智能手机就等于同时拥有了一部手机、电视、电脑同步运营的机器,同时它作为一个私人空间,作为人们的贴身之物,成为了用户的私人智能管家。在三网融合的趋势下,如何能让手机功能最大化是业界思考的第一重要课题。诚然,手机视频这块蛋糕如何切,如何切得好,成为大家所关注的焦点。根据移动互联网第三方咨询公司艾媒咨询集团的调查数据显示,2011年手机视频市场用户规模达到1.13亿。据预测,2013年,手机视频用户规模将达2.82亿,市场收入规模将达115.8亿。在对手机视频前景的准确预测基础上,以激动网为代表的运营商坚持"一次制作,无限分发"的媒体理念,率先突破电脑终端,服务延伸至手机和电视机终端,以用户体验为核心,在三屏之间形成内容和服务统一的平台。

(4)只有合作,才能共赢

论坛分析了三网融合中的各种冲突。在播控权方面,广电部门虽在政策上取得播控权,但技术与体制上的落后又使其难以真正获得"主导地位"。与电信希望得到内容播控权一样,三网融合试点方案允许广电部门介入互联网接入和IP电话业务,广电企业希望融合后拥有互联网宽带出口和IDC资源,而这正是电信企业钳制广电企业的撒手锏。三网融合的未来形式是"三屏合一"。中国移动通信和互联网经过20年的长足发展,移动通信终端IP化和IP终端的移动化、无线化、宽带化已是必然的发展趋势。

广电、电信、移动三方所面临的上述竞争现状,在三网融合的框架下,将实现整体发展的良好机遇。不同的电信运营商可以采取不同的合作策略,如中国电信借助于宽带的高度成熟,可以与客户共同开辟IPTV市场。电信为客户提供业务平台，广电提供视频内容，而后采取利润分成。IPTV 可以避免与数字电视冲突，寻找广电数字电视无法覆盖的用户群体，做大市场"蛋糕"。而对于中国移动来说，则可以与广电的宽带网络业务进行整合，在电信的宽带优势区域展开移动业务的竞争，例如资费捆绑。当然，还有一个更庞大的蓝海市场——手机电视。对于电信和广电来说，都是一个尚未涉足的蓝海，它们可以发挥手机和视频内容的优势，这正好是 1+1>2 的合作机会。①

3.三网融合的实现条件

事实上，在美、英等发达国家，三网融合业务已蓬勃开展了十多年，极大地促进了信息产业的发展。人们普遍认为三网融合是一种必然趋势。三网融合的实现主要包括技术因素、经济因素和政策体制方面的因素。

(1)技术因素

三网融合首先是从技术上改变每一种通信网都是为某种专门业务而设计的，传输速率和特性各不相同的网络之间的隔离状态，使多网融合成单一的网络，以提供各种不同类型的业务，能适应性质各异的多媒体通信网。有专家认为，从理论上讲，三网融合的技术已经成熟。

(2)经济因素

尽管从实践来看，在今后的一段时间内仍是三网并存，但技术的融合加剧了行业之间的竞争，各行业为争夺最大化经济利益，行业间的融合和渗透是不可避免的。从这个意义上来说，三网融合也是市场发展的需要。

(3)政策因素

在技术和市场开始发力的同时，三网融合的当务之急是迫切需要国家相关政策和法律法规的保障。美国 1996 年通过了《电信法案》，奠定了三网融合的法律地位，规定美国的通信公司、有线电视公司和互联网服务商，可以在同一市场进行经营竞争，其业务可以横跨三网。与此相比，在我国影响三网融合的一个重要因素是政策体制方面的限制。由于长期以来产业部门和行业之间的分割，我国的电信、广电、互联网企业各自独立发展，各自为政，还有中国联通、网通、广电、铁道和电力等部门建设的传输网络，都已成为市场竞争中的重要角色。但它们发展的路径受体制的限制较为严重，要真正实现产业的融合，任重而道远。所以三网融合的实现还有待于国家制定相关的政策给予支持，以及相

① 胡智海：《三网融合下的广电、电信和互联网企业竞合分析》，《信息网络》2010 年第 1 期，第 71 页。

关法律法规的保障。

在"十五"规划中，政府提出要"促进电信、电视、计算机三网融合"，在"十一五"规划中进一步作出了五年内推进三网从技术方面整合基础设施资源的行政指令。2010 年 1 月 13 日召开的国务院常务会议，决定加快推进电信网、广播电视网和互联网三网融合。会议指出，"推进电信网、广播电视网和互联网融合发展，实现三网互联互通、资源共享，为用户提供话音、数据和广播电视等多种服务，对于促进信息和文化产业发展，提高国民经济和社会信息化水平，满足人民群众日益多样的生产、生活服务需求，拉动国内消费，形成新的经济增长点，具有重要意义。目前，我国已基本具备进一步开展三网融合的技术条件、网络基础和市场空间，加快推进三网融合已进入关键时期。要着眼长远，统筹规划，确定合理、先进、适用的技术路线，促进网络建设、业务应用、产业发展、监督管理等各项工作协调发展，探索建立符合我国国情的三网融合模式"①。

(四)终端融合的演进

终端融合即"3C 融合"，包括两方面的含义：一是终端设备的融合，二是指终端设备融合所带来的信息平台和服务内容的融合。包括电信(Communication)、计算机(Computer)和消费类电子产品(Consumer Electronic)的三合一。"3C 融合"是指利用数字信息技术激活其中任何一个环节，并通过某种协议，使电脑、通信和消费电子产品三者之间实现信息资源的共享和互联互通。②

渠道融合最终将体现在终端的融合上。随着 3G 技术的明显进步，很多传媒公司又把融合的前沿放到了终端的个性化上。从个人移动方面看，如亚马逊图书公司推出了 Kindle 数字图书阅读器；索尼公司推出了 eReader 阅读器；苹果公司早在 2007 年推出 iPhone 手机时，就将该公司的电脑终端的 iMac、音乐播放器 iPod、网上音乐商店的 iTunes 的相关内容和功能融合至 iPhone 手机中，充分体现了互联互通、即时即地、方便快捷等终端服务优势，使其成为同类产品中的领导者。而作为能够融合多种新媒体服务的移动终端的手机，成为目前发展速度最快的行业，2010 年中国手机用户破 8 亿，手机上网用户数近 3 亿。③ 从家庭终端方面看，电视机、电脑、宽带与音响、数码相机等的终端功能，

---

① 《2015 年全面实现三网融合 广电电信双向进入先行》，http://www.china.com.cn/economic/txt/2010-01/14/content_19231238.htm

② 王菲：《媒介大融合》，南方日报出版社 2007 年版，第 124 页。

③ http://tech.qq.com/a/20110118/000465.htm

均可通过数字化信息资源共享实现融合。同时,作为家庭终端的 IPTV 和数字电视也出现了良好的发展势头。网络融合正在从单一形态向多元形态、从资源垄断向资源共享、从自成体系向开放体系方向转变。

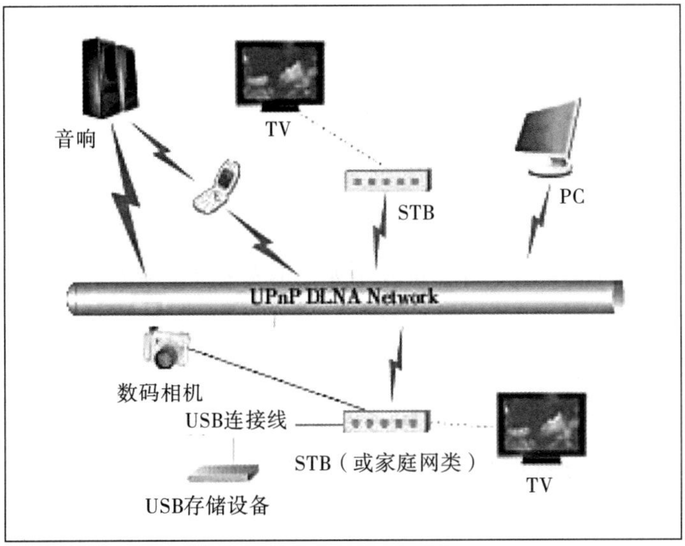

图 3-8 DLNA 家庭终端共享

(五)渠道终端融合的发展与展望

• 下一代网络平台,将遵循控制、承载、接入分离的思想,为未来网络融合提供了统一的架构。

• 在业务层采用统一开放的业务提供架构,在接入层支持固定、移动、窄带、宽带等多种接入技术。

• 终端呈现多模化和智能化的趋势,最终实现一个用户、一个号码、一个终端、一个账单、一个核心网络,随时随地享受的全业务模式。

数字融合方面,由于通信技术、数字技术、IT 技术、电子技术在传媒产业中的广泛应用和扩散,并导致创新活动发生,可视为替代性融合和互补性融合,形成渠道的多元化和终端的多元化;同时,在产业链中建立起一种新的产业流程,对传统媒体的单一生产流程进行重构,以实现信息内容的集中统一安排和多渠道、多媒体、全方位的无缝传播。总之,媒介融合战略将从内容融合、技术融合和渠道终端融合三个层面实施。

过去互联网是一个产业,通信是一个产业,现在这两个增长非常快的产业在激烈碰撞，在这个过程中，产生了来自产业链的巨大变革和变更。其中，孕育了大量的相互融合和渗透，以及相互之间的竞争。事实上，彼此之间的界限正在逐渐模糊。有专家预言，新媒体发展的最终结果就是传统媒体平台与新媒体平台的完全融合、互动，产生更为可观的价值和更长的产业链。

思考题：

1. 新媒体产业价值链的特点是什么？
2. 数字新媒体发展的内在驱动力和终极目标是什么？
3. 新媒体产业价值链的基本构成是什么？
4. 内容产业的数字终端化，在传播方式上有什么突破？
5. 媒介融合的定义是什么？
6. 产业融合的定义是什么？
7. 目前常见的内容融合包括哪几个方面？
8. 三网融合的实现涉及哪几个主要因素？

第四章
网络媒体的运营模式

第一节　门户网站

一、门户网站概述

（一）门户网站的定义

所谓门户网站，根据维基百科的定义是指通向某类综合性互联网信息资源并提供有关信息服务的应用系统。门户网站最初提供搜索引擎和网络接入服务，后来由于市场竞争日益激烈，门户网站不得不快速地拓展各种新的业务类型，希望通过门类众多的业务来吸引和留住互联网用户，以至于目前门户网站的业务包罗万象，成为网络世界的“百货商场”或“网络超市”。

从现在的情况来看，门户网站主要提供新闻、搜索引擎、网络接入、聊天室、电子公告牌（BBS）、免费邮箱、影音资讯、电子商务、网络社区、网络游戏、免费网页空间等。①

图4－1　新浪网

在互联网的发展历程中，无论是国外还是国内的互联网市场，网络门户都曾是互联网发展的主导模式，在国外以雅虎、美国在线为代表，在我国，典型的门户网站有新浪网、

① http://zh.wikipedia.org/zh-cn/%E9%97%A8%E6%88%B7%E7%BD%91%E7%AB%99

网易和搜狐网等。

图4-2 网易

图4-3 搜狐网

目前看来，无论是国内还是国外的门户网站，都迫于资本市场的压力，处于业务的转型期，根据各自的特点和优势调整着业务发展战略方向。门户网站的战略发展方向调整，一方面凸显出资本市场对原有门户网站商业模式的质疑，另一方面也反映了互联网本身的发展趋势，从“接入为王”到“内容为王”再到现在的“应用为王”。

（二）门户网站的分类

1. 综合性门户网站

综合性门户网站能够为用户提供综合性信息资源，开展多种业务模式，主要以提供新闻信息、娱乐资讯为主，如新浪网、网易、搜狐网等。

2. 搜索引擎式门户网站

这类网站的主要功能是提供强大的搜索引擎和其他各种网络服务，如百度、谷歌等。

3. 地方生活门户网站

这类网站是时下最流行的，以提供本地资讯为主，如廊坊消费广场、成都第四城、贵州生活网、南昌百姓热线等。

4. 行业门户网站

这类网站多是针对某一行业领域需求开设的，如中国化工网、中国电力企业联合会网等。

5. 企业门户网站

这是由大规模企业所推出的树立形象、推广业务的网站，如中国移动门户网站就是作为中国移动公司在国际互联网上展示企业形象和服务的平台。

(三) 门户网站的演变

门户网站的概念最早起源于互联网商业中的ICP(Internet Content Provider,即网络内容提供商),是指在互联网上进行信息收集、加工并向其用户或访问者发布的公司。在国内ICP这个名词刚开始出现并流行的时候,网络业务形式比较少,因此,业界以及媒体在比较清晰地定义了ISP(Internet Service Provider,即网络接入服务提供商)的范围以后,将除了ISP以外从事其他网络服务的公司统称为ICP。[①] 因此,目前国内所定义的ICP这个概念同这个缩写词在国际上流行的意义之间存在一定的差别。

在美国,ICP通常是指非常狭窄的一类公司,如ZDNET、CNET等,它们都拥有很多记者、专栏作家,他们采访、写作并将文章发表在网上,为网站提供内容。从这个意义上来说,我国基本上没有一家真正的ICP,因为目前我国对于新闻采访和发布的管理规定中,没有明确条文指出网站可以从事新闻采编业务。目前国内的任何一家网站都没有国家新闻出版总署授予的采编权,也没有网站记者这个职业,所有的新闻内容都是从传统媒体转载的。

关于网站新闻信息的管理,中国的网站都是根据2005年9月25日国务院新闻办公室、信息产业部联合发布的《互联网新闻信息服务管理规定》执行的。该规定指出互联网新闻信息服务单位分为以下三类:

1. 新闻单位设立的登载超出本单位已刊登播发的新闻信息、提供时政类电子公告服务、向公众发送时政类通讯信息的互联网新闻信息服务单位。

2. 非新闻单位设立的转载新闻信息、提供时政类电子公告服务、向公众发送时政类通讯信息的互联网新闻信息服务单位。

3. 新闻单位设立的登载本单位已刊登播发的新闻信息的互联网新闻信息服务单位。

也就是说,第一类新闻网站就是拥有新闻发布资格的传统新闻媒体设立的网站,如人民网、新华网等,可以登载超出本单位已刊登播发的新闻信息内容。第二类网站如新浪、搜狐等只能转载新闻。最后一种就是传统报纸的电子版。

该规定还界定了网站新闻信息和网站新闻信息服务的准确概念。“本规定中所称新闻信息,是指时政类新闻信息,包括有关政治、经济、军事、外交等社会

① 连枫:《中国门户网站的发展现状分析》,《山西财经大学学报(高等教育版)》2008年3月第11卷第1期。

公共事务的报道、评论,以及有关社会突发事件的报道、评论。本规定所称互联网新闻信息服务,包括通过互联网登载新闻信息、提供时政类电子公告服务和向公众发送时政类通讯信息。"①

因此,在1997年以前,门户网站的概念包含在ICP的概念里,即门户网站是综合类的ICP。作为综合类ICP的门户网站,从1997年开始以"内容为王"为主要发展模式,在这种模式下,门户网站成为与报刊、广播、电视等传统媒体并存的"第四媒体"。

1998年,雅虎的成功使搜索引擎的商业价值得到了广泛认同,搜索引擎成为门户网站业务发展的重头戏。业界将1998年称为"搜索引擎年"。在经历了"内容为王"和"搜索引擎年"之后,综合类ICP开始向真正的综合性服务网站——门户站点(portal site)转变。

在这个转变的过程中,国内和国外呈现了不同的发展趋势。在国外,以雅虎和美国在线为代表的门户网站真正实现了ISP和ICP的融合。而在国内,电信行业基本被垄断,中国电信和用户之间残留的生存空间相当有限。因此,在接入方面没有根基的ICP企业想要参与到这个竞争中是相当困难的。国内门户网站的基本思路是努力成为用户网络浏览的起点,尽量在页面设置、内容安排等方面为用户提供方便,成为网上的导游、指南等,但在服务链中缺少最基本的接入服务环节。随着Web2.0的推广与应用,国内各大门户网站开始注重为用户提供个性化的服务,如博客、空间、播客、社区等。

二、国内外门户网站发展现状

(一)国外

2001年6月4日,Jupiter Media Metrix互联网调查公司发布报告显示,雅虎、美国在线、微软MSN以及Napster4四家网站吸引美国互联网用户超过一半以上。数据显示,有38.75%的美国网络用户首选雅虎网站,其次是MSN,用户比例为15.9%;搜索引擎谷歌在美国的用户比例排第三位,为11.29%;而美国在线名列第四,为7.77%。

据市场研究机构ComScore发布的最新数据显示,2011年3月,共有超过2.12亿美国网民上网冲浪。雅虎以近1.8亿的独立访问人数成为美国第一大

① http://www.gov.cn/flfg/2005-09/29/content_73270.htm

网站;谷歌排名第二,独立访问人数达 1.768 亿;微软、Facebook 和美国在线的独立访问人数分别为 1.764 亿、1.53 亿和 1.18 亿(详见表 4—1)[①]:

表 4—1

comScore Top 50 Properties(u. s.) March2011 Total U. S. —Home,Work and University Locations Source:comScore Media Metrix					
Rank	Property	Unique Visitors (000)	Rank	Property	Unique Visitors (000)
	Total Internet:Total Audience	212,652			
1	Yahoo! Sites	179,525	26	Weather Channel,The	38,676
2	Google Sites	176,847	27	Federated Media Publishing	37,731
3	Microsoft Sites	176,411	28	Adobe Sites	37,186
4	FACEBOOK. COM	152,968	29	Tribune Interactive	34,880
5	AOL. inc.	118,194	30	Superpages. com Network	34,743
6	Turner Digital	99,839	31	YellowBook Network	34,504
7	Ask Network	98,560	32	LINKEDIN. COM	32,079
8	Amazon Sites	91,641	33	Wal-Mart	31,734
9	CBS Interactive	87,408	34	Break Media Network	31,349
10	Glam Media	87,072	35	Villago. com:The Womens Network	30,847
11	Viacom Digital	80,899	36	AT&T Interactive Network	29,116
12	Dermand Media	76,542	37	YELP. COM	28,716
13	Wikimedia Foundation Sites	72,719	38	WeatherBug Property	28,703
14	Apple inc.	70,648	39	NBC Universal	27,765
15	New York Times Digital	70,401	40	WordPress	27,633
16	eBay	61,115	41	FOXNEWS. COM	27,019
17	Answers. com Sites	58,856	42	NETFLIX. COM	26,766
18	VEVO	57,088	43	Everyday Health	26,749
19	Fox Interactive Media	55,901	44	Scripps Networks Interactive Inc.	26,330
20	craigstist. inc.	50,857	45	Disney Online	25,808
21	Comcast Corporation	48,756	46	Expedia Inc	25,653
22	ESPN	43,147	47	TWITTER. COM	25,590
23	Technorati Media	42,882	48	The Washington Post Company	25,369
24	NetShelter Technology Media	42,360	49	Time Warner (Excl. Turner/WB)	24,861
25	Gannett Sites	41,970	50	BUZZMEDIA	24,767

① http://www.techweb.com.cn/world/2011-04-25/1023584.shtml

(二) 国内——三大门户网站概述

国内门户网站一直以来都是以新浪网、搜狐网、网易为代表,下面将重点分析这三个门户网站。

新浪是一家服务于全中国及全球华人社群的领先在线媒体及增值资讯服务提供商。其前身——四通利方,成立于 1993 年,1998 年与美国的 sinanet.com 合并形成 sina.com,2000 年 4 月 14 日在美国纳斯达克上市,2003 年整合成立新浪公司。主要收入来源为广告、无线增值服务及游戏。

网易 1997 年 6 月创立,2000 年 6 月 30 日于美国纳斯达克上市。主要服务项目有大型网络角色扮演游戏、全中文搜索引擎服务和电子邮箱服务、虚拟社区服务。主要收入来源为游戏、广告、无线增值服务。

搜狐公司成立于 1996 年 8 月,是一家新媒体、电子商务、通信及移动增值服务公司,2000 年 7 月 12 日在美国纳斯达克上市。1998～1999 年,搜狐公司从中国首家大型分类查询搜索引擎,发展成为综合门户网站。主要收入来源为广告、付费搜索、无线增值服务、电子商务和游戏。

这三家门户网站的发展历程颇为相似,它们都成立于 20 世纪 90 年代,都是 2000 年在美国纳斯达克上市,都有一定的海外背景,发展历程和营业收入规模比较接近,业务范围也有一定的交叉,在新闻资讯方面都有较大的影响,所以一直以来,它们一起被媒体并称为"中国三大门户网站",对中国互联网的发展作出了不可磨灭的贡献。

国内门户网站从诞生之日起就在复制国外门户网站的模式,也在遵循着"风险投资＋网络广告"的发展道路。搜狐在先行吸引了美国风险投资人的首期资金投入,完成公司启动创业后,又吸引了英特尔的二次后续风险投资,形成企业发展的持续资金推动;四通利方则是中国首个吸引了 650 万美元的网络公司,1998 年底,又通过实施与美国新浪网的合并,吸引了二次风险投资。三大门户网站于 2000 年相继在美国纳斯达克上市。但是,很快它们就经历了全球互联网经济的泡沫和纳斯达克资本市场惊心动魄的动荡,资本市场对互联网产业的预期更为理智,三大门户网站也受到了资本的冷落和打压。在这样严峻的形势下,三大门户网站开始了以盈利为最终目标的艰苦转型。

国内三大门户网站在经历了资本运营阶段后,在盈利压力面前开始逐渐分化,不再坚持以往的门户概念,在有限的广告份额几乎被瓜分完毕之后,大家都纷纷进入其他领域,争取抢先走出互联网的"冬天"。正如搜狐 CEO 张朝阳所言:"关键是要把互联网当生意来做,而不是文化运动。"[①]新浪董事长姜丰年也承认,坚持门户、坚持广告获利的压力会越来越大。新浪、搜狐、网易都不再着力强调"门户网站"的概念。

对于早期的门户网站来说,只要能包装"概念"上市便意味着成功,可到了现在,盈利就意味着生存。它们开始转向,细化市场,我们从它们的广告收入就可以看出其财务收入的变化(见表4—2)。

表4—2 新浪、网易、搜狐2001～2005年广告收入变化对比表[②]

年份		2001年	2002年	2003年	2004年	2005年
新浪	收入	2100	2180	4120	6540	8500
	增长	−1.10%	3.80%	67%	59%	30%
	占总收入比重	78.70%	76.50%	36%	32.70%	43.90%
网易	收入	170	420	1040	1860	2990
	增长	−52.90%	147%	148%	78.80%	60.80%
	占总收入比重	50%	15%	15.90%	17%	14.20%
搜狐	收入	920	1390	2950	5570	7090
	增长	60%	50%	112.20	89%	27%
	占总收入比重	70.80%	48%	37%	54%	67%

从表4—2中我们可以看出:

第一,新浪、网易、搜狐的广告收入都在持续增长,新浪和搜狐增长速度较快,绝对数也明显高于网易。

第二,新浪、搜狐两家广告收入在总营业收入中所占比重较大,而网易从2002年起广告收入只占总收入的15%左右,搜狐的广告收入在2004年、2005年均占总营业收入的一半以上,这说明搜狐对广告收入的依赖性很大。网易的收入结构中,广告收入比重偏小,主要是其业务重心转向在线游戏,2005年网易来自游戏的营业收入为1.709亿美元,占总营业收入的81.4%。从这点来说,网易更应该算作游戏开发运营商。

另外,新浪明确地提出要做"在线媒体",认为新闻内容是其生命线。其实,网络新闻最早是由搜狐在1998年推出的,网络新闻评选也是搜狐1999年率先

---

① http://www.yesky.com/20011113/1424377.shtml

② 尹茂宝:《门户网站盈利模式研究》,《商场现代化》2006年11月(上旬刊)总第484期。

推出的。但先行者并没有守住这块领地，大家还在讨论门户网站是否要做新闻的时候，新浪已经踏踏实实地在新闻道路上渐行渐远，其新闻频道成为互联网上最知名的中文媒体。而搜狐一直在坚持走多元化的道路，除了新闻之外，投入了很大的力量做搜狐商城和校友录。

（三）门户黑马——腾讯网

图4-5

1998 年，马化腾和他的几个同学一起创办了腾讯公司，此后，那两个胖胖的企鹅为广大的用户带来了无尽的喜悦。经过六年的快速发展，于 2004 年，腾讯在香港联合交易所正式挂牌交易，上市筹集到 8.18 亿元港币，完成自己的第一次蜕变。

上市后，腾讯凭借自己一系列的发展战略，步步紧逼“三大门户”，一跃而成为了当下中国第一、全球第十的门户网站，成为世界新媒体史上的一匹黑马。

——从 2006 年起，致力于为用户提供一站式在线生活服务，QQ 的系列开发应用赢得了广泛市场，成为 IM 即时通信市场中的霸主。

——先做用户，再做内容：依靠强大的客户资源，三年的时间走完了同行十年走过的路程，从即时通信霸主进入门户霸主。

——扩张性战略：通过垄断基础平台，吞噬平台上的应用市场，迅速壮大，如今的腾讯，拥有即时通讯、门户网站媒体、搜索、无线和固网增值业务、互动娱乐业务、电子商务和广告七大业务。

目前，腾讯已建立起一个金字塔式的产品结构，从信息传递、知识获取，到群体交流、资源共享、个性展示、互动娱乐，再到商务交易。在中国互联网领域中，腾讯凭借上述竞争战略，将公司的产品和服务深入互联网的各个领域。腾讯公司最多同时拥有 300 多款产品，并且在市场上占据领先地位的产品高达 90%，拥有专利达 1600 多项，是中国其他互联网公司总和的好几倍。腾讯是目前中国最大的互联网综合服务提供商之一，也是服务用户最多的互联网企业之一。

三、门户网站的盈利模式

自诞生之日起，门户网站就一直在尝试多种收入模式，盈利是其最重要的生存保障，用户的需求走向从客观上决定了门户网站盈利模式的变化。各大网站根据自身特点，以市场和用户为导向，不断调整自己的盈利模式。目前，门户网站的盈利来源主要包含网络广告、互联网增值业务、在线游戏、付费搜索、电子商务等。

（一）网络广告

做门户广告是以内容为主。只有内容足够好，能够吸引用户眼球，才能引来广告客户。2000 年 12 月 27 日，新浪网正式获得国务院新闻办公室批准的登载新闻业务资格，成为中国民营商业网站中首批获得上述许可的网站。同时，这也是中国政府首次将新闻登载权授予民营商业网站。①

作为中文商业网站中影响最大的新闻频道，新浪新闻被公认为是最出色的。新浪的广告收入始终保持其龙头老大的地位。通过与国内外六百余家内容供应商达成的战略合作关系，新浪设在中国大陆的各家网站提供了三十多个在线内容频道，及时全面地报道国内外突发新闻、体坛赛事、娱乐时尚、财经及 IT 产业资讯。新浪网是国内网站中第一家实行 24 小时滚动新闻制度的，这保证了新浪网在历次突发事件、重大新闻出现时都有迅速和突出的表现。新浪新闻也因此成为中国互联网用户生活中不可或缺的部分。

新浪借助于其新闻构建了整个网站的核心竞争力，通过建立强势的新闻频道，吸引用户了解其他更多的经营性产品，通过即时、海量的新闻内容优势，培养网友的阅读习惯，同时推出邮箱、短信等延伸服务，再加上新闻留言等互动功能，让网友由习惯、信赖转化为依赖。优质的新闻为新浪带来了丰厚的广告收入，新浪的首页和新闻中心的广告版面费用是所有门户网站中最贵的。

同时，借助于新闻这一免费平台，新浪完成了其销售平台的搭建，使其用户转化为手机短信、收费邮箱等付费用户。新浪的品牌与新浪的新闻相互促进、良性互动。随着新浪品牌影响力的不断增强，品牌、网站内容及盈利融为一体，新浪以新闻频道为中心的综合运营方式也得以日趋完善。

---

① http://news.sina.com.cn/c/163622.html

另外,新浪的亮点之一还在于它的"微博"。特别是通过"新闻+微博"的形式,让微博产品短时间在国内迅速走红。来自新浪公布的2010年第三季度财报显示,新浪微博的用户数量目前已经在千万量级,同时,投资银行SIG对于新浪微博的估值也高达7.5亿美元,并预计新浪微博有望在年底突破5000万大关。[①] 新浪首席执行官曹国伟表示:"2010年第三季度,新浪不计新浪房地产广告业务调整业绩的网络广告业务同比增长50%,创下历史新高。新浪网络广告业务的强势已加速推动了我们的利润增长。运营方面,我们相信我们的迷你博客:新浪微博(http://t.sina.com.cn)的持续发展以及我们分别与MSN、NBA达成的战略合作伙伴关系将进一步提升我们在中国网络媒体业的领先地位。"[②]

(二)移动增值业务

移动增值业务(Added Value Service)是移动运营商在移动基本业务(话音业务)的基础上,针对不同的用户群和市场需求开通的可供用户选择使用的业务。短信业务的勃然兴起,不仅为移动通信运营商带来了新的利润增长点,更推动了互联网产业的迅速复苏。但是,在移动增值产业链中,我国的移动通信运营商处于强势地位,网站在收入分成上较被动,一旦移动运营商提高其收入分成比例,就会影响网站的收入水平和利润水平。其次,提供移动增值服务的供应商门槛太低,大小网站都可以参与,所以也就加剧了该业务的市场内部竞争。再次,国家有关部门的监管也在一定程度上限制了移动增值业务的发展。如国家广电总局2005年2月起禁止部分根据使用量计费的短信业务通过电视和广播电台进行广告宣传,各网站相关业务均有不同程度的萎缩。因此,移动增值业务不是门户网站的支柱性盈利项目。

(三)在线游戏

在线游戏不仅创造了盛大神话,也为网易带来了新的增长点。在中国的门户网站中,网易更多是朝技术和娱乐化方向发展。照目前的情况来看,网易将继续在网游领域收获利润。网易在线游戏经营网络娱乐及相关产业,主要提供多角色扮演网络游戏的开发和运营。2001年12月,网易率先推出了首款自主研发的大型网络角色扮演游戏《大话西游》,这款游戏是第一个成功运营的国产

① http://news.iresearch.cn/0200/20100827/122752.shtml
② 《新浪2010年第三季度财报》,http://tech.sina.com.cn/i/2010-11-17/06004873767.shtml

网络游戏。2002 年 8 月，在原作的基础上开发了《大话西游Ⅱ》，2003 年 11 月推出大型 Q 版网络游戏《梦幻西游》。目前，这两款游戏的同时在线人数已经逾越百万，位居国内所有运营网络游戏三甲之列，从此奠定了网易自主研发的网络游戏在中国网游市场上的地位。[①]

根据中国互联网协会发布的《2007 中国互联网调查报告》显示，在门户网站的用户年到达率指标中，网易以 51.31%排名第二；在门户网站用户的市场份额方面，网易以 18.11%排名第二。可见，网易稳居国内第二大门户网站的位置。显然，邮箱、社区以及在线游戏是网易的制胜法宝，通过提供这些黏性较高的服务，网易得以长时间吸引住大量的忠实用户，因此其用户流量一直比较稳定。根据网易财报显示，2010 年第三季度总收入达 14 亿元人民币(2.15 亿美元)，其中在线游戏服务收入达 13 亿元人民币 (1.88 亿美元)。[②]

(四)付费搜索

付费搜索是网站在向用户提供搜索时为企业所做的有偿推广服务。搜索营销的付费业务主要有竞价排名和定费排名两种模式。竞价排名是一种按效果付费同时可以竞价搜索引擎里的排位的推广方式，主要是企业在搜索引擎购买关键词，当用户搜索这些关键词信息时，企业的推广内容就会出现在用户面前。提供这类产品的服务商国内主要是百度。定费排名是一种收取固定费用(月费或年费)的推广方式。即企业在搜索引擎购买关键词的固定排位，当用户搜索这些关键词信息时，企业的推广内容就会出现在搜索结果的固定位置。这类产品的服务商有搜索、新浪、雅虎等。[③]

(五)电子商务

电子商务主要有 B2B、B2C、C2C 等形式。在 B2B 领域，国内的领头羊是阿里巴巴；在 B2C 领域，居国内前席的是淘宝商城和京东商城；在 C2C 领域，居国内前席的是淘宝和易趣，腾讯以其在即时通讯领域的优势奋起急追。淘宝网成立于 2003 年 5 月 10 日，很快便成长为国内网络购物市场中的领头羊，占据了中国网络购物 70%左右的市场份额。而它的伙伴，中国最大的 B2C 电子商务

---

① http://baike.baidu.com/view/6043.htm

② http://tech.sina.com.cn/i/2010 11 18/06104878811.shtml

③ http://promote.yiolaba.com/search/3813338.shtm/

平台——淘宝商城，其 2011 年交易额已超过 1000 亿元人民币，达 2010 年的 3.5 倍。① 在 2011 年 11 月 11 日这一天，淘宝商城的"双十一"促销活动在商品销售额、销量破千万元的卖家数量、客单价等方面刷新了电商促销纪录。据淘宝商城官方数据显示，淘宝商城光棍节当天支付宝交易额突破 33.6 亿，为去年同日交易量近 4 倍；而淘宝网、淘宝商城支付宝交易总额突破 52 亿，每小时平均销售额超 1.4 亿。②

第二节 搜索引擎

一、搜索引擎概述

（一）搜索引擎的含义

搜索引擎(Search Engine)是指根据一定的策略，运用特定的计算机程序从互联网上搜集信息，在对信息进行组织和处理后，为用户提供探索服务，将用户检索相关的信息展示给用户的系统。③

图 4－6

目前国内用户使用的搜索引擎主要有两类：英文引擎和中文引擎。常用的英文搜索引擎包括谷歌、雅虎、MSN 等；常用的中文搜索引擎主要有百度、一搜、3721、中搜、搜狐搜狗等。

搜索引擎一般由搜索软件、索引软件、检索软件和用户接口四部分组成。搜索软件通常被称为机器人（Robot）、爬虫（Crawlers）或蜘蛛（Spiders），它们能自由运行在万维网上，是能够沿着网站

① http://cn.reuters.com/article/chinaNews/idCNCNE80A06I20120111

② http://www.taoluotuo.com/forum.php? mod=viewthread&tid=123

③ http://baike.baidu.com/view/1154.htm

的链接从一个页面到另一个页面，自动追寻和发掘网上的各种文献信息资源，采集新出现的信息，确认网页之间的链接是否有效并剔除死链的一种软件。索引软件将采集的网页信息进行自动标引，建立索引数据库。不同的索引软件建立数据库的规模不一样，数据库的规模大小决定查询的信息是否全面和查全率的高低。查询软件决定搜索引擎的检索功能和返回结果的相关性。在检索过程中，该软件还会利用特殊的计算机算法对文献和检索词的相关性进行计算和评估。不同的搜索引擎依据各自的标准对相关性做出判断。用户接口的作用是输入用户查询，显示查询结果，提供用户相关性反馈机制。

（二）搜索引擎的分类

目前，搜索引擎根据构建时的不同策略大致可以分为以下三种模式：

1.建立在分类基础上的搜索引擎——目录索引

目录索引的优点在于准确率比较高，但是查全率不是很好。目录索引虽然有搜索功能，但从严格意义上来讲，它还不是真正的搜索引擎，仅仅是按目录分类的网站链接列表而已。用户自身可以不用关键词查询，仅靠分类目录也可以找到所需信息。目录索引中最具代表性的莫过于大名鼎鼎的雅虎。其他著名的还有 Open Directory Project（DMOZ）、LookSmart、About 等。国内的搜狐、新浪、网易搜索也都属于这一类。

2. 建立在索引文档基础上的搜索引擎——全文索引

全文索引的优点在于搜索网络信息效率高，查全率优于目录索引。但其查准率不及目录索引。全文搜索引擎是名副其实的搜索引擎，国外具代表性的有 Google、AltaVista、Inktomi、Teoma、WiseNut 等，国内著名的有百度。它们都是通过从互联网上提取的各大网站的信息而建立的数据库中，检索与用户查询条件匹配的相关记录，然后按一定的排列顺序将结果返回给用户，这是真正的搜索引擎。

3.元搜索引擎

搜索引擎逐渐发展为元搜索引擎。这种引擎是建立在概念的基础上，突破了传统搜索引擎中相对比较简单的基于关键词的匹配，借助数据字典扩展条件，通过模式的提取和识别，抽象化搜索条件与文档之间的联系。元搜索引擎的查准率较差，但查全率是最高的。它在接受用户的查询请求时，同时在其他多个引擎上进行搜索，并将结果返回给用户。著名的元搜索引擎有 InfoSpace、Dogpile、Vivisimo 等；中文元搜索引擎中比较具代表性的是搜星搜索引擎。

二、搜索引擎国内外发展现状

网络经济时代的到来让信息成为企业竞相争夺的宝贵资源，企业在激烈的市场竞争中能否抢占先机，在很大程度上取决于它是否拥有足够的有用信息。而信息获取的战场已经快速转移到了网络平台上，搜索引擎成为人们利用互联网资源最有效的工具之一，搜索引擎企业也因为提供优质搜索服务而赚取丰厚的利润。

（一）国外

艾瑞咨询综合研究 J. P. Morgan 及 Zenith Optimedia 发布的数据表明，2010 年全球搜索引擎市场规模达 381.7 亿美元，年同比增长 16.5%。预计至 2013 年，全球搜索引擎市场规模将达到 576.9 亿美元。[①]

从全球来看，Google、Yahoo 两家搜索引擎一直排名稳居前列。艾瑞咨询根据 Experian Hitwise 于 2010 年 7 月公布的互联网数据发现，6 月份美国各搜索引擎的访问比例基本和 5 月份持平。其中，Google 依然保持了 71.65%的大访问比例，而稳居第二、三名的 Yahoo 和 Bing 仅分别占有 14.37%和 9.85%。面对其他搜索引擎的竞争，Google 为了维持稳定的大比例份额，也在不断地改进和推出新功能。美国各领先搜索引擎的市场份额趋于稳定，而 Google 还将维持在美国市场的大比例份额（见图 4—7）。[②]

（二）国内

根据艾瑞咨询推出的《2010～2011 年中国搜索引擎行业年度监测报告》来看，2010 年中国搜索引擎市场规模达 110.4 亿元（约合 16.8 亿美元），相比 2009 年的 69.6 亿元，年同比增长 58.5%。搜索引擎占总体网络广告市场规模的比重在 2010 年达到 34.4%，在热点事件拉动品牌广告投放剧增的背景下，增长 0.8 个百分点（详见图 4—8）：

---

① 《2010～2011 年中国搜索引擎行业年度监测报告》，http://www.iresearch.com.cn/Report/1527.html

② http://news.iresearch.cn/charts/124831.shtml

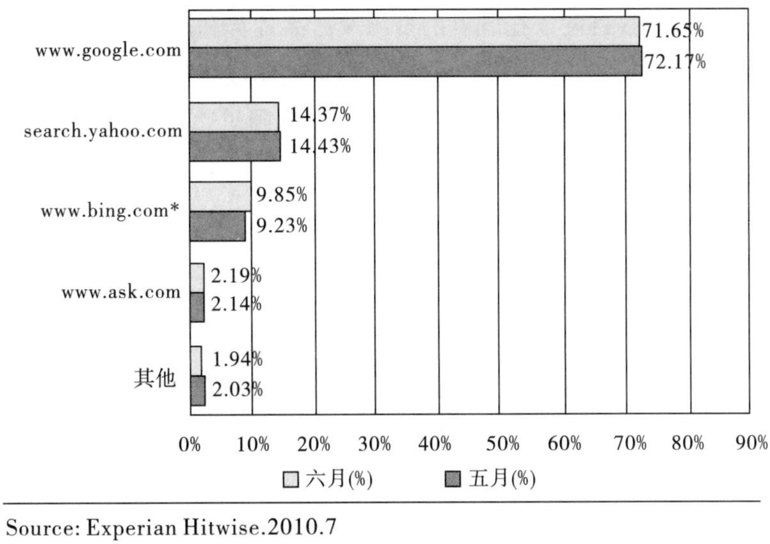

图 4-7 2010 年 5 月和 6 月美国搜索引擎的访问比例

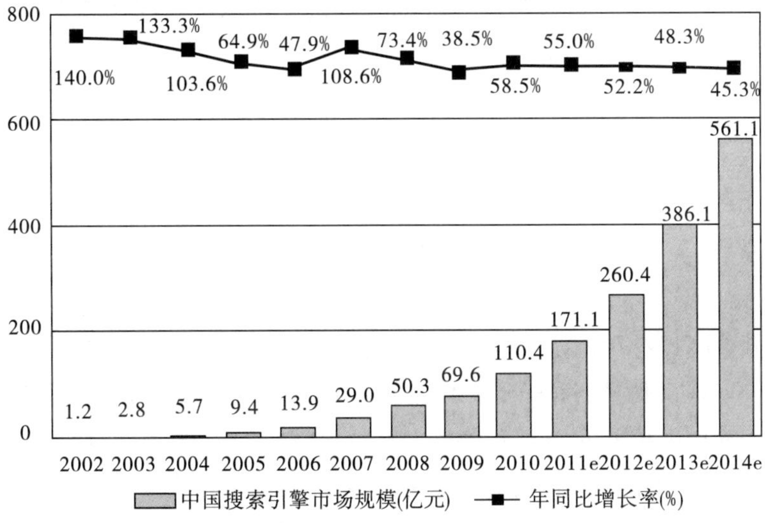

图 4-8 2002～2014 年中国搜索引擎市场规模及预测

2010 年中国搜索引擎市场集中程度加强：百度和谷歌的营收份额不断提高，基本垄断整个国内搜索引擎市场。随后，谷歌退出中国，google. cn 停止服务，其域名直接跳转至 google. com. hk，代为提供中文搜索服务。受这一事件的影响，其市场份额由 2010 年第一季度的 29.5%下降至第四季度的 24.0%，市场出现缺口。此时，百度依托既有的资源及产品优势和进一步的创新，于2010年第四季度占据了73.4%的市场营收份额，继续保持其领先地位。

其他运营商方面，搜狐正式宣布旗下搜狗与阿里巴巴成立合资公司，独立运营，其市场份额也季度性攀升；腾讯宣布成立搜搜事业部，大力发展搜索业务，创新和提升搜索体验，为搜索业务进行资源储备。[①] 各大运营商的营收份额详见图4—9：

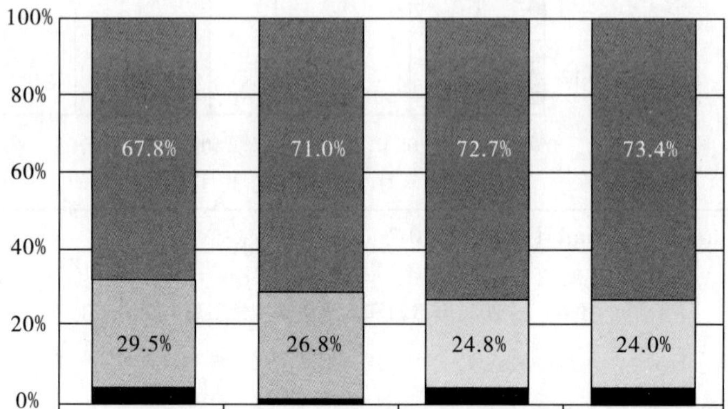

	第一季度	第二季度	第三季度	第四季度
■百度	67.8%	71.0%	72.2%	73.4%
□谷歌	29.5%	26.8%	24.8%	24.0%
■搜狗	1.0%	1.0%	1.2%	1.3%
□腾讯SOSO	0.8%	0.6%	0.9%	0.9%
□其他	0.9%	0.6%	0.4%	0.4%

图4-9　2010年中国主要搜索引擎运营商所占营收份额

另外，面对激烈的市场竞争，还有一部分企业独辟蹊径，探索出另外一种搜索方式——垂直搜索。垂直搜索引擎是针对某一特定领域、某一特定人群或某一特定需求提供相关的信息和服务。其特点就是“专、精、深”，且具有行业色彩，相比较通用搜索引擎的海量信息更加专注、具体和深入。行业搜索、购物搜索以及社区搜索等垂直搜索的出现成为近几年发展的新热点，例如以搜职网、职友集为代表的职位搜索，以奇虎、大旗为代表的论坛搜索，以去哪儿、携程为代表的旅游搜索等。

① 《2010～2011年中国搜索引擎行业年度监测报告》，http://www.iresearch.com.cn/Report/1527.html。

三、搜索引擎的盈利模式

搜索引擎在发展过程中，伴随自身的运营实践，对盈利模式的探索一刻都没有停止过。目前，搜索引擎的主要盈利模式包括以下几种：关键词广告、技术授权、广告联盟、网站登录以及搜索收费等。

（一）关键词广告

这是目前采用最多的一种盈利方式。所谓关键词广告，就是指用户在搜索引擎中输入需要查询的关键词后，除了会得到这些关键词的链接外，与这些关键词相关的广告都会出现在页面上。这种区别于传统广告的营销方式有很好的效果，厂商可以将广告准确地送到它们期待的目标客户群，搜索引擎公司则按照事先约定好的价格向厂商收取一定费用。

以 Google 为例，Google 关键词广告（Adwords）是基于关键词搜索的文字广告，根据客户购买的关键词，以纯文本方式将广告安置在相关搜索页面的右侧空白处。如图 4－10 所示，右侧为关键词广告。

图 4－10①

---

① http://www.google.com.hk/search? hl＝zh－CN&source＝hp&q－%E6%B1%BD%E8%BD%A6&meta＝&aq＝f&aqi＝&aql＝&oq＝&gs_rfai＝

实际上，并非只有搜索结果之外的右侧广告才被称为关键词广告。如百度就将搜索结果所在的左侧通过竞价排名的方式也变成了关键词广告。而在百度搜索结果的右侧，被冠以"火爆地带"的名号，实质上也是关键词广告。目前，关键词广告主要有竞价排名和固定排名两种形式。

1. 竞价排名

雅虎子公司 Overture 于 2000 年首次使用竞价排名的收费方式，这种收费方式很快就成为主流收费方式。在国内，百度作为全球最大的中文搜索引擎、全球十大网站之一，每天有超过 1 亿人次访问量，覆盖了 95%的中国网民。它最先采用这种收费方式。正如百度所称，竞价排名模式经过几年来的市场培育，已经成为中小企业最佳的推广方式和营销利器，后来众多搜索引擎公司也纷纷引入该收费模式。例如，淘宝网自 2003 年 5 月成立以来采用搜索竞价服务，在短短一年的时间内就在多个重量级别指标上勇超经营多年的 eBay，直至 2006 年底，eBay 撤出中国。目前，百度、新浪、搜狐等纷纷抢滩搜索竞价，各大搜索引擎竞相开展竞价排名服务已成为不可否认的事实。

竞价排名的主导思想是根据用户的点击次数进行收费，在用户搜索的结果中，排名企业的推广信息优先显示在用户面前。如果该广告未被用户点击，则不收广告费，但若被点击，则根据点击的次数来收取费用。在同类关键词的广告中，为每次点击支付价格最高的广告会自动排在第一位，其他位置同样按照广告主自己设定的广告点击价格来决定广告的排名位置。

但在这一模式中，有专家认为，竞价排名的结果如果与搜索结果混在一起，就会影响用户的搜索体验，从长远来看，会影响用户流量。竞价排名模式尽管给搜索引擎和排名企业带来了利润，促进了搜索技术的发展，但同时对搜索结果的公平性产生了一定影响，这一矛盾在搜索引擎的使用过程中日益明显。

2. 固定排名

所谓固定排名就是指用户进行关键词搜索时，付过费的网站链接将出现在搜索结果页面中的固定位置上，具体位置在合同期内会一直保持不变。前文所述的竞价排名和固定排名并不冲突，可以同时被搜索引擎采用。例如百度在搜索网页左边的搜索结果采用竞价排名模式的同时，右边推出名为"百度火爆地带"的固定排名。每个关键词在百度火爆地带有 10 个位置可以选择，位于网页搜索结果第一页的右侧位置，其中 1～3 号位为固定位置，4～10 号位按顺序轮换显示，其价格要远远高于左侧的竞价排名广告(见图 4－11)：

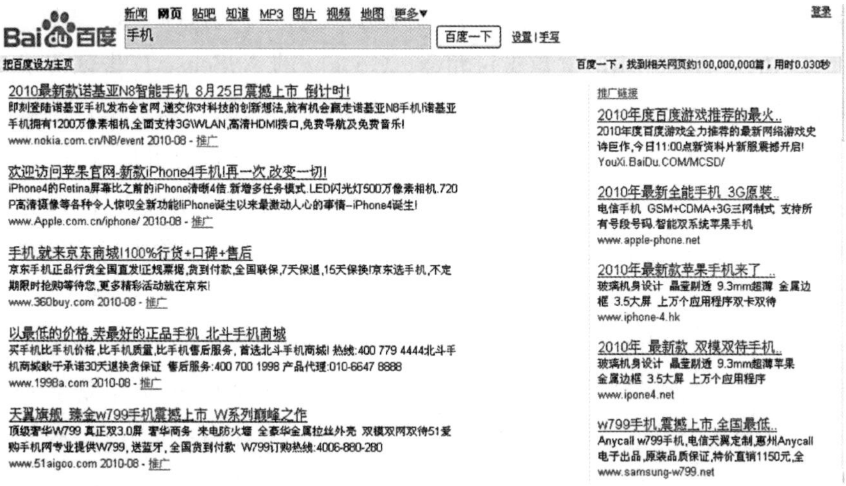

图 4－11①

固定排名一般费用较高，对于营销推广预算有限的中小企业来说，不好进入。

（二）技术授权

因为开发核心搜索技术成本很高，所以很多搜索网站、门户网站及公司网站选择付费使用搜索技术，而非自己研发。因此，这就为搜索引擎公司带来了不小的收益。例如雅虎、美国在线、宝洁等均使用 Google 的搜索技术，Google 按照搜索的次数来收取授权使用费，雅虎每个季度就可以给 Google 带来数百万美元的收入。这种盈利方式主要是在较大门户网站和搜索引擎公司之间进行的，虽然发生金额一般较大，但频率相对较低。

（三）广告联盟

广告联盟的一个典型实例就是 Google 的 AdSense 广告，它是 Google 2004 年首创的一种先进的广告盈利模式。我们经常在一些网站中看到的带有“Google 提供的广告”字样的就是 AdSense 广告，它是针对众多网站发布商而设计的。它可以让具有一定访问量规模的网站发布商在其网站上展示与网站内容相关的 Google 广告，并将网站流量以及广告点击量转化为收入。

如果一个网站添加了 Google 提供的广告，即成为 Google 的内容发布商。

① http://www.baidu.com/s? bs=%B7%E7%C9%F9&f=8&wd=%CA%D6%BB%FA

作为内容发布商，它可以在自己的网站上显示 Google 广告，Google 根据会员网站上显示的广告被点击的次数支付佣金。Google 的 AdSense 广告创造了一种多赢格局，发布 Google 广告的网站只需要在页面上展示广告，通过点击量便可以收取 Google 的佣金；广告企业通过覆盖面极广的众多网站共同为其做广告，可以获取更多关注，吸引潜在客户，而且广告费用根据点击次数来计算，更利于降低成本；Google 作为中介，通过收取广告企业的广告费，扣除支付给发布商的佣金，剩余的就是自己的利润，收益比较稳定。[①]

国内百度也推出了一个近似的模式——"百度联盟"，其中有一项主体业务就是在网页上放置可自动匹配内容的网盟推广合作业务代码，既丰富了网站内容，亦可获取持续点击分成。加盟百度的合作伙伴累计超过十万家，不少网民美誉度极高的网站及软件也在与百度联盟的合作中获得快速成长，这些合作伙伴的影响力几乎覆盖所有中文网民。

(四) 网站登录

网站登录主要是指企业出于营销目的主动联系搜索引擎公司，使自己的网站及相关信息进入搜索引擎数据库中。1999 年以前，由于市场培育尚未完成，网站登录的被动方是搜索引擎公司。搜索引擎公司会四处找网站登录到其数据库中。但随着登录的网站越来越多，搜索引擎的规模也越来越大，昔日被动地位的搜索引擎公司渐渐成为市场的主导。各大网站要想被公众所知，必须支付费用才能进入搜索引擎，因此，网站登录也就成为搜索引擎公司的又一大收入来源。

(五) 搜索付费

互联网以"免费"作为其精髓。正如比尔·盖茨所说："基于互联网的免费服务模式对 IT 公司非常重要，因为这是吸引用户的一种途径。"但大多数网站并非盲目免费，而是将"免费"视为吸引人气、招揽广告等网络经济盈利链条中的重要一环。对于互联网企业来说，免费只是一种竞争手段，而非最终目的。

早在 2006 年，一直享受全面免费搜索服务的网民们突然发现自己要为一些搜索服务付费了。登录百度的影视频道你就会发现，查询结果都能正常显示，这些是不需要付费的。但是如果想下载收看，就需要用百度开通的手机短

① 敖静海、支芬和、田玲：《搜索引擎盈利模式研究》，《生产力研究》2009 年第 5 期。

信、宽带账户、百度币等方式支付一定费用。与此同时，雅虎、新浪等网站在其搜索服务中也都推出了相关的收费项目。

从互联网产业发展的历史来看，收费趋势是不可避免的。随着现代消费理念的不断进步，用户对于"收费"也不再怀有抵触心理，而是能够接受可以提高其生活质量的一些收费服务。但是，搜索引擎公司向终端用户大规模收费，并不可取。

第三节　社区网站

一、社区网站概述

（一）社区网站的定义

"虚拟社区"译自英文"Virtual Community"。其实除了"虚拟的"含义之外，"Virtual"还有"实际上起作用的、实质上的"之意。网络理论家约翰·哈格尔三世(John Hagel Ⅲ)、阿瑟·阿姆斯特朗(Arthur G. Armstrong)在《网络利益》一书中做了这样的定义：所谓"虚拟社区"，就是一个供人们围绕某种兴趣或需求集中进行交流的地方，它通过网络，以在线的方式来创造社会和商业价值。①

（二）虚拟社区网站的发展

互联网发展到今天，已经从Web1.0时代发展到了Web2.0甚至是Web3.0时代。虚拟社区的发展也从1.0时代发展到2.0时代。众所周知，Web1.0时代最大的特色就是门户网站取得垄断性地位。互联网泡沫崩盘之前，门户网站大行其道，它们通过大量编辑从传统媒体上收集的信息，然后集成起来通过静止的页面推送给网民，网民在这个过程中的主动性非常有限，即使有些相对于传统媒体来说是一大进步。但是"互动"也基本上停留在反馈这一层面，网民自身作为生产者的自媒体内容基本上不存在。Web2.0的到来最显

① Hagel Ⅲ, John and Arthur G. Armstrong, *Net Gain: Expanding Markets through Virtual Communities*, Harvard Business School Press, 1997.

著的成效就是解放了网民，让他们不仅成为互联网时代内容生产的主角，也成为互联网活动的主体。个性化和社会化是对应用 Web2.0 最本质的归纳。由于强调开放、共享、参与以及创造，网民的个性得到充分的发挥。而进入门槛的降低也使得互联网真正开始具备草根特质，每个人都可以在互联网上创造自己独特的价值，以个人为中心的 Web2.0 应用已经摆脱少数商业精英力量的控制，自媒体使得草根阶层迅速崛起。

关于 Web2.0 的较为经典的定义是布罗格·东(Blogger Don)在他的《Web2.0 概念诠释》一文中提出的："Web2.0 是以 Flickr、Craigslist、Linkedin、Tribes、Ryze、Friendster、Del. icio. us、43Things. com 等网站为代表，以 Blog、TAG、SNS、RSS、wiki 等社会软件的应用为核心，依据六度分隔、xml、ajax 等新理论和技术实现的互联网新一代模式。"[①]在上述多种技术应用形式中，近年来最为人关注的当属 SNS 的应用。由于 Web2.0 的开放性、社会性的参与一直是其主要价值诉求，而 SNS 技术则是对这种价值诉求最为突出的应用。SNS 网站又称社交网站，起源于美国，是伴随 Web2.0 技术而出现的一项互联网应用服务，旨在帮助人们建立社会性网络。基于这个服务，一般用户可以通过即时通讯、视频通话、聊天室、档案分享、小组讨论、语音聊天室、电子邮件、博客等交流工具达到商务、求职、交友等目的。

国外较成熟的 SNS 网站有 Twitter、Facebook、MySpace 等。社交网站进入中国的时间不长，但是发展迅速。目前，市场份额居前的有 QQ 空间、校内网、开心网、人人网等。

二、国内外社交网站发展现状

(一) 国外

据调研公司 Forrester Research 最新发布的报告显示，2007 年至今，美国社交网络用户数量已翻了一番。其中，5560 万美国成年人至少每月都访问社交网站，占美国人口总数的近 1/3。随着 Facebook、Twitter 和 LinkedIn 等社交网站的风靡，美国社交网络用户数量已经超过了 5430 万的 IM(即时通讯)用户数量。

1. Facebook

在 SNS 业界的领跑者中，Facebook 无疑是最令人瞩目的一个。这个由哈

---

① 瞿旭晟、张志安：《Web2.0——从 Facebook 到 Twitter》，《新闻前哨》2008 年第 1 期。

佛大学本科学生马克·扎克伯格(Mark Zuckerberg)创办于2004年2月的网站,其目的是作为借助网络模式替代传统方式的学生指南,最初只限于哈佛大学学生注册,但是很快拓展到波士顿地区学校和常春藤高校,并在全美学校中流行开来。目前,它不仅面向学生而且向全社会公众开放。现在网站每天的新注册用户多达15万人,每月的页面访问量超过了60亿。Facebook还是美国排名第一的照片分享站点,每天上传850万张照片,是全美大学生最喜爱的网站。

最开始,Facebook是美国17～25岁青少年最喜爱的网站,但随着用户的不断增加,尼尔森研究发现,2007年12月至2008年12月,35～49岁年龄层的用户增长量是Facebook总用户增长的最主要部分。数据显示,在2007年12月至2008年12月期间,Facebook用户增长总量为710万。其中35～49岁年龄层的用户增长了241万,占Facebook总增长量的33.9%,18～34岁年龄层的用户增长了228万,占32.1%。①

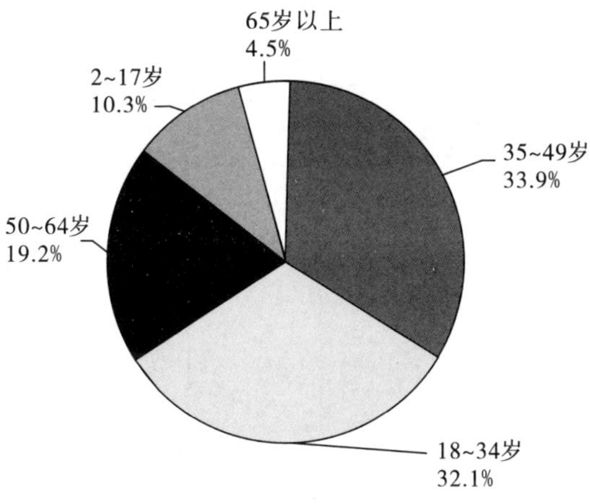

图4－12　2007年12月至2008年12月Facebook全球各年龄层的用户增长量

注:全球是指澳大利亚、巴西、瑞士、德国、西班牙、法国、意大利、英国与美国

也就是说,社交网站已不再是年轻人的专属,而是正在越来越多地被有一定社会地位的中青年所接受并使用。可以肯定的是,该部分人群之所以选择社交网站,除了因为其可以满足基本的社交需求外,更多还有业务拓展、商务交流等方面的需求,因此说,社交网站将有更多的盈利方式。

① http://news.iresearch.cn/charts/93537.shtml

2009年7月，尼尔森调研公司在线发布的数据显示，Facebook目前已经排名社交网站首位，2009年6月独立用户访问用户数高达8730万。目前Facebook的用户数已超过3.4亿。超高的用户数与点击量不仅为Facebook带来超强人气，也带来了利益。Facebook的价值已经得到了市场的充分认可。2007年10月，微软曾与Facebook达成协议，以2.4亿美元收购其1.6%的股份。当时有业内人士认为，这意味着Facebook的价值已高达150亿美元。①

艾瑞咨询根据Emarkter发布的数据发现，2009年中期美国在线零售商500强中，284家网站在Facebook注册，远远领先于在其他社区网站的注册数量；零售网站注册数为100家左右的社区网站为Myspace和Twitter。艾瑞分析认为，互联网零售商已意识到社区网站作为社会媒体的重要性。零售商开始通过在社区网站的版面来培养消费者及其品牌意识，而非一如既往单纯地关注电子商务。②

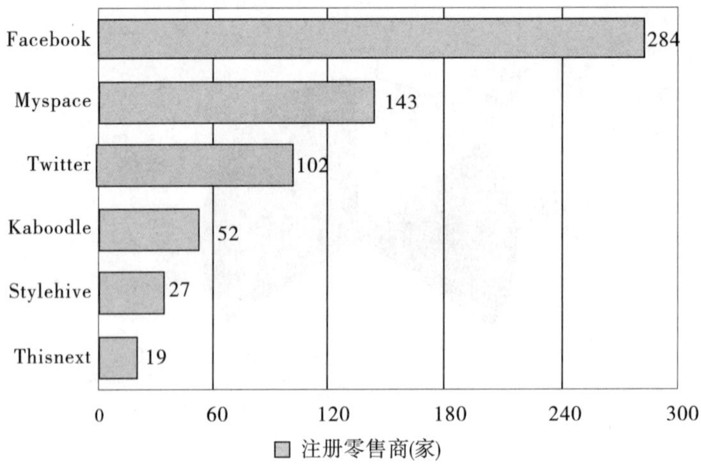

图4-13　2009年中期在美国主要社区网站注册在线的零售商数量

注：样本量N=500

Facebook早期最大的特色就是将虚拟社会化网络和现实社会关系紧密结合。由于面向学生，Facebook要求以学校邮箱注册保证其身份真实性，通过各种应用软件或者工具让人们分享信息、照片、视频或者活动。从这个角度来看，

①② http://news.iresearch.cn/charts/109378.shtml

相比于 Myspace 成员身份的复杂，Facebook 在膨胀的同时也保持了社区相对的"纯净"，从而有助于成员真正投入，将真实身份引入到网络社会，利用社区平台的一系列工具来为实际生活工作服务。而 Myspace 现在很大程度上成了娱乐平台。

Facebook 的创始人马克·扎克伯格还要求众多的开发者在 Facebook 平台上进一步开发自己的应用，这意味着，许多第三方公司的应用和服务可以整合到这一平台之上，Facebook 的注册用户可以从一系列服务商中选择产品，从而为自己构建出个性化的页面和功能。每个个体都不仅是个人主页上的生产者、编辑者与归档员，同时也能针对他人传播的信息进行编辑、引用和信息传播。

2. Twitter

Twitter（中文名称：推特）是国外的一个社会化网络和微型博客的结合，用中文来说可称作"叽叽喳喳"。Twitter 的历史并不长，2006 年，博客技术先驱 blogger.com 的创始人埃文·威廉姆斯（Evan Williams）创建的新兴公司 Obvious 推出了 Twitter 服务。它允许用户通过多种客户端包括短信、即时通讯、电子邮件等向平台发送不超过 140 字的内容，注册用户的信息档案也是向其他用户开放的，发送到平台的信息既可以面向所有人，也可以面向特定群组，甚至点对点。就信息传播层面来说，Twitter 满足了很多网友想在第一时间了解所有琐碎的个性化消息的需求。很多时候，Twitter 已成为消息的第一来源。

据国外媒体报道，Twitter 联合创始人比兹·斯通（Biz Stone）2010 年 7 月表示，Twitter 网站上每日搜索次数已达 8 亿次。2010 年 6 月份独立访问用户超过 9200 万。Twitter 正致力于成为"信息网络"，而不仅仅是社交网络。[①]

Twitter 流量增长最快的地区是拉美，增幅超过 300%，亚太地区以 243% 的增幅排在第二位，中东、非洲和欧洲地区的增幅超过 100%。comScore 的数字显示，美国有 8.3%的智能手机用户访问 Twitter.com 网站。根据斯通提供的数据，Twitter 目前每月的搜索次数达到 240 亿次，世界杯期间，Twitter 访问量在全球范围内屡破纪录。搜索次数的上升有助于 Twitter 的广告战略。

而在用户年龄上，comScore 的数据发现，2009 年 2 月，美国的用户以 45～54 岁年龄段居多，其用户访问量指数为 136，高于平均访问量水平 36 个百分点。以所有用户平均访问量为基准（指标值 100）确定各年龄段用户的访问量指

① http://news.iresearch.cn/0468/20100708/118875.shtml

标,位于前三位的分别是 45～54 岁年龄段、25～34 岁年龄段及 35～44 岁年龄段用户,其月度访问量指数分别为 136、130 和 109,均高于所有用户平均访问水平。①

从用户年龄分布可以看出,Twitter 已不是简单的娱乐交流平台,其商业应用价值已越发显著,越来越多的中年商务人士将 Twitter 作为重要的网络营销工具,并取得了良好的效果。

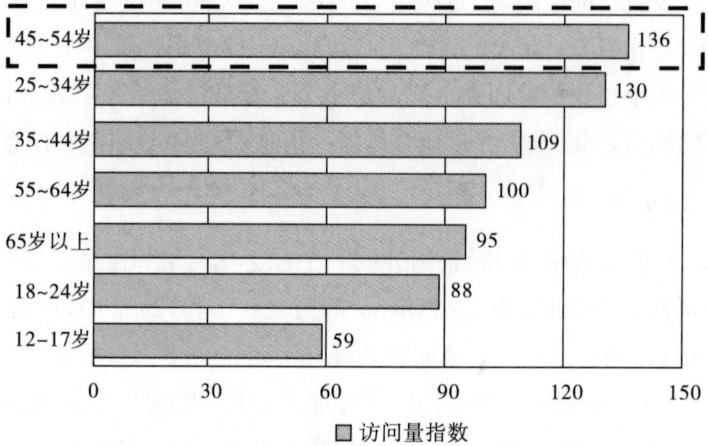

图 4－14　2009 年 2 月美国 Twitter 各年龄段用户访问量指数

注:以所有用户平均访问量为基数,设其指数值为 100,以此确定各年龄段用户访问量指数

美国的广告主对 Twitter 推广产品效果的评价也比较认同。2009 年 6 月,美国 8％的广告主认为 Twitter 推广产品的效果显著,50％的广告主认为 Twitter 在推广产品方面有一些效果。戴尔公司表示,通过微型博客 Twitter 的营销活动给公司带来了价值超过 650 万美元的 PC、配件和软件销售额。戴尔目前正以社交网站为营销重点,计划提振公司的 PC 销量。

(二)国内

截至 2009 年 2 月,中国网络社区业务月度覆盖用户规模达 1.632 亿人次,比 2008 年 1 月的 1.188 亿网民覆盖规模增长了 41.7％。同其他互联网业务相比,网络社区业务覆盖用户规模仅次于搜索引擎和电子邮箱等基础工具性业务所覆盖的用户规模,网络社区业务对用户的吸引度和黏度优势明显。②

① http://news.iresearch.cn/charts/94183.shtml

② 《2009 年中国网络社区研究报告(简版)》,http://wenku.baidu.com/view/5ea7ee3a87c24028915fc327.html

中国网络社区用户表现出日益增强的分享和互动意愿，SNS服务通过好友分享、娱乐互动等项目，使用户间的沟通更加亲切化、形象化。因此，SNS元素对于以BBS为主体的传统网络社区来说，是一种有益的补充。根据艾瑞咨询调研数据显示，2009年中国网络社区用户对SNS服务表现出高度热情，53.3%的用户正在使用SNS服务，36.0%的用户表示希望使用SNS服务。

在全球SNS市场Open API和OpenSocial浪潮的带动下，中国SNS网站也逐步接受并开始尝试推行Open API的模式，51.com、校内网等都先后推出了自己的开放API服务。就连一直不对第三方开放的腾讯QQ空间，目前也有八款第三方游戏和两款第三方生活化应用。腾讯公司总裁刘炽平2010年8月17日在互联网大会上发表演讲时透露，腾讯将更加开放QQ空间平台，接纳娱乐化、生活化的第三方应用进驻QQ空间。腾讯同时将在游戏和内容上加大与开发商、内容商合作，并向第三方公司开放腾讯支付平台财富通的应用开发。

经过三四年的摸索和尝试，中国社交网络业务(SNS)市场雏形已基本形成。从市场发展的格局来看，2008年三大类SNS网站发展非常迅速，成为目前市场的主流。一是以休闲娱乐为主的SNS网站，如开心网、51.com这类网站在2008年发展非常迅速，并且在服务模式和盈利模式创新方面都有所突破；二是以服务校园学生为主的校园SNS网站，如校内网、QQ校友和占座网等，这类网站起步最早，并以占据最具活力的大学生群体作为核心竞争优势；三是以商务沟通和交友为主的SNS网站，如联络家、XING网等，这类网站进入中国较晚。[①]

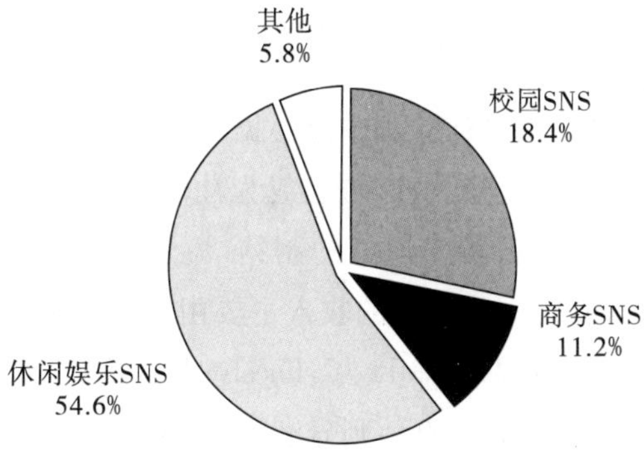

图4-15　中国社交网络业务(SNS)市场比例

① 赛迪顾问:《2008～2009中国SNS发展述评》，http://www.chinavalue.net/News/News.aspx? NewsId=8593

易观国际研究显示，2011年第一季度中国SNS市场活跃账户份额中，人人网占到25.1%，开心网占到19.4%，腾讯朋友占到18.1%，占据市场前三位置(见图4—16)：

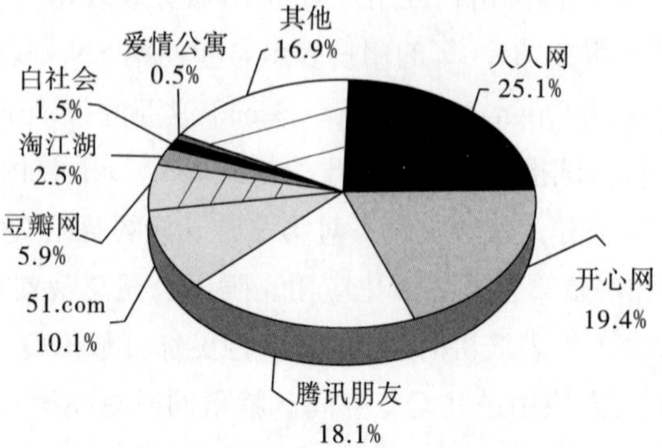

图4－16　2011年第一季度中国SNS市场活跃账户份额①

三、虚拟社区网站的盈利模式

互联网的盈利模式无外乎以下几种：网络广告、增值服务和电子商务。SNS网站拥有广大的用户群，而且并不缺乏用户黏性，具有自身的商业价值。综合社区网站对互联网商业发展模式的影响来看，社区网站的盈利主要来源于以下几个方面：

(一) 广告是社区网站盈利的主要模式

卖广告，是众多社区网站的盈利主流。据调查，2007年美国网络社区投放广告费用达到9.2亿美元。显然，广告已成为社区网站主要的盈利模式。社区网站的广告收入直接受社区点击流量的制约，流量越大，广告收入就越高。例如，全球最火的社区网站Facebook的收入主要由两部分构成，分别为广告收入和开发者分成收入。数据显示，2011年，Facebook的广告收入为31.54亿美元，占总收入的85%。2010年和2009年则分别为18.68亿美元和7.64亿美元。②

国外最成功的SNS网站当属Facebook，而"山寨"Facebook最成功的则非开心网莫属。开心网创建于2008年3月，主要提供照片分享、在线聊天、音乐

① http://www.199it.com/archives/category/chinasns/page/2

② http://web2.iresearch.cn/59/20120202/162361.shtml

分享、网络存储、博客托管、互动游戏等服务。根据 Alexa 的统计，开心网的访问量已经进入中国网站前 10 名。①

而从开心网的组件来看，无论是早期火爆的“朋友买卖”和“争车位”到现在风靡街巷的“开心农场”，开心网无处不流露出对 Facebook 的高度复制。我们可以从表 4—3 中看出二者的相似之处。

表 4—3　开心网组件与 Facebook 实用工具

开心网组件名称	Facebook 实用工具
朋友买卖	Friends for sale
争车位	Parking War
开心农场	Happy Harvest
真心话大冒险	Honesty Box
动他一下	Hug Me
脑大福大	Who has the Biggest Brain?
专业测试	Which is your secret talent?
投票	Poll

其实，在开心网之前，Facebook 中文版就已经登陆中国，但仅仅是将 Facebook 汉化后投放到中国市场，最终导致输给开心网。本土化的开心网尽管在界面风格、功能设计、游戏组件等方面与 Facebook 如出一辙，但也加入了中国老百姓最关注的热点话题，比如在“开心农场”的基础上发展了“买房子“这一主题，博得了受众的欢心，因而击败了“中文版”的 Facebook。截至 2010 年 8 月，开心网注册用户已经超过 8600 万，页面浏览量超过 20 亿，月度活跃用户超过 4000 万。在 Alexa 全球网站排名中，开心网位居中国网站第八位，居中国 SNS 网站第一名。②

而开心网靠什么盈利呢？答案是靠广告。当拥有了广泛的受众之后，开心网就策划如何将用户卖给广告商，为自己盈利了。特别是开心网中的植入式广告让它收效甚佳。例如，“争车位”中推出了 Volvo S402.0 的广告车型，“朋友买卖”中在安慰奴隶时就先后有“请他吃必胜客比萨套餐”、“请他吃 KFC 法式烧饼”等植入式广告(见图 4—17)。在最火爆的“开心农场”中，更有中粮集团与其联手推出的“悦活种植大赛”，免费提供虚拟种子，可以将果实榨汁后送给好友，还可以抽取游戏奖品，更有机会获得真实果汁，将虚拟与现实结合起来，成

① 《开心网网站案例分析》，http://wenku.baidu.com/view/a39c0c3467ec102de2bd89c4.html

② http://www.apkok.com/apps/social/apk2688.html

图 4－17

为一场线上线下互动的营销。在“花园”中，开心网从多个角度推广“悦活”这个果汁品牌，很多人都不知道这个品牌，但免费的东西大家都喜欢；在“道具店”中，悦活场景卡是唯一一个可以免费领取和使用的道具卡，使用之后，农场的背景发生变化并且赠送了多个悦活种子。“悦活”的种子具有较高的价格和较快的生长期，5 个果实还可以榨汁卖出更多的价钱，而榨出来的果汁送给好友是获得“牧场”的大白母兔幼仔的唯一机会。所以，这个游戏让用户在种地、榨汁、抽奖的过程中，增加了对“悦活”品牌的好感，从而在间接上增加了这种果汁的销量（见图 4－18 和图 4－19）。

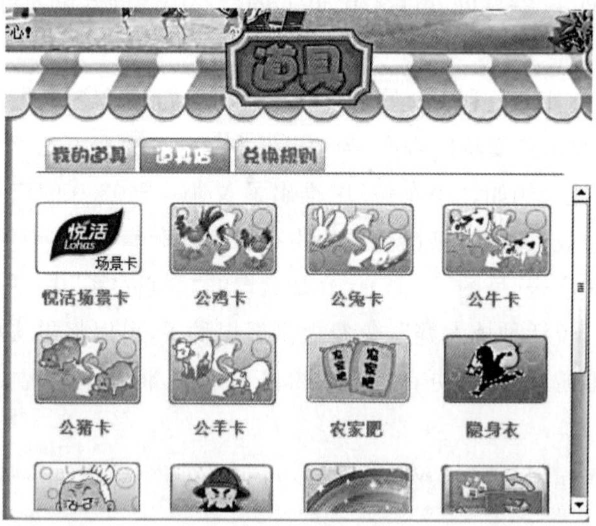

图 4－18

图 4－19

但是，植入广告毕竟是一把双刃剑。一方面植入广告的空间有限，另一方面植入广告必然影响用户体验。例如，当别克新君威刚刚植入抢车位的时候，大家觉得很新鲜，但是随着其他汽车广告的植入，用户的关注度明显不足。另一个更可怕的现象在于用户对这些游戏的审美疲劳，再加上大量跟风网站（诸如 QQ、校内网等）的竞争，开心网到底可以开心多久还是个未知数。

（二）服务收费的盈利模式正处于探求期

为社区会员提供其他社区所无法提供的独特产品和服务，也是社区网站盈利的一个主要模式。其操作方式十分多样：通过网站销售自己的产品；实行注册会员收费；产品招商、付费推荐和抽成盈利，等等。但是这一模式也有很大的问题。因为，收取会员费会直接抑制社区成员规模，影响用户数量的增长。

就目前国内现状来看，大多数用户还不愿意接受付费会员的方式。这一方面是由于中国用户有免费的习惯；另一方面也是因为网站提供服务的差异性并不大，其服务项目不能吸引用户为其付费。因此，这种盈利模式还不太适合中国社区网站的发展现状。

（三）互联网增值服务——网游和虚拟货币唱主角

此外，社区网站的盈利还来源于互联网增值服务，其中以网游和虚拟货币唱主角。以腾讯为例，互联网增值服务包括会员服务、社区服务、游戏娱乐服务三大类，具体业务涵盖电子邮箱、娱乐及资讯内容服务、聊天室、交友服务、休闲游戏及大型多用户在线游戏等。

腾讯公司公布了2009年全年业绩，总收入为人民币124.400亿元(18.219亿美元)，比去年同期增长73.9%。其中，互联网增值服务收入为人民币95.307亿元(13.958亿美元)，比去年同期增长93.9%。所占比重是相当大的。移动及电信增值服务收入为人民币19.056亿元(2.791亿美元)，比去年同期增长36.2%。网络广告收入为人民币9.622亿元(1.409亿美元)，比去年同期增长16.5%。"QQ空间"活跃账户数达到4.585亿，单天流量超过10亿，成了全球最活跃的在线中文社区。①

据《2007中国空间社区(博客)研究报告》显示，2007年中国空间社区访问用户数保持上升，增幅达62.5%。其中，按照流量、访问用户量以及交互性这三个指标排名，QQ空间成第一梯队，成为空间社区类网站的霸主，并遥遥领先于第二梯队的校内网、百度空间、网易博客、新浪博客。

QQ空间利用与IM的绑定，空间的娱乐性强，以装扮华丽最为抢眼。尽管有些服务需要收费，但是对于广大热衷自我表现的青少年用户而言，仍有很大的吸引力。QQ空间无论在流量还是访问用户量上都排第一。② 在报告中，分析师还对2007年各大空间社区网站进行了评级，其中QQ空间和51.com获得了最高的A+评级，为"社区明星"。

QQ的强势让国外很多社交网站进军中国的努力都显得徒劳。腾讯依托其在即时通讯领域的巨大优势，稳住了大量用户，并借此打造各类满足用户不同需求的服务应用平台。在腾讯看来，拥有8.6亿注册账户的腾讯QQ本身就是中国最大的SNS。腾讯继发布校园实名社区"QQ校友"后，又发布了QQ2009beta版。较之以往各版本，这个QQ新版本新增了"好友印象"等强化QQ"SNS特质"的功能。

腾讯实现盈利的秘诀是什么呢？答案是虚拟商品，满足低龄化儿童、青年的娱乐需求。QQ空间设计了各式各样的皮肤、漂浮物、挂件、鼠标图像等大量装饰物品，用户可以根据自己的个性、喜好随心所欲地更改空间装饰风格，大大迎合了目前年轻人追求个性、时尚的特点。

腾讯公司负责人介绍说，QQ大部分收入都来自这些虚拟商品：从背景音乐

① http://tech.qq.com/a/20100317/000347.htm

② 《2007中国空间社区(博客)研究报告》，http://news.ccidnet.com/art/1032/20080130/1358093_1.html

图 4－20　QQ 空间装扮图

到个性化头像或者休闲游戏都有很多付费内容，并且这些服务都引入了在线虚拟货币（Q 币）。QQ 空间的收入模式主要包括黄钻会员包月（10 元/月）和各类道具的按条销售。此外，为多方面创收，腾讯公司和许多知名公司达成了不同形式的合作方式。如世界杯期间，QQ 空间和可口可乐公司举办了“我爱世界杯”活动，近期又和 KFC 合办了“搜星大赛”。此外，QQ 空间还承办了“亚洲小姐”网络赛区的选拔，可谓广开渠道来创造收益。据悉，目前每天申请开通 QQ 个人空间的人数在十万以上，其中 41％的用户是 18～22 岁的大学生。而对比国外的 Facebook，却没有赚用户的钱，更多是注重于眼球经济。

就网游来看，2009 年，腾讯网络游戏业务增长显著。自 2009 年第二季度以来，腾讯成为中国最大的网络游戏运营商，彰显出腾讯的平台优势、多元化产品组合和执行能力。主要几款 MMOG 和中型休闲游戏获得市场强烈反响，用户数和收入显著增长。“地下城与勇士”增长强劲，2009 年第四季度最高同时在线账户数达到 220 万，名列中国网络游戏前茅。“穿越火线”最高同时在线账户数突破 100 万后又在第四季度进一步增长至 180 万，成为全球第一的第一人称射击游戏。“QQ 炫舞”最高同时在线账户数在 2009 年也超过了 100 万。作为中国最大的休闲游戏门户网站，QQ 游戏 2009 年第四季度最高同时在线账户数增至 620 万。

腾讯游戏主要以销售各类游戏卡和网吧为基础，建立了直接面对终端客户的商务系统。腾讯推出的在线游戏不仅从虚拟环境中给人以快感，也给运营商们带来无限商机。很多用户都曾使用现实货币购买过网络游戏中的功能或虚拟物品。腾讯公司正是抓住了网游娱乐性强的特点，迎合了年轻人爱玩的天性。可以说，网游给腾讯带来了不少的收益。

但由于腾讯的用户绝大多数居于 30 岁以下，其中有大量中小学生网民，主体受众的消费能力显然不强，所以腾讯的广告收入相对于其互联网增值收入来说表现一直不佳。因此，如果经营不好，一味扩张，没有了QQ的特色，也存在着巨大风险。如果下一步走不好，腾讯很有可能陷于被竞争对手围剿的境地。因为，目前腾讯QQ还不得不面临着微软旗下的MSN、淘宝旗下的阿里旺旺的威胁，网易泡泡以及雅虎通的追赶，不会给腾讯QQ留下太多的喘息时间，腾讯的未来之路还有待探索，以求得更新、更好的盈利模式。

第四节　电子商务网站

一、电子商务网站概述

(一) 电子商务的定义和分类

1.电子商务的定义

电子商务(E-Commerce)，从广义上说，是指以电子设备为媒介进行的商务活动；从狭义上说，是指以计算机网络为基础所进行的各种商务活动，包括商品和服务的提供者、广告商、消费者、中介商等有关各方行为的总和。[①] 本节中所述的电子商务是指狭义的电子商务。

2.电子商务的类别

根据交易对象的不同，电子商务可划分为三种典型模式：B2B(Business to Business，企业对企业)，如阿里巴巴、环球资源等；B2C(Business to Customer，企业对消费者)，如卓越亚马逊、当当网等；C2C(Customer to Customer，消费者对消费者)，如eBay、淘宝网、拍拍网等。

根据互联网实验室发布的《2011年5月中国电子商务网站Top50市场份额统计报告》(见表4—4)，淘宝网、阿里巴巴、支付宝占据市场份额的55.45%，显示出市场份额集中于大型电子商务网站的特征。

① 《2009～2010年中国电子商务行业发展报告(简版)》，http://wenku.baidu.com/view/ed3171114431b90d6c85c729.html。

表 4—4　中国电子商务网站 Top50 市场份额统计

排名	网站名称	人气值	市场份额	上一期份额	涨跌
1	淘宝网	1051.43	39.18%	36.53%	↑2.64%
2	阿里巴巴中文站	247.71	9.23%	9.08%	↑0.14%
3	支付宝	188.96	7.04%	6.51%	↑0.52%
4	京东商城	145.26	5.41%	4.89%	↑0.52%
5	拍拍网	95.19	3.54%	2.9%	↑0.64%
6	卓越亚马逊	78.26	2.91%	2.51%	↑0.4%
7	凡客诚品	65.33	2.43%	2.19%	↑0.23%
8	当当网	53.58	1.99%	1.85%	↑0.14%
9	慧聪网	51.82	1.93%	1.61%	↑0.31%
10	携程网	31.80	1.18%	1.19%	↑0.01%
11	中国制造网	31.17	1.16%	1%	↑0.15%
12	财付通	29.45	1.09%	0.79%	↑0.3%
13	苏宁易购	21.69	0.8%	0.61%	↑0.19%
14	麦网	19.55	0.72%	0.67%	↑0.05%
15	1号店	19.10	0.71%	0.53%	↑0.17%
16	乐淘	17.66	0.65%	0.54%	↑0.1%
17	新蛋中国	17.38	0.64%	0.5%	↑0.14%
18	企博网	15.02	0.55%	0.54%	↑0.01%
19	V+	14.15	0.52%	0.45%	↑0.07%
20	中国网络游戏服务网	12.09	0.45%	N/A	↑0.45%
21	艺龙网	11.64	0.43%	0.42%	↑0%
22	中国供应商	11.39	0.42%	0.38%	↑0.04%
23	库巴商城	10.77	0.4%	0.23%	↑0.16%
24	麦包包	10.61	0.39%	0.33%	↑0.06%
25	唯品会	10.04	0.37%	0.31%	↑0.05%
26	自助贸易	10.03	0.37%	0.36%	↑0%
27	商机网	9.53	0.35%	0.25%	↑0.1%
28	好乐买	9.17	0.34%	0.31%	↑0.02%
29	快钱	8.47	0.31%	0.26%	↑0.05%
30	勤加缘网	8.32	0.3%	0.24%	↑0.06%
31	红孩子	8.12	0.3%	0.25%	↑0.05%
32	饭统网	8.12	0.3%	0.29%	↑0.01%
33	耀点100	7.80	0.29%	0.24%	↑0.04%
34	八方资源网	7.61	0.28%	0.26%	↑0.02%

资料来源：互联网实验室 http://www.chinalabs.com/html/zuixinredian_tuwen_/20110614/41675.html

二、国内外电子商务网站市场现状

(一) 国外

纵观全球电子商务市场,各地区发展还不平衡,呈现出美国、欧盟、亚洲"三足鼎立"的局面(见图 4－21)。其中,欧洲和美国主要得益于其自身经济的持续良好的发展态势。美国是世界上最早发展电子商务的国家,也是电子商务发展最为成熟的国家,一直引领世界电子商务的发展,它拥有世界 3/4 以上的互联网资源,在电子商务领域的应用规模远远超过其他国家。欧洲发展起步较美国晚,但发展速度快,基于欧盟联合,其经济一直位于各洲之首,这些均为其电子商务的市场发展创造了良好的经济、技术和社会条件,因此,它很快成为全球电子商务较领先的地区。亚洲作为电子商务发展的新秀,人口众多,网民规模增长快速,市场潜力较大,是未来全球电子商务最大的潜力区。2009 年,亚洲网购市场规模占全球 23.5%的市场份额。

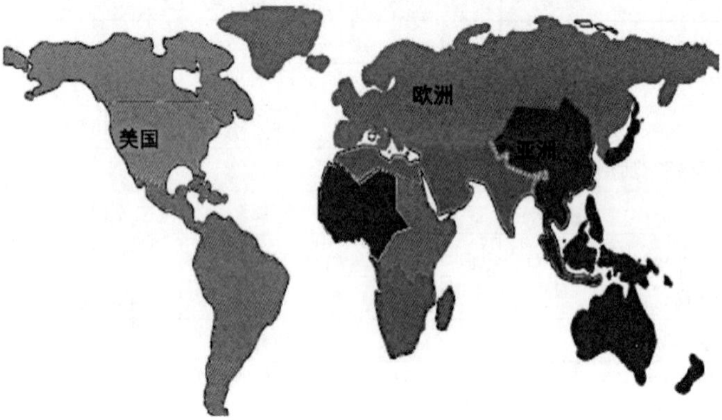

图 4－21　全球电子商务"三足鼎立"格局示意图

全球 B2B 电子商务交易一直占据主导地位,2002 年至今,呈现持续高速增长态势,2007 年全球 B2B 交易额达到 8.3 万亿美元,预计在未来几年将保持 40%以上的增长率,到 2010 年 B2B 交易额将达到 26 万亿美元,比 2002 年增长 30 多倍。①

① http://www.enet.com.cn/article/2010/0721/A20100721695527.shtml

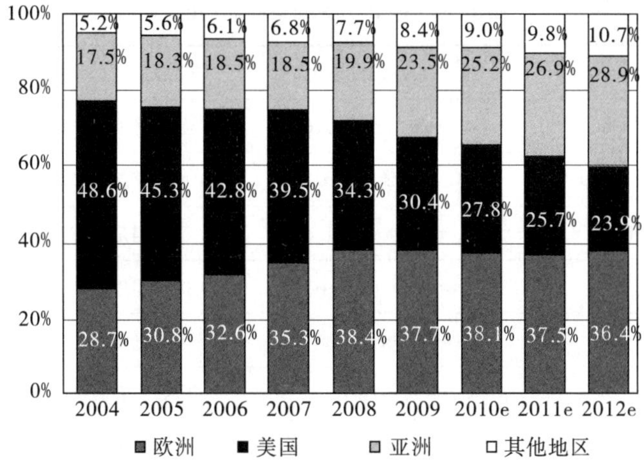

图 4－22 2004～2012 年全球网络购物市场交易规模地区分布情况①

表 4—5 1998～2003 年世界 B2B 电子商务交易额(单位:十亿)②

时间 调研公司	1998 年	1999 年	2000 年	2001 年	2002 年	2003 年
emarketer	$28.12	$75.57	$184.85	$366.21	$684.32	$1,255.22
activmedia	$28.70	$68.40	$145.10	$276.00	$475.00	——
boston consulting (includes edi)	——	$1,300.00	——	——	——	$4,800.00
dataquest	$50.00	——	——	——	——	$800.00
forrester research	——	$170.00	$390.00	$970.00	$2,000.00	$3,200.00
idc	$44.50	$97.00	$210.00	$421.80	$788.80	$1,431.10

早在 1995 年 9 月,皮埃尔·奥米迪亚和杰夫·斯克尔就开办了首家提供网上拍卖服务的网站——拍卖网(Auction Web)。1997 年,拍卖网正式更名为 eBay。从此,C2C 成为电子商务的一个分支。后来,许多公司也相继推出了自己的 C2C 电子商务网站。1998 年,雅虎推出了它的拍卖网站——Yahoo! Auction。不久之后,又相继出现了 Trade Me,Bidz.com 等众多的拍卖网站。根据 Alexa 提供的数据,目前世界十大购物网站如表 4—6 所示:

① 《2009～2010 年中国电子商务行业发展报告(简版)》,http://wenku.baidu.com/view/ed3171114431b90d6c85c729.html。

② http://www.it.hc360.com/scyj/2001/200101/new/0101—19.htm

图 4-6 世界十大购物网站(2009)[1]

1	Ebay	www. ebay. com	世界最大、最著名的拍卖网站
2	Amazon. com	www. amazon. com	亚马逊网上书店
3	YahooAuctions	auctions yahoo. com	种类繁多的商品和商店
4	Wal-Mart	www. walmart. com	沃尔玛是全球零售领域的王者
5	Target	www. target. com	折扣零售商
6	BestBuy	www. bestbuy. com	电子电脑数码产品第一零售商
7	Netflix	www. netflix. com	电影租看服务厂商
8	JCPenney	www. jcpenney. com	世界最大的服装销售商
9	Ofoto	www. ofoto. com	拥有 120 万的注册用户
10	CircuitCity	www. circuitcity. com	美国两大专业家电连锁店之一

(二) 国内

中国电子商务当前正处于快速发展期,市场交易额持续快速增长。根据艾瑞咨询最新公布的统计数据显示,2011 年中国网络购物市场交易规模达 7735.6 亿元,较 2010 年增长 67.8%。[2] 2011 年中国网络购物用户规模达 1.87 亿人,较 2010 年增加 3900 万人,占中国 PC 网民的 41.6%。[3]

从地域上看,我国的电子商务呈现出典型的区域化特征,目前电子商务发展较为发达的地带为:以江浙沪为主的长三角地区,以广州、深圳为主的珠三角地区和以北京为主的京津地区。北部和中部属于快速发展地区,西部则相对落后(见图 4-23)。

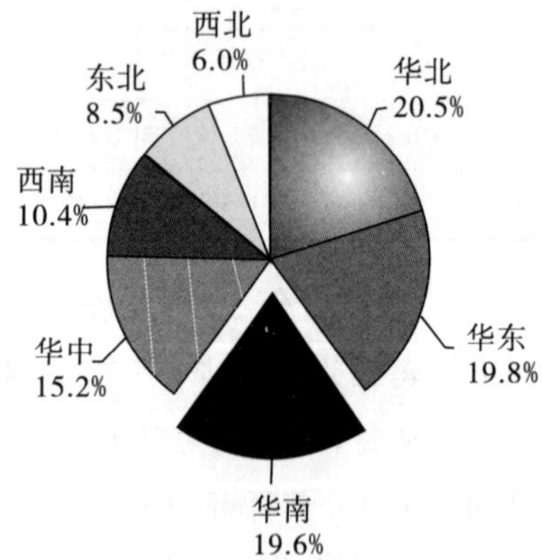

图 4-23 2011 中国电子商务发展趋势

在 B2B 市场中,阿里巴巴仍占据市场霸主地位,处于寡头垄断的态势下,综合平台以阿里巴巴、慧聪网、环球资源为代表的第一阵

① http://www.maigoo.com/maigoo/170gwpp_index.html

②③ http://ec.iresearch.cn/17/20120112/161325.shtml

营仍旧占据着 B2B 电子商务市场的绝大部分份额。其中尤以阿里巴巴的表现最为突出，2008 年阿里巴巴的注册会员数、付费会员数以及全年营业收入占总体市场规模的比例都超过了 50%。未来，中国 B2B 市场还将呈现增长趋势，据国家商务部预计，未来 10 年，中国将有 70%的贸易额通过电子交易完成。①

在 B2C 市场中，淘宝商城凭借自身的平台优势和双十一、双十二等促销活动取得快速发展，2011 年在含平台式 B2C 市场中占比过半，达 53.3%；京东商城在以自主销售为主的 B2C 市场上保持领先优势，2011 年交易额突破 300 亿元，占比 36.8%。其市场份额详见图 4－24：

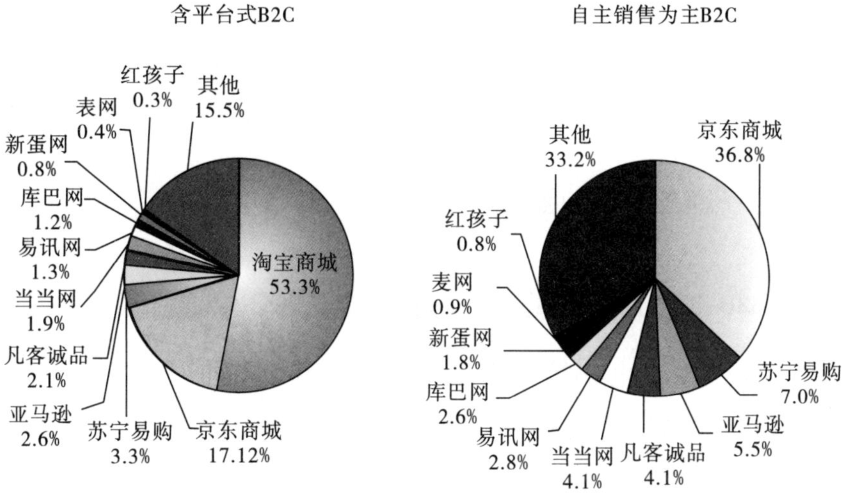

注:1. B2C市场不包含网络代缴费(如水电费等)、旅行预订及航空客票交易额，拥有复合销售渠道的运营商规模仅统计其与网络相关的销售额。2. B2C网站根据盈利模式不同划分为平台式B2C和自主式B2C。其中，平台式B2C指淘宝商城此类的以佣金服务费为主要收入的网站；自主式B2C指京东商城此类的以商品的进销差价为主要收入的网站。3. 2011年中国B2C（含平台式B2C）交易额为1791.1亿元，自主销售为主B2C交易额836.1亿元。4. 麦网和红孩子均只统计线上渠道，不包括线下及目录业务。

数据来源: 根据企业公开账报、行业访谈及艾瑞统计预测型估算，仅供参考；具体数据将在《2011~2012年中国网络购物行业研究报告》中修正。

图 4－24　2011 年中国 B2C 购物网站所占市场份额②

① 《2008－2009 年中国 B2B 电子商务行业发展报告(简版)》。

② http://ec.iresearch.cn/17/20120112/161325.shtml

从 C2C 市场来看，2011 年淘宝网一家独大，市场份额占到九成以上；拍拍网次之，占比为 9.0%。C2C 市场整体发展变化不大，格局稳定(见图 4—25)：①

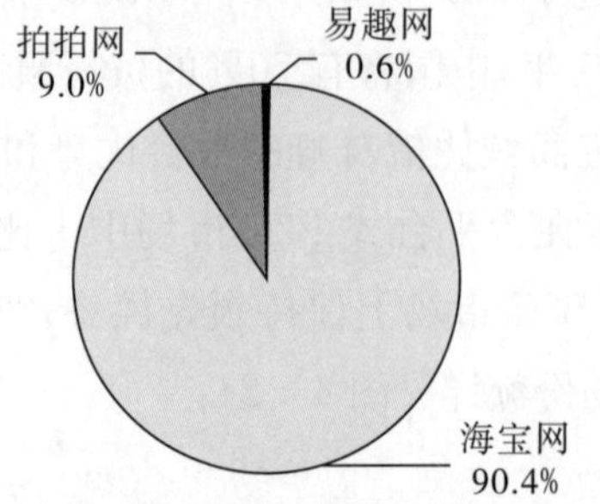

图 4－25　2011 年中国购物网站市场份额

注：2011 年中国 C2C(不含 C2C 推出 B2C 商城)市场交易额为 5944.5 亿元

资料来源：综合企业及专家访谈，根据艾瑞统计预测模型核算及预估数据

三、电子商务网站的盈利模式

(一) B2B 电子商务网站的盈利模式——以阿里巴巴为例

B2B，即企业间的电子商务，是指企业之间利用互联网进行产品、服务及信息的交换，传递各种电子单据以及在线电子支付，在网上形成的虚拟企业圈。一些专门的 B2B 网站如阿里巴巴、慧聪等一般以信息发布、搭建商家之间的桥梁为主。B2B 电子商务模式是被理论界和企业界公认的目前和未来一段时间内最有发展前途的盈利模式。无论是国内还是国外，阿里巴巴可以说都是最成功的 B2B 电子商务网站。其创立者马云先生曾获选美国《商业周刊》评出的 25 位互联网业最具影响力的人物，他也是唯一上榜的中国企业家。

1. 阿里巴巴简介

阿里巴巴是目前中国最大的网络公司和世界第二大网络公司。他的创始人马云于 1995～1997 年创办中国第一家互联网商业信息发布网站——中国黄页；1997～1999 年加盟当时的外经贸部中国国际电子商务中心并成功运作该中心所属国富通信息技术发展有限公司。在不到一年的时间内，马云相继成功开

① http://ec.iresearch.cn/17/20120112/161325.shtml

发了外经贸部官方站点、网上中国商品交易市场、网上中国技术出口交易会、中国招商、网上广交会和中国外经贸等一系列站点。1999 年，马云自立门户在杭州设立研究开发中心，以香港为总部，创办阿里巴巴网站。阿里巴巴的目标在于建立全球最大、最活跃的网上贸易市场。

图 4－26

2010 年 6 月，阿里巴巴收购了美国电子商务 SaaS 提供商 Vendio Services，8 月再度收购了 Auctiva，两个网站都为 eBay 等电子商务网站的用户提供服务。收购两家网站之后，同时使用 Auctiva 和 Vendio 的在线商户将能够直接访问阿里巴巴的供货平台和全球速卖通上接近 150 万的供应商店铺。从长期来看，通过对海外市场业务的开拓，阿里巴巴将打通全球电子商务产业链，对其大淘宝战略的实施起到有力的推动作用。①

2. 阿里巴巴电子商务网站的盈利模式——收取会员费

阿里巴巴网站的目标是建立全球最大、最活跃的网上贸易市场，让天下没有难做的生意。阿里巴巴被称为“网上世贸中心”。和其他早期互联网公司不同，阿里巴巴从创建之初就有明确的商业模式。其他很多早期互联网公司的创始人都是计算机或通讯技术等方面的人才，由自娱自乐到创造出有特色的网站，进而再摸索可能的网络盈利模式。但阿里巴巴的创立者马云清楚地知道其最大的盈利模式就是收取会员费。

---

① http://ec.iresearch.cn/html/122633.shtml

(1)收取会员费模式

阿里巴巴上的会员分为两种:中国供应商和诚信通会员。

第一种会员叫"中国供应商"。它主要面对出口型的企业,依托网上贸易社区,向国际上通过电子商务进行采购的客商推荐中国的出口供应商,从而帮助出口供应商获得国际订单。其服务包括独立的"中国供应商"账号和密码,建立英文网址,让全球 240 多个国家和地区的 3200 万家商人会员在线浏览企业。目前,中国供应商的会员费是 6 万～8 万元/年(阿里巴巴的最低报价是 4 万元左右,较大的方案是 30 万元,平均每家的费用是 8 万元)。

第二种会员叫"诚信通"。它是阿里巴巴为从事中国国内贸易的中小企业推出的会员制网上贸易服务,即为中小企业提供更多的生意机会,开拓生意渠道,创新营销方法和全套的网上贸易服务。"诚信通"会员针对的是国内贸易,通过向注册会员出示第三方对其的评估,以及在阿里巴巴的交易诚信记录,帮助"诚信通"会员获得采购方的信任。诚信通分为企业版诚信通和个人版诚信通两种,其会员费是:企业会员 2800 元/年(410 美元/年),个人会员 2300 元/年。"中国供应商"和"诚信通"会员除了容易获得买家的信赖外,还拥有企业信息的优先发布权,可以让客户更快找到企业。

除了付费的这两类会员外,阿里巴巴上面还活跃着免费的中国商户和海外商户数千万家。据阿里巴巴 2009 年的财报显示:2009 年全年阿里巴巴营业收入 38.75 亿元,净利润为 10.13 亿元。全球注册用户达 4770 万,付费会员 61.5 万。2009 年,阿里巴巴国际交易市场的注册用户全年共增加 360 多万,增幅达 46.3%,平均每个季度的用户增长达到 90 万,目前共有 1157 万名注册用户;企业商铺数量增加 45.0%,至 140 多万个。①

(2)网络广告收费模式

"网络广告收费"是所有 B2B 电子商务公司主要的收入来源之一。广告主为了传播自身的商业信息,往往通过图片、文字、视频等形式在网站上做广告,依靠吸引眼球将客户拉入到自己的网页中。

(3)关键词搜索与点击(竞价排名)推广

竞价排名是阿里巴巴诚信通会员专享的搜索排名服务,关键词的起拍价格在 0.3～2 元之间不等。在阿里巴巴中文网站上,用户指定的供应信息每被点击一次,系统将自动从其预付服务费用中扣除一次点击费用,每次被扣除的点

① http://it.sohu.com/20100316/n270868518.shtml

击费用最高不超过用户为关键词预先设定的单次点击价格。一般扣费原则:扣费=用户实际排名的下一位用户的出价+0.1元。[①]

立即登录你的 网销宝账户 加入你需要的关键词

关键词搜索结果 TOP100:礼品、工艺品、饰品 >> 广告促销礼品　下载

关键词	起拍价	竞价人数
家居	¥0.5	56
礼品	¥0.4	407
创意礼品	¥0.3	65
创意家居	¥0.6	43
饰品	¥0.3	201
钥匙扣	¥1.0	188
新奇特	¥0.6	82
电子	¥0.5	123
小家电	¥0.6	24
文具	¥1.6	36
新奇产品	¥0.5	11
工艺品	¥1.0	156
个性礼品	¥0.3	15

图4-27　阿里巴巴关键词搜索竞价

2009年3月1日,阿里巴巴推出“点击推广”取代竞价排名,这是阿里巴巴为诚信通会员提供的按点击付费的搜索引擎服务,费用为0.1～10元/次。

竞价排名模式由阿里巴巴推出并大获成功后,很多B2B电子商务公司也跟进推广。慧聪网把关键词搜索竞价排名推广称为“标王”,即买卖通付费会员购买的排名服务。每个关键词有且仅有一个名额,标王收费一般为1200～3000元/月。

(4)“黄金展位”和“如影随形”

“黄金展位”是2007年阿里巴巴专门为诚信通会员提供的企业品牌展示平台,购买黄金展位的企业可在指定关键词的搜索结果页面的右侧显著位置获得

① http://baike.china.alibaba.com/doc/view-d3422206.html

优先展示。黄金展位以 160×250 超大广告位的形式展现在搜索结果页面右侧，无论客户翻到第几页依然展示，并且当客户鼠标移到图片上时，图片自动翻转，显示企业的公司名、主营产品、联系方式等信息。无论客户点击图片正面或反面，均可以直接链接到会员商铺内。[①] 黄金展位是按照关键词来收费的，不同的关键词价格是不一样的，一般的黄金展位费用为 800～10000 元/月，白金展位的费用为 3000～50000 元/月。目前，阿里巴巴共有黄金展位 18796 位。

“如影随形”是针对有实力的黄金展位用户所推出的一项品牌全站推广服务，以大图及横幅的形式，尊贵登陆阿里巴巴首页，同时覆盖全站资讯、论坛等频道的五大页面。每个关键词只限 1 家，自动锁定目标客户进行推广，精准投放，代表行业实力。

如图 4—28 所示，“饰品混批”为一屏通栏，使用了“如影随形”。“如影随形”还可以根据买家的历史搜索记录和浏览行为，捕捉买家的购买意向。只要买家在网站搜索过、浏览过，在买家浏览网站的五大页面时，就会马上展现对应的广告。“如影随形”的购买周期固定为 3 个月。与黄金展位相同，按关键词价格购买。

图 4－28

① http://view.china.alibaba.com/cms/promotion/golden/question2.html

(5)"企业建站"有偿服务

阿里巴巴把"企业建站"称作"开通旺铺"。这个战略型项目是与马云刚开始创业时的"中国黄页"相似的企业建站服务，但与简单的企业建站服务不同，阿里巴巴的企业建站会融合其诚信、支付等体系。

目前，很多中小企业除了希望能够在阿里巴巴等电子商务平台上进行产品推广之外，也希望能够搭建自己的网站，在全面推广企业自身同时，也附带诚信、交易等功能，向电子商务领域全面扩展。但是，由于中小企业自身及广大提供建站服务的公司受能力限制，很难实现这种诉求。

2008 年阿里巴巴推出的"Winport 旺铺"服务，不但在模板上提供数十套不同风格的主题，而且企业网站的基本功能，比如公司介绍、产品信息、公司动态、产品相册、资历证书、在线留言、联系方式等一应俱全，且侧重于电子商务的功能比如在线交流，直接链接到阿里巴巴产品库等也完美体现，可以毫不客气地说阿里巴巴的"Winport 旺铺"服务，就是一个电子商务版的企业智能建站系统。[①] 年服务费大概为人民币 980 元。其他还有很多 B2B 电子商务公司也把"企业建站"作为有偿服务和未来盈利的渠道。

(6)资金服务

"阿里贷款"是阿里巴巴分别于 2007 年 5 月 16 日和 6 月 29 日与建设银行和工商银行推出的一项针对其诚信通和中国供应商会员的资金服务(小企业贷款或者 B2B 网商融资服务)，即网络联保贷款。它是一款不需要任何抵押的贷款产品，由 3 家或 3 家以上企业组成一个联合体，共同向银行申请贷款。同时企业之间实现风险共担，当联合体中有任意一家企业无法归还贷款时，联合体其他企业需要共同替它偿还所有贷款本息。比如，联合体中 A、B、C 各获得贷款 50 万，则每个人承担的贷款责任都是 150 万。如果 A 到期无法归还贷款 50 万，则需要 B、C 的企业法人代表共同替 A 归还其 50 万贷款及利息。贷款利率为 6%～12%。贷款期限是 1 年，按日计息，按月付息，每家企业可申请的额度范围为 20 万～200 万人民币。[②]

经过三年多的不断运营，"阿里贷款"已经累计发放贷款 120 亿元以上。该项融资创新结合了电子商务的新趋势和风险管理的创造性突破，通过网络实现

① 《阿里 Winport 旺铺服务——企业建站公司的噩梦?》，http://b2b.toocle.com/detail--4643648.html

② http://baike.baidu.com/view/2456242.htm? fr=ala0_1

的全新风险测评及回避机制，有效地推动银行解决中小企业融资难，让处于生存、发展、融资难多重压力下的中小企业从此拥有了更多的机会。因此，业界专家普遍认为："网络联保"或有望完善现有的中小企业贷款产品，创造一个符合中国国情也顺应时代需求的中小企业融资新环境。①

虽然"阿里贷款"没有直接给阿里巴巴带来收益，但由于获贷对象主要是诚信通或中国供应商会员（在申请贷款期间，普通会员也可以来报名，但是获得贷款的企业在银行放贷之前须具备诚信通会员或中国供应商会员资格），因此，这一业务又为阿里巴巴获取了更多的收费会员，是阿里巴巴的一个间接利润源。

（二）B2C 电子商务网站的盈利模式——以当当网为例

1. B2C 电子商务网站概况

B2C 模式是指商家把有形或无形的商品通过互联网销售到顾客手中的商务模式。一般又包括商家自建购物网站直接销售和第三方建网站平台——网上商城并把"铺位"出租给商家开店两种模式。2008 年 4 月国家商务部出台的《电子商务模式规范（征求意见稿）》给出的定义，相应地分别称为网上商店和网上商厦两种模式。艾瑞咨询将两种模式定义为自主销售式 B2C 和平台式 B2C。其中，自主销售式 B2C 以亚马逊、当当网、卓越网为代表，平台式 B2C 以淘宝为典型代表。这里我们先分析第一类自主销售式。

2010 年前 6 个月，国内电子商务行业企业已完成 23 笔融资交易，总融资规模达 3.31 亿美元，全年有望超过 2008 年总融资金额 3.37 亿美元的历史最高水平。2005～2008 年，该行业的中资融资交易仅以个人天使投资为主；2009 年之后，国内知名投资机构开始参与电子商务行业投资。②

在中国的 B2C 市场中，截至 2009 年 5 月 24 日，以全球 ALEXA 的统计为准，各行的排名如表 4－7 所示：

表 4－7③

综合购物	当当网	http://www.dangdang.com/	全球排名:951
	卓越网	http://www.amazon.cn/	全球排名:887
	1 号店	http://www.yihaodian.com/	全球排名:29713
	365 商城	http://www.365.com	全球排名:46585

① http://view.china.alibaba.com/cms/info/aliloan/2009new/01/shouye.html

② http://www.b2c100.cn/guonei-b2c/784

③ http://www.hotop.cn/edition-view-872-0.html

（续表 4－7）

IT 数码行业	京东购物	http://www.360buy.com/	全球排名:2209
	新蛋中国	http://www.newegg.com.cn/	全球排名:7879
	绿森数码	http://www.lusen.cn/	全球排名:31563
	易讯数码	http://www.icson.com/	全球排名:41373
女性综合购物	麦考林	http://www.m18.com/	全球排名:8253
	走秀网	http://www.zoshow.com/	全球排名:5151
	NO5 时尚广场	http://www.no5.com.cn/	全球排名:34457
服装鞋帽行业	凡客诚品	http://www.vancl.com/	全球排名: 1005
	olomo 欧莱诺	http://www.olomo.com/	全球排名: 42788
	生活解码	http://www.shift6-6.com/	全球排名: 24774
手机行业	播播手机网	http://www.bobo.com.cn/	全球排名: 14685
	欧酷手机网	http://www.ouku.com/	全球排名: 20818
	北斗手机网	http://www.139shop.com/	全球排名: 26565
	18900 手机网	http://www.18900.com/	全球排名: 40920
化妆品行业	妆点网	http://www.zdface.com/	全球排名:4633
	DHC 中国	http://www.dhc.net.cn/	全球排名:52772
保健品行业	康陆网	http://www.k6.cn/	全球排名:24365
母婴行业	红孩子	http://www.redbaby.com.cn/	全球排名:8874
电视购物	橡果国际	http://www.chinadrtv.com/	全球排名:40139
	东方 CJ 购物	http://www.ocj.com.cn/	全球排名:28425
箱包行业	麦包包	http://www.mbaobao.com/	全球排名:22998
玩具行业	乐淘网	http://www.letao.com/	全球排名:39202
性用品行业	桔色	http://www.x.com.cn/	全球排名:28215
	七彩谷	http://www.7cv.com/	全球排名:52703
图书行业	99 书城	http://www.99read.com/	全球排名:28927

其中，当当网位居中国 B2C 综合购物网站榜首。因此，下面将结合当当网的实际案例来分析 B2C 电子商务网站的盈利模式。

2. 当当网的盈利模式

当当网于 1999 年 11 月正式开通，是目前全球最大的中文网上商城，也是全球最大的中文网上图书音像商城。它面向全世界网上购物人群提供近百万种商品的在线销售，包括图书、音像、家居、化妆品、数码、饰品等数十个精品门类，给网友带来极大的方便和实惠。

当当网始终坚持“更多选择、更多低价”的原则，让越来越多的人享受在互联网购物的畅快，全球现在已有 1560 万的顾客在当当网上选购过自己喜爱的商品。从 1999 年开通至今，当当网每年都保持着 100%以上的高速成长，10 年间业绩增长了 400 倍，成为国内电子商务领域当之无愧的领跑者之一。

在众多商品中，图书是当当网的看家法宝，从当当网建立之初，一直到现在，图书都在当当网的销售中占据了很大份额，是当当网 B2C 做得最成功的一个部门。当当网与全国 99%的出版社都有联系，并且与他们保持着良好的合作关系。因为出版社发行的图书可以直接进入当当网的库房，在当当网上直接发售，省去了中间分销的环节，节约了成本，因此当当网上出售的图书价格都是低于定价的。当当网在成立短短的几年内，能够在国内的 B2C 领域占据相当重要的地位，与其经营方略是分不开的。其盈利模式主要是直接销售，将长尾理论运用到极致。

图 4－28

当当网从 1999 年成立之初就一直坚持以“全品种”为目标。传统书店的面积有限，且由于全都是商业地产，储存成本很高，在有限的空间里只能陈列部分产品。而当当网的优势就在于品种多，网上书店不像书城要考虑一楼放什么，二楼放什么，只需要将展示空间做得足够清晰，读者可以自己去浏览选购。目前，当当网已经拥有一个巨大的品种库，网上展示品种是 30 多万种，而且逐年增加。顾客几乎对所有产品都会有需求，不仅仅是流行的畅销品，众多的小众商品销售总额也可能大于排名靠前的畅销商品的收入。网络使得“二八定律”原则不再严格适用。

其次，当当网坚持低价，网络让更低价格成为可能，从而拉动长尾市场发展。一般而言，一些非主流音乐的版权费可以很低，使低价格成为可能，拉动小众消费。另外，一些非畅销商品的价格也可以做到很低。简单来说，当当网利用低价的库存成本和人力成本，延长了很多图书的平均寿命。比如，很多人在当当网看了某些图书信息之后就会到别处去找相关的图书，会拉动一些库存书或者边缘图书的销售。

最后，当当网还特别重视商品的推荐功能。2006 年 11 月，当当网开发了一个功能叫做“为你推荐”。这一功能是根据用户多年来在当当网的消费习惯，定期为用户推荐针对符合其购物习惯的商品。另外，网络评价的作用也是随着互联网的成熟而逐渐凸显的。最开始大家只是简单地“顶”“好”，发表自己的看法，现在认真写评价的人已经很多。这些搜索和推荐都让“二八法则”中那 80% 的品种产生了更多的销售可能。所以说，长尾理论是互联网经济的一个产物。在传统经济中，消费者只是被动的消费者，互联网让每个消费者成为生产者，是消费者在购买，是消费者在推荐，现在他们是传播者。

（三）C2C 电子商务网站的盈利模式

1. 国外 C2C 电子商务网站的盈利模式

就世界范围来看，提到 C2C 网站，大家第一个想到的肯定是 eBay。eBay 确实是全球最大的 C2C 电子商务网站，并且它早已成功实现盈利，一直保持着良好的发展势头。不仅如此，eBay 的盈利模式在国外也具有较强的影响力，有大批的追随者。因此，本节选择 eBay 作为典型。下面就对 eBay 的盈利模式进行详细的分析。

(1)eBay 简介

1995 年 9 月，皮埃尔・奥米迪亚和杰夫・斯克尔开办了首家提供网上拍卖服务的网站——拍卖网(Auction Web)。1997 年更名为 eBay。1998 年初，梅格・惠特曼取代了奥米迪亚成为 CEO。当年 9 月公司 eBay 成功上市。通过全国范围的广告宣传和与美国在线在网络电视方面的合作，eBay 成为家喻户晓的网上拍卖交易社区品牌。

为了更好地解决网上购物的支付问题，eBay 还建立了类似于银行的部门，它在 2002 年花费 15 亿美元收购了支付处理公司 PayPal,这使买主得以对没有条件设立商业信用账户的卖方进行电子支付。2005 年 9 月 12 日,eBay 又斥资 41 亿美元收购网络电话公司 Skype,其最重要的原因是 Skype 的核心价值在于它拥有庞大的用户社区。

现在,以 eBay Marketplace 为代表的交易平台、以 PayPal 为代表的网上支付和以 Skype 为代表的通信服务构成了 eBay 的三大业务部门。此外,eBay 还收购了提供比较购物服务的 Shopping. com 和提供公寓租赁服务的 Rent. com 等网站。

图 4－29　eBay 网首页

eBay 提供的基本服务是为希望进行网上交易的买卖双方提供一个在线交易平台,这一点和所有的 C2C 电子商务网站是相同的。但是,除此之外,eBay. com 还发展了一些针对特定用户、特定商品或者特定服务形式的网站,例如针对固定价格销售方式的 eBay Express(http://www. express. ebay. com),针对商业用户的 eBay Business(http://www. ebaybusiness. com),针对汽车在线买卖的 eBay Motors(http://www. motors. ebay. com)等。

除了这一基本服务,eBay 还提供一系列的配套服务。在物流方面,eBay 和 USPS、UPS 等物流公司合作,向其用户提供一个“Shipping Center”的服务。在此,用户可以快速地计算出物品从一个地方快递到另一个地方所需的费用,还可以直接打印 USPS 或 UPS 的快递单,然后 USPS 或 UPS 会在用户指定的时间到用户指定的地点来收取包裹。这样用户足不出户就可以完成物品的递送。在资金流方面,eBay 通过 PayPal 提供的网上支付服务,解决了网上交易中的资金流问题。此外，eBay 还通过 Skype 为其用户提供语音通讯和视频对话等即时通信服务，方便用户更方便、快捷地进行交流。

(2)eBay 的盈利模式——用户收取交易平台服务费＋配套服务费

2010 年 7 月，eBay 公布了 2010 年第二季度财报。报告显示，eBay 第二季度营业收入为 22 亿美元，较 2009 年同期增长 6%，[①]其收入中绝大部分来自于交易平台业务，也就是最核心的 C2C 业务。另外，还有部分收入来自于与 C2C 相关的网上支付业务和通信服务业务。下面分别进行分析：

表 4—8　eBay 2010 年第二季度财报

	第二季度		变化	
	2009	2010		
净收入	$2,098	$2,215	$117	6%
non-GAAP 净收入(不计 Skype 收入)	$1,928	$2,215	$287	15%
GAAP(基于美国通用会计准则)				
净利润	$327	$412	$85	26%
每股摊薄收益	$0.25	$0.31	$0.06	24%
非 GAAP(不基于美国通用会计准则)				
净利润	$479	$530	$51	11%
摊薄每股收益	$0.37	$0.40	$0.03	8%
非 GAAP(不基于美国通用会计准则)，不计 Skype 收入				
净利润	$440	$530	$90	20%
摊薄每股收益	$0.34	$0.40	$0.06	18%
业务部门				
PayPal				
净收入	$669	$817	$148	22%
总支付量	$16,705	$21,394	$4,689	28%
商户服务总支付量	$9,119	$13,064	$3,945	43%
商品交易平台				
净收入	$1,259	$1,398	$139	11%
总商品交易规模(不计算汽车商品)	$11,125	$12,531	$1,406	13%
美国市场	$4,689	$4,801	$11	22%
全球市场	$6,436	$7,730	$1,294	20%

① http://www.pcpop.com/doc/0/558/558350.shtml

① 交易平台

交易平台作为 eBay 最核心的业务，其收入也是 eBay 最主要的收入来源。交易平台的收入主要来自对交易平台各项服务的收费。eBay 目前有一套完整的收费体系，包括：

• 商品登录费(Insertion Fees)

如果你要在 eBay 上发布一个想卖的商品，你就必须缴纳商品登录费。商品登录费是基于物品的定价或拍卖起价的(见表 4—9)。

表 4—9 eBay 商品登录费的收费标准①

Insertion fees for stores	
starting or reserve price	Insertion fee
\$0.01～\$.99	\$0.10
\$1.00～\$9.99	\$0.25
\$10.00～\$24.99	\$0.50
\$25.00～\$49.99	\$0.75
\$50.00～\$199.99	\$1.00
\$200 or mare	\$2.00

• 商品成交费(Final Value Fee)

如果你发布的商品成功出售，那么你还需向 eBay 缴纳商品成交费。这一费用是基于商品最低成交价格和售出件数的，具体收费标准如表 4—10 所示：

表 4—10 eBay 商品成交费的收费标准

Final value fees for ebay stores	
Final sale price	Final value fee
ltem not sold	No fee
\$0.01—\$50.00	8.75% of the final sale price
\$50.01—\$1000	8.75% of the initial \$50.00 plus 4.0% of the remaining final sale price balance(\$50.01 to \$1.000)
\$1000.01 or more	8.75% of the initial \$50.00 plus 4.0% of the next \$50.01—\$1000 plus 2.0% of the remaining final sale price balance(\$1000.01—final sale price)

① http://pages.ebay.com/help/sell/storefees.html

• 店铺费(Subscription Fee)

作为 eBay 上店铺的所有者,每月需要根据店铺的等级向 eBay 支付一定的费用。

• 分类广告费(Classified Ad. Fee)

当你使用分类广告的方式在 eBay 上发布一个物品时,就会有这项费用。

• 陈列改良费(Listing Upgrade Fees)

如果想让物品的陈列形式更好或陈列更长的时间,你就要支付相应的陈列改良费。

• 图片服务费(Picture Services Fees)

eBay 提供很多图片上传、图片预览、展示大图等图片服务,都要收取费用。

• 卖家工具费(Seller Tool Fees)

eBay 向卖家提供各种卖家工具,也会相应收费。

• 底价设置费(Reserve Fee)

底价设置费是指登录物品的时候,可以选择一个你接受的最低售价,当最后的成交金额低于这个底价的时候,交易无效。这个底价设置费是可选的,而且如果成交的话可以退还。

• 立即购买费(Buy It Now Fee)

为了尽快出售商品,你可以选择为其设定一个固定价格,或者给在线拍卖的物品添加一个立即购买的选项,而这样做就需要缴纳立即购买费。

以上所有费用都是针对交易平台业务的收费。其收费对象都是 eBay 的直接用户,而且都是在 eBay 上出售物品的用户。

②网上支付

在 eBay 网站上,使用 PayPal 的用户还需支付相应的费用(PayPal Fees)。这些费用是通过用户的 PayPal 账户来收取的,而不是通过 eBay 账户。PayPal 收费是相对独立的。

PayPal 作为 eBay 的旗下公司,成立于 1998 年,致力于使拥有电子邮件地址的任何个人或企业能够安全、便捷、迅速地在线收款和付款。PayPal 目前在全球范围内拥有 1 亿用户。在全球 190 个国家或地区,eBay 买家和卖家、在线零售商、在线商家以及传统的线下商家,都在使用 PayPal 进行交易。

PayPal 除了为 eBay 用户提供网上支付服务外,还为在线零售商、在线商家乃至传统的线下商家提供相关的服务。收费方面,使用 PayPal 账户进行开户、付款和充值都是免费的。但是如果要提现、即时转账或 PayPal 电子支票付款等则需支付相应的费用。根据服务的不同，收取的费用按服务金额的 1.9%～4.9%不等。另外，PayPal 还分个人账户和企业账户，两者在服务和收费上也有区别。

③通信服务

除了交易平台和网上支付以外，eBay 还有一部分收入来自 Skype 的通信服务。eBay 收购 Skype 时，一方面看重其拥有大量的用户，另一方面也是为了利用 Skype 提供的网络电话服务，让买卖双方能通过在线语音电话或视频电话互相联系，以弥补使用电子邮件沟通的不足。和 PayPal 类似，Skype 既为 eBay 的用户提供服务，也为非 eBay 的用户提供服务。费用方面，Skype 既有免费服务，包括和其他 Skype 用户通话、Skype 视频电话、一对一和团体文字聊天等，也有收费服务。部分费用标准见表 4—11：

表 4—11①

skype 收费功能	部分收费标准
拨打传统电话和移动电话	每分钟起价：0.017 欧元
从备有 skypeln 号码的电话上（附赠免费 skype 语音邮件服务）接收来电	购买 3 个月服务：10 欧元
	购买 12 月服务：30 欧元
收发语音邮件	购买 3 个月服务：5 欧元
	购买 12 个月服务收费：15 欧元
skype 收费功能	部分收费标准
按 skype 通话费率将来电转移至其他电话	购买 skype 信用点数
从 skype 发送 SMS 短信	起价：0.038 欧元
	购买 skype 信用点数
铃声	起价：1 欧元
供您装饰 skype 个人档案的图片	1 欧元
WeeMee 档案图片	1.50 欧元
礼券	起价：25 欧元
耳机、网络摄像头等	起价：10 欧元

① http://www.skype.com

综上所述，我们可以将 eBay 的收入来源归纳如下：一方面是来自其提供的交易平台，另一方面则是来自其提供的配套服务(即网上支付和通信服务)。因此，eBay 的盈利思路基本上就是对使用其服务的用户进行收费。eBay 所提供的服务就是它创造的最大价值，而使用这种服务的用户就是价值的享受者，因此 eBay 自然而然地想到从用户身上寻求利润。为了将这种潜在的盈利可能变为现实，eBay 选择直截了当地对用户进行收费。在收费的时候，eBay 又对其服务进行细分，实行差异化收费。

至于配套服务，其盈利思路与交易平台是一样的。如果用户选择使用这些配套服务，就要为其支付相应的费用。eBay 和提供这些配套服务的网站或企业共同打造了一条价值链，他们之间是双赢、多赢的合作。

总的来说，eBay 的盈利模式可以概括为以直接向用户收取交易平台服务费用为主，并兼以收取配套服务费用为辅。

2. 我国 C2C 电子商务网站的盈利模式

淘宝网自 2003 年 5 月 10 日成立以来，就以其惊人的速度迅速发展成为国内网络购物平台的领头羊，占据了中国网络购物 80%左右的市场份额。“免费”二字让淘宝网迅速崛起，并打败众多对手，成为业界寡头。因此，本节选择淘宝网作为中国 C2C 电子商务网站的典型。下面就对淘宝网的盈利模式进行详细的分析。

(1)淘宝网简介

淘宝网成立于 2003 年 5 月 10 日，是由阿里巴巴公司投资 4.5 亿创办的购物网站。根据 Alexa 网站 2010 年 8 月 26 日公布的数据，淘宝网是目前中国访问量最大的电子商务网站，居于全世界网站访问量排名的第 14 位，中国第 3 位。①

同所有 C2C 电子商务网站一样，淘宝最基础的服务是提供一个交易平台。在这个平台上，卖家可以开店、发布物品信息，买家可以浏览和查找物品信息，并出价购买。

除此之外，淘宝也提供一些配套服务，大体有三方面：网上支付、诚信安全和即时通讯。在网上支付方面，淘宝提供支付宝服务。在诚信安全方面，淘宝要对卖家进行实名身份认证，以保证交易对象的真实身份。其次，淘宝提供了

① http://cn.alexa.com/siteinfo/taobao.com

图 4－30　淘宝网首页

一套信用评价的系统。最后,淘宝还提供网络警察的服务,这些“网络警察”主要负责跟踪监视淘宝网的日常在线交易,并不断制定和完善系统流程中的安全保护措施,以减少和避免网络交易中诈骗行为的发生。在即时通讯方面,淘宝推出了阿里旺旺和站内信件功能,以方便买家和卖家进行沟通交流。

(2)淘宝网的盈利模式

淘宝和前文所述的 eBay 不同,eBay 一直坚持对用户收费,而淘宝一直非常注意自己在媒体和网民中的形象,多次发表公告声称淘宝将免费到底。那么,淘宝是靠什么盈利的呢?

• 通过支付宝盈利

淘宝网成功的原因之一在于拥有支付宝这个第三方支付平台。2003 年 10 月，淘宝抓住了支付风险这个人人回避的市场空白，试探性地发布了“支付宝”服务——买家将货款打入淘宝提供的第三方账户,确认收到货物之后再将货款支付给卖家,同时建立各个交易对象的信用档案,这一创举解决了素未谋面的双方在交易中的信任问题。2005 年 2 月淘宝承诺,如果在交易中使用支付宝出现纠纷时,支付宝负责全额赔付。很快淘宝网上 70%的交易使用了“支付宝”,支付宝的用户数攀升至 200 万。支付宝的担保交易模式为 C2C 买卖双方提供了安全保障。

2009 年,淘宝网成交总额突破 2000 亿元,日交易额 6.26 亿人民币,这些交易绝大多数都是通过支付宝这个第三方支付平台进行的,因此在支付宝中就沉淀了大量的资金。我们可以简单地计算一下，根据支付宝网站发布的数据，支付宝日交易总额超过 6.26 亿元人民币，而通常的交易从买家付款到卖家收到款项最少都需要 3～5 天，我们按照 4 天进行简单计算，每天因为交易而沉淀在支付宝的资金约为 6.26×4＝25.04 亿元。按照 2010 年 8 月 26 日的存款利率，每年的利息收入高达 25.04 ×2.25 %＝0.626 亿元。这仅仅是按照交易额计算的利息收入，不包括有买家和卖家由于个人原因而保留在支付宝中的更大数额的存款。如果淘宝网有一个好的财务管理团队，就可以把这些存量巨额资金利用合理的财务政策进行管理，从而获得比文中简单计算的存款利息更高的收益。

• 通过开发 B2C 来盈利

由于淘宝与阿里巴巴天然的关系，让淘宝网拉近了和 B2C 的关系。淘宝由阿里巴巴公司创立，而阿里巴巴是我国乃至全球的第一家 B2B 电子商务网站。在淘宝诞生之前，阿里巴巴已经成为全球知名的电子商务网站，并成功实现盈利。因此，淘宝可以说是“含着金钥匙出生”了。正是因为有这个背景，淘宝才没有盈利的压力，可以从一开始就宣布“免费三年”。

淘宝和阿里巴巴的结合可谓是多赢，马云打算利用阿里巴巴和淘宝来打造一艘电子商务的航空母舰。C2C 电子商务网站的发展使得一些卖家开始通过 B2B 电子商务网站寻找货源，从而拉近了 C2C 和 B2B 的关系，出现了一种两者结合，形成 B2B2C 的趋势。

而当免费的 C2C 交易积累到大量的注册会员后，淘宝网就推出了它的 B2C 购物平台——淘宝商城。淘宝商城在 B2C 领域中主要定位为商家提供 B2C 的平台服务，不仅给 C2C 市场中的高级别卖家一个提升品牌的机会，更给传统的渠道销售商带来了拓展网络销售渠道的机会。淘宝网自己不去做库存、做物流，而是把这些业务都交给产业链中对这些环节最擅长的企业来做。

加入淘宝商城和使用淘宝商城的商家服务都是需要付出一定成本的。首先，商家加入淘宝商城需向第三方支付一笔 198 元的信息确认费，用于核对用户的身份信息。其次，根据店铺所使用的服务与级别，支付不同的服务费和保证金。基本为每年 10000 元，用于交易纠纷的赔付。当然，商家的级别不同，所支付的保证金也不同。技术服务费由年费、实时划扣部分两部分组成。技术服务费年费为 6000 元/年（商户需在入驻时一次性交纳）；实时划扣技术服务费＝

支付宝成交额(不含邮费)×商品对应的技术服务费率。[①] 部分类目收费标准详见表4—12:

表4—12 淘宝网部分类目收费标准

类目	二级类目	扣点
服饰	所有二级类目	5%
饰品	所有二级类目	5%
运动户外	所有二级类目	5%
家居	热水器	2%
	浴霸	2%
	剃须刀	2%
	其他二级类目	5%
母婴	奶粉/辅食/营养品	2%
	尿片/洗护/喂哺等用品	2%
	其他二级类目	5%
化妆品(含美容工具)	所有二级类目	4%
珠宝首饰(翡翠、黄金)	黄金/K黄金	0.5%
	天然玉石(新增类目)	5%
	天然珍珠(新增类目)	5%
	天然琥珀(新增类目)	5%
	其他二级类目	2%

随着B2C市场的不断拓展,相信淘宝商城将成为淘宝网盈利的又一重要增长点。

• 靠网络广告盈利

淘宝网自2007年7月由其副总裁邵晓锋对外宣布正式启动网络广告业务,将网站中重要的Banner广告位和搜索结果的右侧广告位对外销售。这是淘宝官方正式宣布的首个盈利模式,主要是开拓网络营销渠道,包括品牌旗舰店建设、代理商招募等方式,以帮助广告客户提升品牌、促进销售等。另外,淘宝网还向广告客户推出了增值服务计划,包括品牌推广、市场研究、消费者研究、社区活动等。[②] 据艾瑞咨询发布的数据显示,2011年淘宝网广告收入规模

① http://www.taobaoshopex.cn/post/49.html

② http://www.donews.com/Content/200707/45929119885844b7830a18da05a4be10.shtm

达 87.9 亿元,广告收入占整体收入的 80%～90%。①

- 其他盈利方式

除以上三种主要盈利方式外,淘宝网还有一些正在探索的盈利方式,例如淘宝网通过支付宝开展的个人信贷业务。个人信贷业务的开展,一方面使卖家的资金流转速度加快,从资金方面支持了卖家以及淘宝网的发展,另一方面给银行与淘宝网带来了一定收益。再比如,2008 年 9 月,淘宝网推出"大淘宝计划",旨在为电商企业运营提供全方位的基础服务,如网店管理、营销推广、会员管理、资金流转、仓储物流等。2010 年 6 月 29 日,淘宝网与华数集团下属浙江华数传媒网络有限公司共同投资一亿元人民币,正式成立华数淘宝数字科技有限公司,并同时上线"华数电视淘宝商城"和"淘花网"(www.taohua.com)两大平台,开始进军视频领域。

淘宝奇迹的发生,也要得益于风险资金的支持。另外,淘宝的成功不仅是经济上的成功,以淘宝为首的 C2C 平台还解决了失业人口的就业问题。根据阿里巴巴公布的数据显示,截至 2010 年 4 月底,淘宝网通过卖网货实现就业的人数达到 106 万,广州地区通过卖网货实现就业人数超过 25 万。②

思考题:

1. 概述我国三大门户网站各自的发展特色。
2. 简述门户网站的盈利模式。
3. 简述搜索引擎的盈利模式。
4. 虚拟社区网站的盈利来源包括哪几方面?
5. 根据交易对象的不同,概述电子商务的三大典型模式、代表商及其对应的盈利模式。

---

① http://news.iresearch.cn/charts/112742.shtml

② http://www.tb14.com/tbzx/81447.html

第五章 手机媒体的运营模式

第一节 手机媒体概述

一、手机媒体的定义

目前，学界和业界对手机媒体的定义还没有一个统一的标准，学者们分别从技术、业务内容、传播方式等角度对它作出了界定。

匡文波将手机媒体定义为："手机媒体是借助于手机进行信息传播的工具；随着通信技术、计算机技术的发展和普及，手机就是具有通信功能的迷你型电脑，而手机媒体是网络媒体的延伸。"①

朱海松将手机媒体定义为："手机媒体，是以手机为视听终端、手机上网为平台的个性化信息传播载体，它是以分众为传播目标，以定向为传播效果，以互动为传播应用的大众传播媒介。被公认为继报刊、广播、电视、互联网之后的'第五媒体'。"②

这两个定义都强调手机媒体与网络的融合，强调手机从单一的通信终端向信息、娱乐多功能终端的转变。根据 CNNIC 发布的数据显示，截至 2011 年 6 月底，中国手机上网用户规模达到 3.18 亿人，较 2010 年底增加 1495 万人，手机网民在总体网民中的比例达到 65.5%。到 2013 年，中国手机网民将会达到

① 匡文波：《手机媒体概论》，中国人民大学出版社 2006 年版。

② http://baike.baidu.com/view/1725434.htm

7.21亿，全面超越PC网民。[①] 也许在未来，手机媒体将是比报刊、广播、电视、网络更具人缘的媒体，更有可能成为与央视、著名的门户网站等相媲美的强势媒体。

二、手机媒体的"三次售卖"理论

在传统的媒体经营模式中，媒介、受众和广告商之间是一种相互依存、相互制约的关系。第一次售卖是媒体向受众推销信息，例如将自己的版面或者节目提供给消费者，获得受众凝聚在自己的版面或节目上的注意力；第二次售卖则是向广告商推销这个市场的主体，也就是说将第一次售卖得到的注意力出售给广告商，获得经济回报。从这个意义上讲，传媒经济就是"广告经济"。

中国传媒大学教授、博士生导师刘燕南认为手机媒体加入之后，在传统的媒介、受众、广告商三角关系中间，挤进了一个新的利益体——服务提供商。受众发送或接收有关的媒体信息，服务提供商都要从中按比例提取资费，传统媒体也会获得相应的收益。这就是手机媒体的受众参与带来的媒体由二次售卖到三次售卖的经营模式进化。例如，电视台鼓励观众通过发送手机短信来参与节目的互动，观众每发送一条信息或订阅一条信息，服务提供商都要收取资费，电视台也有相应的收益。媒体在广告商那里兑现观众的广告价值的同时又与服务商一起分享观众参与的利润。例如，《非常6＋1》的电视短信互动节目，红透荧屏的"超级女声"都大量渗入了互动元素，如短信投票、抽奖、竞猜、提问和反映意见等。[②]

三、移动互联网细分行业构成

艾瑞咨询研究发现，2010年中国移动互联网细分行业构成中，移动增值服务份额最高，占比为56.5％。手机游戏和手机电子商务居于其次，分别占比12.9％和10.2％。[③]详见图5－1：

① http://tech.hexun.com/2011－12－26/136669899.html

②③ 刘燕南、文卫华：《论"三次售卖"——兼谈电视互动节目中的受众权益问题》，《中国广播电视学刊》2005年第9期。

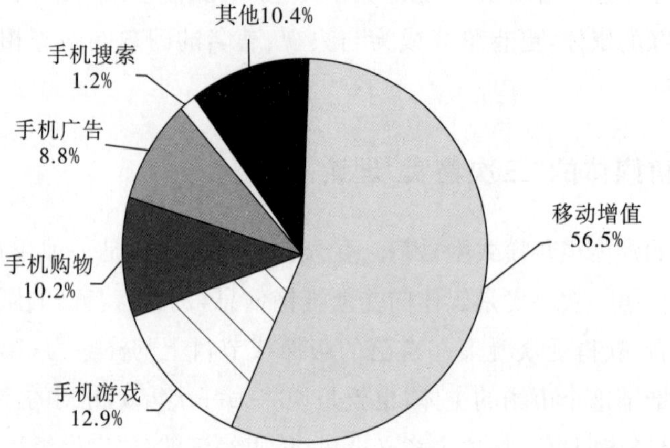

图 5－1　2010 年中国移动互联网主要细分行业构成

注：2010 年中国移动互联网市场规模为 198.8 亿元。

数据来源：综合市场公开信息、企业账报以及对相关企业专家的访谈，根据艾瑞咨询统计模型核算与预估得到。

艾瑞咨询研究发现，中国移动互联网主要细分行业的构成正发生着巨大的变化。详见图 5—2：

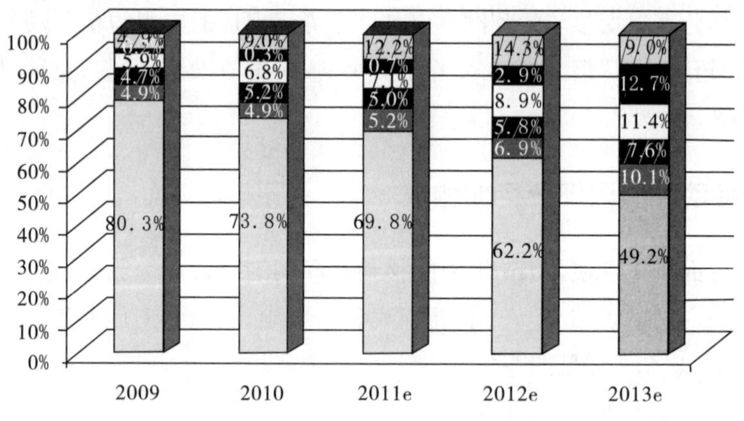

图 5－2　2009～2013 年中国移动互联网主要细分行业构成

中国移动互联网移动增值业务所占比例正在逐年减少。2009 年，中国移动互联网增值业务所占百分比是 80.3%；2010 年，这个比例下降到 73.8%。中国移动互联网的其他主要业务都处于增长的范畴，主要包括手机电子商务、手机游戏、手机广告、位置服务和其他一些细分行业等。其中手机电子商务和位置服务是增长较快的两个细分行业。[①]

就移动增值服务而言，易观国际定义为：基于移动通信网络所提供的增值服务，电信运营商一般叫做移动数据及信息服务。目前主要的增值服务包括语音增值服务、短信服务、彩信服务、IVR 服务、移动互联网应用服务（手机电视、手机报、移动 IM、移动搜索、手机邮箱、手机证券、手机视频等）。移动通信增值服务主要有短信 SMS、彩信、WAP、JAVA/BREW 以及 IVR 五大类。

短信服务（Short Messaging Service，SMS）是各类增值服务中发展最早，相对最成熟，也最被消费者所认可的一项服务。这种短消息的长度一般被限定在 140 字节之内，以文本形式出现。SMS 短信以简单方便的使用功能受到大众的欢迎，却始终是属于第一代的无线数据服务，在内容和应用方面存在技术标准的限制。

彩信服务（Multimedia Messaging Service，MMS）即多媒体短信服务，它可以实现即时的手机端到端、手机终端和互联网之间的多媒体信息传送。彩信与普通短信比较，除了可以承载基本的文字信息外，更配有丰富的图像、声音、数据等各种多媒体格式的信息。

WAP 服务（Wireless Application Protocol）即无线应用协议，是一种向移动终端提供互联网内容和先进增值服务的全球统一的开放式协议标准，是简化了的无线互联网协议。WAP 将互联网和移动电话技术结合起来，使随时随地访问丰富的互联网络资源成为现实。

JAVA/BREW。J2ME 的应用为移动互联网引入了一种新的模型，即允许手机可以从互联网上下载各种复杂的应用程序，并在手机中创造可执行环境离线运行这些程序。

IVR（Interactive Voice Response）即互动式语音应答服务，是一种新型无线语音增值服务。手机用户通过拨打指定号码，可以获得所需信息或者参与互动式服务。

---

① http://www.iimedia.cn/14685.html

第二节 移动通信增值服务应用模式

一、手机电视

(一)手机电视的定义

手机电视又可以称为掌中电视、手机流媒体,其英文名称为 Mobile TV。对于手机电视的定义,国内外学者和专家对此看法不一,尚未有一个明确的表述。在业界,比较有代表性的观点主要有以下几种:

第一种,从接收硬件的角度来界定手机电视的概念:手机电视,顾名思义就是以手机作为载体工具来接收播放电视节目等视频、音频信号。[①]

第二种,把手机电视看做是一种业务:指利用具有操作系统和流媒体视频功能的智能手机观看电视的业务。[②]

图 5-3 中国移动手机电视

第三种,将手机电视视为一种传播媒介:通过一定的光电、声电转换设备,用无线电波或导线传送由活动图像和伴音组成的节目,供人们收视的传播媒介。[③]

(二)手机电视的特点

手机电视媒介作为一种备受关注的新兴媒体,不但融合了传统媒介的传播特征,还延伸了广播传播和网络传播的触角,扩大了信息传播的内涵,同时也使得信息传播产生了更广泛的意义。手机电视具有以下几个方面的特征:

---

① 童晓渝、蔡佶、张磊:《第五媒体原理》,人民邮电出版社 2006 年版,第 169 页。

② 匡文波:《手机媒体概论》,中国人民大学出版社 2005 年版,第 85 页。

③ 王振业:《广播新闻与电视新闻》,武汉大学出版社 2001 年版,第 5 页。

1. 移动性

手机作为一种无线通讯工具，最大优势就在于它的移动性。手机电视相当于一台小型的便携式电视机，轻便小巧，可移动，只要有需求，受众可以随时随地收看节目。比如有突发性事件发生时，用户不必上网，也不必坐到电视机前，可以直接利用手机获取最新的消息。

2. 即时性

手机电视的另一个重要特点就是用户收看的即时性，可以随时体验手机电视带来的娱乐和休闲。每当突发性或时效性强的新闻节目、重大事件、体育赛事的现场直播时，人们可以利用手机随时随地收看电视节目。但目前由于网络速度和带宽的限制，手机电视的下载速度比较缓慢，音效、画面质量不稳定。不过，放眼未来，3G网络技术的发展将彻底解决这一技术瓶颈，手机电视用户的收视状况将得到进一步改善。

3. 个体性

相对于电影的公众性和家用电视的家用性，手机电视表现出明显的私有性，是一种个人化的媒体。与传统电视和移动电视等几个人坐在一起的小团体化的收看方式相比，手机电视是一种极端个人化的媒体或者说私用媒体。

4. 交互性

传统大众媒体的传播方式基本是单向的，受众反馈的信息往往是滞后的，而且很难达到预期的效果，手机电视与传统媒体最大的不同之处就是具有很强的交互性。受众可以一边用手机看电视，一边发短信，使用起来非常方便，能够随时随地与传播机构进行互动，更好地表达自己的观点、看法。

（三）手机电视市场发展现状

1. 全球手机电视市场发展现状

根据艾瑞咨询整理e-Market发布的《2007～2012年全球手机娱乐市场收入规模》数据显示，2009年全球手机电视市场收入规模达到22.4亿美元。[①] 如图5—4所示：

---

① http://news.iresearch.cn/charts/85665.shtml

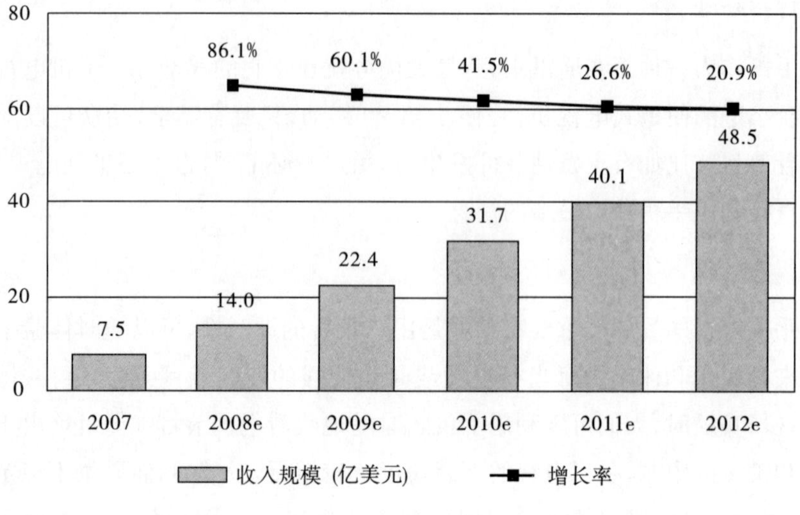

图 5－4　2007～2012 年全球手机电视市场规模及趋势

数据来源：lnforma Telecoms & Media，2008. 2

艾瑞分析认为，目前全球手机电视市场处于市场发展成长前期，整个市场将继续保持快速增长。市场调研公司 Juniper 发表研究报告称，由于可接收数字电视信号的手机数量不断增长，全球手机电视服务销售正进入高速增长期，预计到 2013 年，全球将有 3.3 亿手机电视用户，消费者用于手机电视接收的开支将达到 27 亿美元。美国将成为移动电视服务的最大市场，其次是韩国和中国。①

2. 中国手机电视市场发展现状

中国的手机电视尚处于起步阶段。伴随着人们生活节奏的加快以及消费观念和习惯的改变，手机电视业务市场将会一步步成熟，未来几年呈现高速增长态势。2006 年，我国使用手机电视的人数达 90 万人。2008 年北京奥运会期间，以手机电视为代表的移动多媒体广播投入全面运营，手机电视用户数量超过 1200 万人。随着用户数量的不断增加，用户对收视质量要求的逐步提高以及 3G 平台的搭建，我国手机电视用户规模将进一步扩大（见图 5—5）。

① http://news.iresearch.cn/charts/81970.shtml

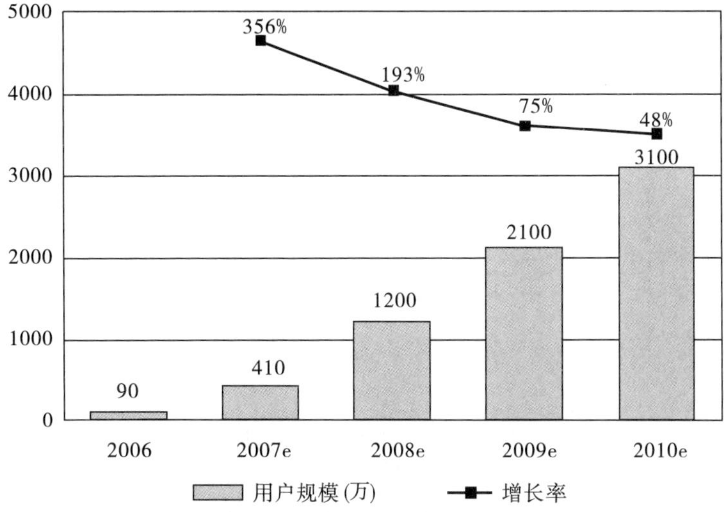

图 5－5 2006～2010 年我国手机电视用户规模及预测

注:手机电视用户指使用手机终端收看视频类电视节目的用户。

目前,我国有多家媒体拥有国家广电总局颁发的《信息网络传播视听节目许可证》(手机电视牌照),分别是中央电视台、中央人民广播电台、中国国际广播电台、上海文广新闻传媒集团、南方广电传媒集团和北京电视台、上海广播电视台、中国网络电视台(CNTV)、杭州华数。此外,乐视网是现在唯一一个拿到手机电视内容牌照的民营网站。

(三)手机电视的盈利模式

在我国,手机电视业务刚刚起步,其盈利模式并不清晰,各个相关的利益群体对产业发展的倾向也大不相同。除了在实验阶段的几个月内,我国的手机电视是有选择性地向用户免费开放外,目前其收费基本上包括数据流量费和内容服务费(信息费)两部分。根据技术与收视方式的不同,手机电视基本上可以分为“广播”与“点播”两种盈利模式。

1.“广播”式手机电视盈利模式——以广电手机电视运营商为例

“广播”式手机电视是一种完全的广播式节目传送方式,它是将公共交通工具上的移动电视终端变为手机终端。其盈利模式属于传统的广告模式(见图5—6):

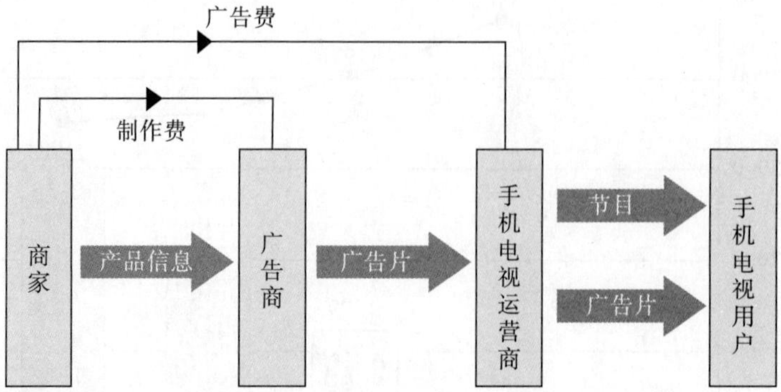

图5-6 手机电视广告收入盈利模式

在图5—6中我们可以看到，节目内容和地面数字无线网络运营完全由广电企业提供，用户只需在手机终端加装一块接收芯片，即可免费收看电视。在这种情况下，用户的电视收看方式与传统的电视收看方式差别不大。

"广播"模式下的盈利方式是通过无线网络免费或者收取用户少量的月租，用户在收看节目时不需要付费，仍属于传统的广告模式。如图5—6所示，主导运营商主要通过大力推播广告节目来实现盈利，而移动运营商只承担特定节目收费的辅助功能。在此模式下，用户分别向手机电视运营商和移动运营商提供月租费、流量费，移动运营商就信息费与手机电视运营商进行分成。①

目前，广电手机电视运营商提供的"广播"手机电视服务多为免费模式。由于用户及用户网络掌握在移动通信运营商手里，对市场推广又缺乏经验，广电手机电视运营商多选择在发展初期，通过免费模式来扩大手机电视用户规模，并在此过程中逐步完善网络质量、丰富内容，最终提升手机电视用户体验。他们初步的打算是，在用户的兴趣培育阶段免费，在第二阶段——需求阶段，实行低收费，在第三阶段——依赖阶段，要细分市场，高端的高收费，中端的中收费，低端的低收费。

2."点播"式手机电视盈利模式——以手机电视投票为例

"点播"式手机电视是指将手机视作移动的多媒体终端，运营商通过移动通信网络传输流媒体信号，用户根据自己的需要点播或下载特定视音频内容的一

① 《国内手机电视运营模式》，http://news.iresearch.cn/0200/20091211/106909.shtml

种运营模式。这种模式是目前“SP(服务提供商)+运营商”合作模式的一种延伸。“点播”模式可以分为用户付费业务模式和交互营业模式。比如,2010 年 6 月 11 日至 2010 年 7 月 12 日世界杯期间,移动客户可通过手机电视看世界杯直播,还可以通过手机电视参与世界杯赛事相关的互动问答竞猜活动。

(1)用户付费业务

用户付费业务模式一般有两种:一是计次收费,即按照用户实际点播的数来确定收费额;另一种收费方式是用户定制节目内容,针对经常使用手机电视的用户,移动运营商每月向其收取定额的信息费和流量包月费用,以此来提供相对充足的视频直播和点播服务(见图 5—7)。在这种用户付费模式中,服务提供商每月都要向移动或者联通申报业务,将产品的定位、内容、界面等交给移动公司审核通过。用户通过移动通信运营商的网络平台订制由服务提供商制作的电视节目,最后再由移动运营商和 SP(服务提供商)根据协议进行利益分成。

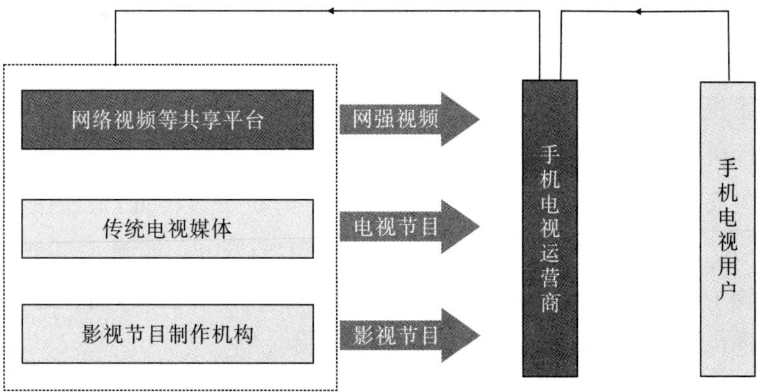

图 5-7　用户付费业务盈利模式

(2)交互业务

交互业务可以说是手机电视的一项增值业务,具有十分广阔的发展前景。用户只需要支付少量的月租费就可以收看电视节目。在收看节目过程中,用户可以通过短信、电话、手机上网等多种方式参与,实现与电视节目的互动。这种业务具有双向性的特点,还可以借此提高收视率,从而获得更高的广告收益。下面我们简单地分析在交互业务模式下产生的两种手机增值方式。

①手机电视投票

互动电视投票是传统有线电视开拓的一种崭新的业务模式，例如，前几年的《超级女声》即采用此种投票方式大获成功。从图 5—8 中我们可以看出，其盈利模式是用户提供投票费用给手机电视的移动运营商，再由移动运营商根据协议支付相应的版权费用给 CP(内容提供商)。

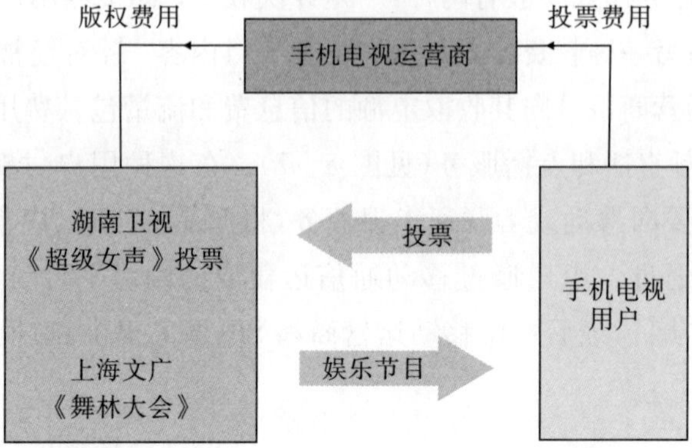

图 5-8

②手机电视购物

在手机电视购物模式下，购物公司通过手机电视运营商的网络为手机电视用户提供商品打折信息，用户通过移动电话展开进一步咨询，最后用户可以通过移动通信网付费购买商品，商家则提供送货上门服务。如图 5—9 所示，手机电视购物中，手机电视运营商不仅可以从厂家获得广告费用，而且通过手机电视业务还可以提高移动用户的话务费，从中获利。

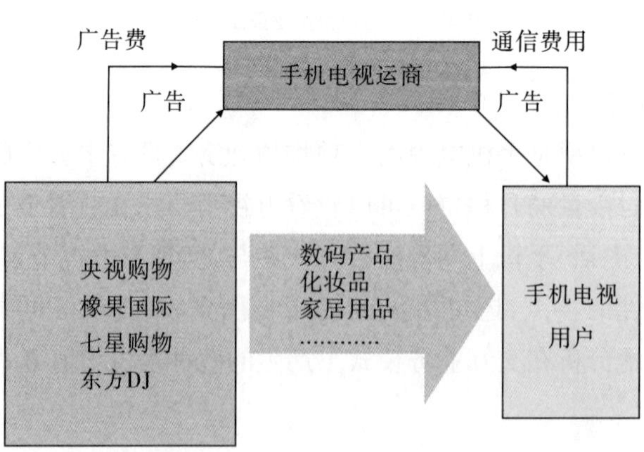

图 5-9

二、手机报

(一)手机报概述

1. 手机报的定义

从 2004 年 7 月 18 日国内第一份手机报——《中国妇女报·彩信版》诞生，到后来河北、浙江、江西、广东、重庆、成都等地报业集团纷纷试水手机报，产生了诸如《浙江手机报》、《华西都市报》"声讯版"等各类形态万千的手机报，中国手机报纸已经走过了八年的风雨历程。

图 5－10

作为目前发展最为迅速、内容最为丰富的手机媒体之一，国内外业界对手机报给出了不同定义，比较有代表性的定义主要有以下几种：

"手机报是指将纸质报纸的新闻内容，通过移动通信技术平台传播，使用户能通过手机阅读到报纸内容的一种信息传播业务。"①

"手机报纸就是以手机等移动终端为载体，将电子信息、服务资讯传递给用户的一种媒体，其形式上应适合手机屏幕，手机的操作、阅读习惯，内容上注重个性化，即时互动性，并提供一些特色资讯服务。"②

"手机报，是纸质媒体'嫁接'手机载体，电子化传播新闻信息的新媒介。它

---

① 匡文波:《手机媒体概论》,中国人民大学出版社 2006 年版,第 54 页。

② http://www.cn-java.co/target/news.php? news_id=3339

是传统报纸与新型电信增值业务相结合的产物，由报纸、移动通讯商、网络营运商联手开通信息传播渠道，用户灵活机动地在手机上浏览新闻。”①

上述有的从传播角度进行定义，有的从载体角度进行定义。综合上述定义，我们认为，所谓“手机报”，就是将传统报纸信息经过整合编辑后变成适合在手机上观看的新闻，再基于GPRS等无线网络技术的彩信业务平台将其通过彩信(MMS)发送到用户的手机，或者用户利用WAP连接到网络直接浏览信息的一种全新的传播模式。

2. 手机报的业务类型

手机报根据划分标准的不同可以分为不同的类型。就内容来说，手机报提供的资讯内容包括新闻、财经、娱乐、生活、体育等，并以具体“报刊”产品体现相关内容，即“一份报纸一个业务”。就传播范围来说，根据区域可将手机报分为全国手机报和地方手机报。地方手机报更贴近当地老百姓的生活。从技术条件来看，国内手机报可以分为五种类型：短信手机报、彩信手机报、WAP手机报、IVR手机报和软件版手机报。在3G技术普及之前，彩信版和WAP版手机报表现形式多样，使用简便，阅读方便，用户体验较佳，是国内现阶段的发展主流。

3. 手机报的传播模式

根据手机报的传播内容，可分为加工型传播模式与原创型传播模式。

如图5－11所示，左侧一边表示加工型传播模式，而右侧一边代表了原创型传播模式。两种传播模式都是以读者为中心，区别是各自涉及的终端部门数量和流经的采编环节不同，这也直接影响了两种传播模式的价值链和商业模式。目前普遍使用的是左边代表的加工型传播模式。

(1)加工型传播模式

这种模式的手机报内容来源于传统报纸和网络，缺少内容的原创性。从图5－11的左侧我们可以看出，前期，原始信息在经过传统报纸记者和编辑的采写和处理后成为新闻事实，再转化为刊登在报纸或网络上的新闻。后期，进行二次内容加工，把这些刊登在报纸或网络上的新闻进行压缩、精练、改写等编辑过程，形成适合手机报刊发的篇幅字数和表现形式，再由技术供应商运用相关的软件设备将其转换格式并录入移动通信平台，然后由移动运营商激活编码，通

① 罗建华：《手机报纸的现状与前景》，《新闻前哨》2006年第6期，第11页。

过移动通信网络发送到读者的手机终端上。手机报读者获取新闻资讯后，还可以通过登录互联网或短信平台的方式将自己的报评、对报纸的建议即时发送到手机报编辑那里，进行更有效的互动和沟通。

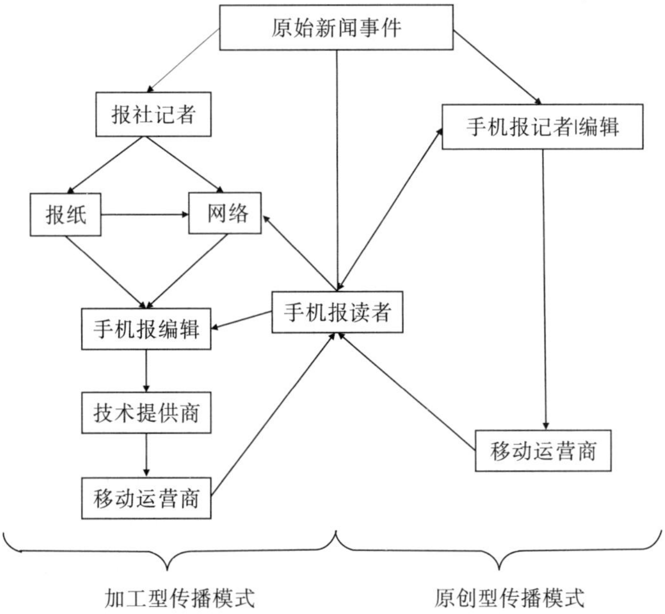

图 5－11①

(2)原创型传播模式

“内容为王”是媒体竞争中持久不变的硬道理。目前，一些手机报开始尝试原创性内容传播来保持自己的个性化特色。例如，2006 年全国“两会”，以主流媒体为主导，开创了手机正式作为一种新媒体全面报道“两会”的先河。2007 年 10 月 14 日至 22 日，由新华社、中国移动创办的“十七大手机报”共发刊六期，发行量高达 1.5 亿份。最高一期的发行量突破 3000 万份，也就是说，当天平均每 40 个中国人就收到一份“十七大手机报”。“十七大手机报”创造了传媒领域的诸多项第一，即：第一个专为全国党代会创办的新兴媒体；党代会期间发行量第一的媒体；读者留言数第一的媒体；第一个采用“即时出报”方式报道新一届政治局常委与中外记者见面会的媒体。

① 江南：《中国手机报的传播学解读》，大连理工大学 2008 年硕士毕业论文。

手机报的原创型传播模式减少了信息传播的中间环节。一方面，在一些重大突发事件的第一现场，手机报记者直接参与新闻的采写，获取第一手新闻素材，快采快编，在第一时间内直接编写手机报通过移动通信平台传播到手机报读者的终端上；另一方面，手机报读者也可以成为事件的目击者，即时向手机报记者提供新闻源或者把信息直接传播给其他手机报读者。这种传播模式中所传播的内容均为原创性的内容，也是信息内容的第一次加工。

(二)手机报的运营模式

手机报的运营模式有两类：一类是全国运营模式，一类是地方运营模式。

全国运营模式即全国性报刊利用电信、网络公司打造的手机报。例如，中国第一家手机报《中国妇女报·彩信版》即为此类。后来，新华社旗下的几乎所有的报纸和杂志(如《参考消息》、《中国青年报》等)也与北京好易时空联手推出了各自的手机报。北京好易时空公司拥有中国移动全网彩信牌照，这种由中国移动负责提供技术平台、由报刊负责内容推广的模式迅速得以推开。

第二种是地方运营模式，即地方报刊利用当地的电信公司打造的手机报纸。例如，2005 年 5 月，由浙江报业集团、浙江移动通信有限公司和浙江在线联手打造的浙江手机报，成为中国第一份省级手机报，开创了地方手机报模式。2006 年以来，沪上解放日报报业集团、文汇新民联合报业集团也先后推出了手机报。如文汇新民联合报业集团与上海移动、联通通信公司合作，推出了自己的手机报 news365。

(三)手机报的盈利模式

手机报和传统报纸的盈利模式不同，传统报纸主要靠发行和广告盈利，而手机报则主要通过三种手段实现盈利：一是对彩信订制用户收取包月订阅费，比如目前各种手机版用户，包月费用为 3 元到 25 元不等；二是对 WAP 网站浏览用户按时间或 GPRS 流量计费；三是借鉴传统报刊的做法，通过广告吸附来实现盈利。

1.收取包月订阅费——以《四川手机报》为例

彩信版手机报一般对订制用户收取包月订阅费，包月费用一般在 3 元到 25 元之间不等。如中国第一份手机报《中国妇女报·彩信版》开通初期包月费为 20 元，《四川手机报·彩信版》目前的包月费一般为 5 元，某些获得移动公司活动赠送业务的用户可有三个月的免费试用，三个月后如不取消订制则开始计费。

一般来说，通过发送彩信的方式对订制用户收取包月订阅费，基本上与传统纸质媒体的盈利模式相同，不同的是媒介终端差异，一个是传统的纸质媒体，一个是手机媒体。目前这种模式主要是由通讯网络运营商收取彩信流量费，彩信增值服务商和内容提供商分享订阅收入，这种每月 3 元、5 元、8 元不等的包月订阅费至今已经被很多用户接受。

2. GPRS 流量计费——以《华西手机报》WAP 版为例

WAP 版手机报是根据用户浏览 WAP 网站的时间或 GPRS 流量计费。例如，用户手机上网使用《华西手机报》WAP 版，需支付手机上网 GPRS 通信费，按当前 GPRS 通信费标准资费执行。目前，中国移动 GPRS 流量计费标准为 0.01 元/KB，如果要长期浏览 WAP 版手机报，可以办理 GPRS 流量经济套餐或者通过某些话费活动获取 GPRS 流量赠送。由于按流量计费是技术导向或成本导向的，而非客户导向或需求导向的资费方案，流量对于用户而言是处于后台的东西，无法感知的，即便是专业人士只借助手机也无法立即计算出一份手机报的流量，这样导致计费的不明确会使用户对使用 WAP 型手机报心存疑虑，而且目前中国的 GPRS 流量计费标准比较昂贵，导致用户对 WAP 型手机报的使用率不太高。①

3. 用广告来实现盈利——以《广州日报·手机报》为例

广告模式借鉴了传统媒体的“二次售卖”理论，“第一次售卖”是媒体将讯息(即手机报内容)售卖给订阅读者，“第二次售卖”是将手机报读者的注意力资源售卖给广告商。这里的“第一次售卖”即是前面提到的订阅费盈利，而“第二次售卖”则是广告盈利。

在 2007 年 9 月 24 日召开的互联网大会上，无线广告专家、分众无线副总裁王毓如曾提到：“无线互联网上访问的载体是手机，手机和每个人身份相绑定。一个手机号码代表一个人，每一个用户的身份都是清晰的，这样广告的投放就有很高的精准性。”从广告发布的角度来看，手机报是一个潜力巨大的广告平台，手机报广告的形式也多种多样：软文广告、硬广告、图片广告、音频广告、

① 汪勇：《论我国手机报的形成、特点及发展前景》，http://www.luwentianxia.com/product.sf.3925364.1/

视频广告等；另一方面，手机报可以挑选出如体育、财经、娱乐等栏目，提供给一些公司冠名，或者通过企业点播赞助活动来进行广告推广。

《广州日报·手机报》的广告嵌套一般就有三种方式：一是软文广告，以文字资讯为先导，夹带图片、地址等相关信息。比如某语言培训机构邀请某国际大师来穗做免费演讲，读者可通过手机进行报名。从文字信息上看是提供免费的学习机会，实际上嵌套该语言培训机构的广告，同时培育了手机报读者的积极性，可谓一举两得。二是传统方式的硬广告投放，采用广告图片或精练的文字广告，像汽车广告、美食广告、其他广告优惠券等。三是企业专刊的形式，即制作广告主所宣传内容的专题或手机报。例如，2009 年新推出的“广州日报新光手机杂志”即是给广州新光百货制作的会员配套手机报，发送频率是每天一期，3 元包月，内容包含丰富的新闻、娱乐、休闲、时尚等资讯，重要的还有新光百货最新的打折优惠和促销活动等信息。

广告嵌套还可根据手机特性，制作与读者充分互动的内容。如可以制作二维码图片、静/动态折扣优惠券、供用户出示使用的消费凭证等。团购也是很好的互动与广告营销模式，读者通过短信互动参与方式，例如发送 A 到指定端口号，实现招募会员的目的，还可享受团购优惠。[①]

目前，国内手机报的盈利渠道主要还是依赖彩信版手机报的订阅费用。但是，据对国内手机报发展最好同时也是经济最为活跃的广东、浙江等地的手机报的了解，目前付费订户在 10 万户以上的手机报为数不多，市场尚处于培育期，手机报要想获得长远收益还要建立更好、更新的盈利模式。

三、手机移动搜索

(一)手机移动搜索概述

1.手机移动搜索的定义

手机移动搜索也叫无线搜索，是指用户使用手机终端和移动网络，借助短信、WAP 等方式进行信息、图片和视频等内容搜索服务。随着科技的高速发展，手机已经成为了

图 5－12　Google 手机图片搜索

① 《〈广州日报·手机报〉广告嵌套与盈利模式探究》，http://www.sjkooo.com.cn

信息传递的主要设备之一，而且随着手机技术的不断完善和功能的增加，利用手机上网也已成为一种获取信息资源的主流方式。

2. 手机移动搜索的分类

(1)根据搜索实现方式的不同，分为短信搜索、WAP搜索、IVR搜索

短信搜索对于网络及终端的要求不高，一般2G网络就足以胜任。手机用户输入自然查询语句或是关键词，发送短信到指定的号码，十几秒后就可以得到准确的查询信息。Google、中国连线、明复等都已经推出了短信搜索业务。WAP搜索则需要移动网络能承载基于WAP协议的数据业务，若需要同多媒体应用相结合，则还需要智能手机终端的支持。IVR搜索指互动式语音应答接入方式的移动搜索。

(2)根据搜索的内容不同，分为站点搜索和垂直搜索

站点搜索主要是针对WAP站点及内容的搜索，它的信息量是很大的。垂直搜索能够使用户更加快速地找到自己需要的内容或是服务，搜索特定类型的内容与服务，例如图片搜索、音乐搜索等，精准性很高。不少搜索厂商纷纷主动投入到移动搜索垂直领域中，如Google、Yahoo都各自推出了专业化垂直搜索服务，国内结信网络推出了专业的搜索音乐类内容的服务——“5010搜乐”。

(3)根据移动搜索用户的活动特点，分为手机本地搜索与手机互联网搜索

手机本地搜索服务包括购物(商城)、地图搜索、公共信息服务和手机黄页服务。这些本地搜索服务是以移动搜索引擎为核心应用，延伸出比价搜索、位置搜索等应用于不同的手机本地服务中。手机互联网搜索指的是WAP搜索(无线互联网)和互联网搜索两种。手机用户无论处于本地或是漫游状态，都可以通过手机随时搜索来自免费的WAP网站和互联网网站的信息内容。

(二)手机移动搜索的现状

1. 国外移动搜索发展情况

据艾瑞市场咨询整理eMarketer统计数据显示，2006年全球手机移动搜索广告收入为700万美元。随着手机移动搜索技术的提高，越来越多的手机用户开始使用手机移动搜索，到2006年，手机移动搜索用户的数量已经达到了2.66亿人，手机移动搜索广告的收入也将随之出现巨大增长。预计到2011年，手机

移动搜索广告的收入将达到 23.62 亿美元(见图 5—13)。①

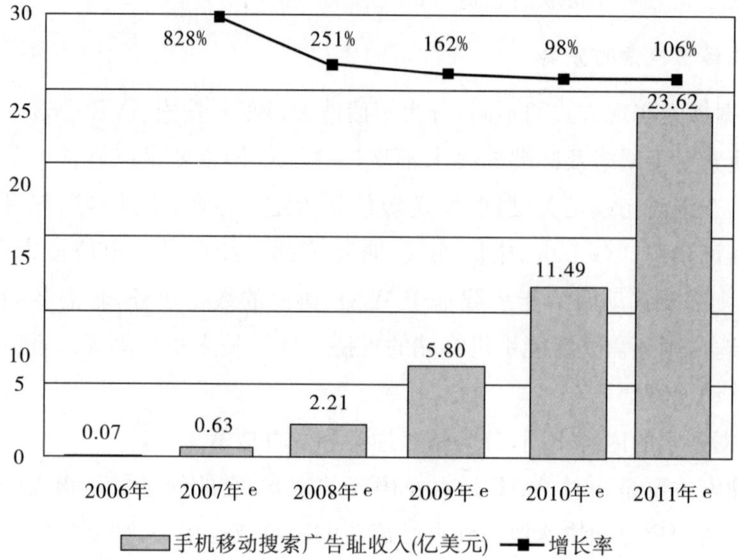

注: 手机移动搜索广告收入指销售手机移动搜索结果图片或文字链的收入。

资料来源: eMarketer.2007年7月

图 5－13　2006～2011 年全球手机移动搜索广告收入

英国是手机移动搜索产业的发源地。2002 年 8 月,英国首次推出了一项通过手机搜索音乐名的服务。用户在任何地方听到的音乐,都能通过手机搜索到乐曲名。在搜索乐曲名时,用户只要用手机拨打特定的电话号码,接通后用手机话筒朝向音源方向约 20 秒钟即可。录完 20 秒后电话会自动挂断,然后在一分钟内,用户的手机就将收到正文中标注了该乐曲名的电子邮件。2004 年 5 月,英国 IssueBits 推出 AQA(Any Question Answered)收费搜索服务,标志着移动搜索的正式开始。从 2004 年收到的第一个问题“伦敦的人口是多少”到后来五花八门有趣的问题,AQA 总能在最短的时间内给予用户答案,俨然一部移动的百科全书。

在美国,2004 年 10 月,Google 与美国六大无线运营商(AT&T、Cingular、Nextel、Sprint PCS、T-Mobile 和 Verizon Wireless)联合推出了基于短信(SMS)的

① http://news.iresearch.cn/charts/68956.shtml

搜索服务。手机用户可以通过短信搜索互联网的内容，并通过本地搜索得到诸如当地餐馆、购物地点的信息。通信运营商从中收取 0.05 美元到 0.1 美元不等的费用，而 Google 则不收取任何费用。2005 年 7 月，Yahoo 深化了自己的移动搜索服务，与 Cingular、Sprint 和 Verizon 等电信运营商联合推出了新的 SMS 移动搜索服务，允许用户向 Yahoo 发送短信询问信息，并在手机上得到文本格式的回复信息，诸如天气预报、股票行情、商店地址等。再比如，在纽约，你如果想吃比萨饼，很简单，直接给 Google 发条短信就可以了。短信发出去后，Google 会回复你，在哪个区域有哪几家店，哪个收费更便宜。还有，如果你迷路了，直接给 Google 发短信，Google 可根据你的手机的辐射信号，准确地发短信告诉你该怎么走。

而在亚洲，微软（日本）公司与手机内容服务商 Cybird 于 2004 年共同推出了 MSN 移动搜索服务。2006 年 5 月，互联网搜索巨头 Google 对外宣布，与日本第二大移动运营商 KDDI 合作推出手机移动搜索服务。

2. 我国移动搜索发展情况

中国的移动搜索产业从 2004 年开始试点，其他搜索技术与发达国家相比基本同步，但是就市场而言，目前国内移动搜索尚处于市场培育阶段。国内多数先行进入该市场的厂商都是采取免费的信息服务方式，培育用户习惯，建立稳固的用户群。

2004 年 12 月，北京 Gogo 科技公司开发了手机上网搜索引擎——Cgoo。它与中国移动、中国联通两大通讯网络运营商捆绑在一起，成为国内首个在全国范围内开通的手机搜索引擎。Cgoo 无线搜索技术是全球独有的“无线搜索引擎”专利技术，也是全球第一个实用化的无线搜索技术，于 2005 年 3 月收费运行。继 Cgoo 之后，2005 年 11 月，上海网村推出了手机中文搜索引擎——悠悠网。2007 年 1 月 4 日，Google 与中国移动联手推出移动搜索服务，四个月之内，覆盖中国移动 70% 的用户。我国的手机用户基数很大，受 3G 商用及移动搜索商业模式逐渐多元化的影响，2011 年中国移动搜索市场将步入理性成长期，届时中国移动搜索市场收入规模将达到 15.1 亿元。中国将是世界最大的移动搜索市场。[①]

---

① http://news.iresearch.cn/0468/20091227/107799.shtml

(三)手机移动搜索的盈利模式

现阶段说到手机移动搜索的盈利模式,或许不能称为模式,只是最早期的一个收费标准,因为,虽然有很多搜索服务商都看好这个市场,但是说到是否盈利、盈利多少,还是有很多企业在做烧钱的买卖。所以,我们就谈谈它的收费模式。我们认为手机移动搜索的收费模式主要有两种:一是用户端收费,二是企业端收费。

1. 用户端收费

目前,国内移动搜索产业处于发展初期,用户使用规模仍有较大的上升空间。移动搜索服务商为了培育用户群,在当前这个发展阶段没有向用户收取服务费。如果市场成熟后可以采用下列形式收费:

(1)套餐形式收取固定费用——以中国移动的"动感地带"套餐为例

"资费业务套餐"这个概念现在有很多运用了,例如像中国移动的套餐等,都给用户带来了短信和通话费用方面的优惠。移动搜索服务费用也可以采用这种形式,针对用户的一些订制服务推出套餐价格,如用户每天要查询天气预报、股票行情等信息,服务商就可以按月为单位收取合理的套餐资费。

(2)特色服务收费——以美国的 Synfonic 和 Smarter 为例

随着移动搜索业务不断地推陈出新,仅仅靠套餐来吸引用户,实现的利润十分有限,所以需要开设独具特色的搜索内容和业务。美国的 Synfonic 和 Smarter 在这方面就很成功。他们提供的是比价和询价的垂直专业搜索服务。比如用户向搜索引擎发送" Cas102500",就会收到针对此产品不同零售商的最新报价。这样便捷的比价服务牢牢抓住了用户群,用户在购物前都会先请教 Synfonic。这样,用户也乐于付费。

2. 企业端收费

互联网搜索的盈利模式主要是依靠竞价排名和广告费用,但是移动搜索在技术方面还有很多不足,不能简单照搬。未来移动搜索企业端收费可能也是以竞价排名和广告为主,但是要实现这两部分盈利,首先需要解决技术题。

四、手机即时通讯

(一)手机即时通讯概述

手机即时通讯是指用户通过手机终端和移动网络,使用即时通信服务。目前由于网络的限制,移动即时通信还不能像在互联网上那样通达全球各地。因而,未来这种跨网络、跨国界的移动即时通信就可能成为人们所期待的一种新的应用,这也将为全球的移动运营商带来新的机遇与挑战。

就功能而言,移动即时通信业务是将固定线路电信市场上的电脑用户中普遍使用的即时通信服务的范围延伸到手机上,提供如下主要功能:实现用户状态的呈现与管理、提升业务体验,包括属性订阅、通知、取消订阅。其中,属性可以是对方是否在线、正在干什么(开会、吃饭等)、心情、客户端能力、爱好等信息,提供点到点、点到群组的消息传送能力,可发送文本及多媒体等等。

图 5－14

(二)手机即时通讯市场现状

2010 年 7 月 15 日,中国互联网络信息中心(CNNIC)发布《第 26 次中国互联网络发展状况统计报告》显示,中国网民规模达到 4.2 亿,手机网民规模更达 2.77 亿。其中,在手机上网方面,报告称,我国网民手机网络应用平稳发展,网民在信息获取和交流沟通类应用上使用率较高,截至 2010 年 6 月,手机即时通信使用率位居首位,达到 61.5%。[①] 而在用户使用手机即时通讯频率方面,平

① http://news.iresearch.cn/0468/20091227/107799.shtml

均每周使用6～7天的用户比例最大，超过一半用户，占比为51.3%；平均每周使用3～5天的用户比例也超过20%；平均每周使用少于1天的用户比例为13.0%（见图5－15）。这说明大部分用户已经形成了较为成熟的手机使用习惯，具有一定的应用依赖性，手机即时通讯已经成为这部分用户生活中不可缺少的部分。

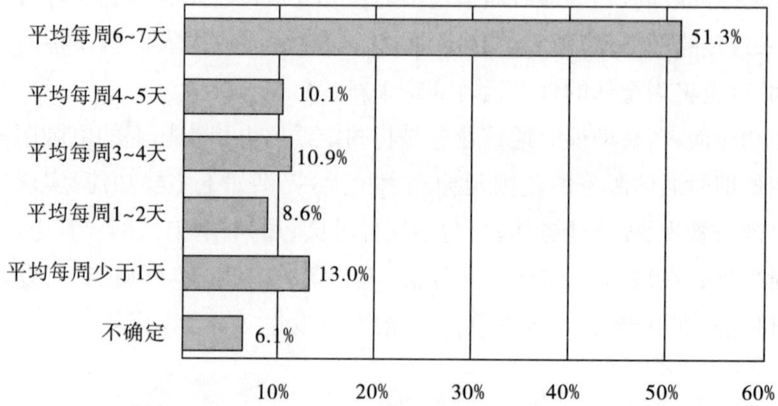

样本描述：N=22305; 于2010年2~3月在10家主流手机网站联机调研所得

图5－15　2010年中国手机即时通讯用户每周使用频率

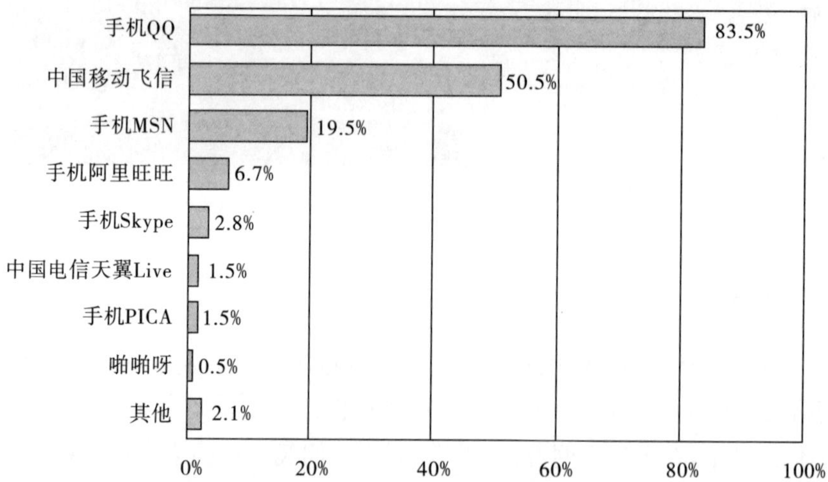

样本描述：N=22305; 于2010年2~3月在10家主流手机网站联机调研所得

图5－16　2010年中国手机即时通讯用户常使用的软件分布

在目前国内手机即时通讯软件市场中，新兴软件层出不穷。用户并不仅限于使用单一手机即时通讯软件，随着软件竞争服务的日趋激烈，越来越多的用户使用两种以上软件。艾瑞调研数据显示，在手机即时通讯软件市场中，有83.5%的用户使用手机QQ，在整个行业中居于首位；手机飞信以50.5%的市场渗透率紧随其后；手机MSN则以19.5%的市场渗透率位列第三；手机阿里旺旺依托背后的淘宝网交易发展迅速，现在市场渗透率为6.7%（见图5－16）。

（三）手机即时通讯的盈利模式

虽然手机即时通讯的用户数量在逐年增加并日趋稳定，但是作为一个产业而言，手机即时通讯的盈利模式还不清晰、不成熟。国家信息化测评中心常务副主任姜奇平认为，“手机即时通讯和短信的盈利模式很相似，但是短信的盈利模式要比即时通讯更清晰。尽管QQ经营得不错，而且在盈利，但是相对于短信这种成熟的盈利模式来讲，它只是一个‘点’，还没有像短信那样形成一‘面’，短信更注重平台的建设，但即时通讯目前还很难找到谁是公用的平台。即时通讯厂商都有各自运营的窗口，这是即时通讯发展的一个瓶颈。这个问题不解决，即时通讯到底能走多远很难说。”[①]

但是就手机即时通讯的发展前景来看，它在中国的盈利前景应该是比较好的。由于中国特殊的国情，依托通讯平台取得的收益都会比依托PC平台的大一到两个量级。比如，如果基于PC的收益是200万，那么基于通讯平台的就是2000万。这是因为基于通讯的应用非常简单，绝大部分人都可以使用，但是使用电脑则需要具备一定的知识水平，这样就会影响电脑的普及面。相比较而言，这样的情况在美国就不明显，因此，美国的短信就不如中国发达。

思考题：

1. 根据技术与收视方式的不同，手机电视的运营模式有哪些？
2. 手机媒体的“三次售卖理论”指的是什么？
3. 简述手机电视的盈利模式。
4. 简述手机报的传播模式和运营模式。
5. 简述手机移动搜索的盈利模式。
6. 简述手机即时通讯的盈利模式。

---

① http://finance.sina.com.cn/roll/20050205/20221353474.shtml

第六章
IPTV 与数字电视的运营模式

第一节 IPTV 的运营模式

一、IPTV 概述

（一）IPTV 的定义

IPTV 全称是“Internet Protocol Television”，中文名称是“互联网协议电视”，也叫交互式网络电视。按照国际电联的定义，IPTV 是指通过可控、可管理、安全传送并具有质量保证（QoS）的无线或有线 IP 网络，提供包含视频、音频（包括语音）、文本、图形和数据等业务在内的多媒体业务；其中，接收终端包括电视机、掌上电脑（PDA）、手机、移动电视及其他类似终端。现阶段我国的 IPTV 特指通过可控制、可管理、具有质量保证（QoS）的有线 IP 网，提供基于电视终端的多媒体业务。①

IPTV 是利用宽带网，以家用电视机（或计算机）作为主要终端设备，集互联网、多媒体、通信等多种技术于一体，通过互联网络协议（IP）向家庭用户提供包括数字电视在内的多种交互式数字媒体服务的一种崭新的技术。简单来说，IPTV 可以理解为电信运营商对家庭视频业务的终端延伸，对于广电企业来说，则是在传统终端基础之上的业务延伸。

① 石磊：《新媒体概论》，中国传媒大学出版社 2009 年版，第 43 页。

(二)IPTV 的特点和应用

IPTV 是利用宽带有线电视网的基础设施,以家用电视机(或计算机)作为主要终端电器,通过互联网络协议来提供包括电视节目在内的多种数字媒体服务。该技术囊括了互联网、电视网、电信网的功能和优势,可以非常容易地将电视服务和互联网浏览以及多种在线信息咨询、教育、商务、娱乐功能结合在一起。其特点表现在以下几个方面:

1. 用户可以获得高质量的(接近 DVD 水平的)数字媒体服务。

2. IPTV 用户不再是被动的信息接受者,可以根据需要有选择地收视节目内容。IPTV 颠覆了电视观众的"受众"定位与电视传媒的"传者"定位,使传播者与接受者之间的位置不再是固定的或先在规定的,而是不断地在互相共享的、移动的。

3. 用户可有极为广泛的自由度选择宽带 IP 网上各网站提供的视频节目。

二、IPTV 行业发展

(一) 国外

20 世纪 90 年代中期,美国在线即开始了 IPTV 的尝试,加拿大传统电信公司曼尼托巴电信和萨斯喀萨温电信开通了网络电视业务,法国电信在 2003 年年底开始 IPTV 服务。根据来自 Informa Telecoms and Media 的一项研究显示,2007 年 IPTV 用户总数增长了 117%,从 2006 年年底的 571 万达到 1234 万。

2003 年以前是 IPTV 发展的试水阶段,亚洲和欧洲运营商刚刚进入市场,但因为用户增长速度较慢,业务不好拓展。2003~2006 年是 IPTV 发展的启动阶段,欧洲不仅开始全面部署,在亚洲,也有越来越多的国家开始投身到 IPTV 中去。北美也初见起色,IPTV 不断产生新业务、新的运营商,运营模式也慢慢成形。

2006 年之后,IPTV 进入高速发展期。2004 年,全球 IPTV 用户仅仅有 190 万,2006 年就高达 800 万,2007 年用户达到 1470 万,2011 年将突破 1 亿。2006~2008 年是市场成长期,用户增长仍保持较快的速度,用户数逐年增多。2008 年后进入高速发展期,随着市场规模的扩大,IPTV 业务在越来越多的国家和地区得到广泛使用,全球 IPTV 市场收入呈现稳步上升趋势。

到目前为止，世界上最大的IPTV使用区域仍是欧洲地区，其IPTV用户数在2007年超过690万，占全球总数的57%。绝大多数在法国的用户依附于法国电信以及其他可供选择的运营商们，包括Free、Neuf以及意大利电信的Alice，运营商们通过在宽带上捆绑免费业务来吸引500多万IPTV用户。该国拥有近10倍的和西班牙一样多的IPTV用户，并且接近于西欧总数的75%。①

（二）国内

艾瑞市场咨询根据Kagan Research统计数据显示，与2005年相比，预计2015年亚太地区IPTV家庭用户规模将发生较大变化，中国和印度将进入前三。2005年香港地区有57.4万家庭使用IPTV，居排名首位，中国仅位列第四，家庭用户规模为6.5万。预计2015年，中国使用IPTV的家庭数量将达到2001.1万，取代香港地区位列第一，而印度也将以306.6万IPTV家庭用户进入前三。②

据流媒体网最新统计，截至2009年12月底，中国(除香港、台湾外)IPTV用户数达到470万。中国电信的IPTV用户2009年达到362万，其中上海以101万居首，江苏78万、广东71万，分别位居第二、三位。

我国运营IP电视业务必须获得国家广电总局颁发的《信息网络传播视听业务许可证》。目前，国家广电总局已为上海电视台、中央电视台、广东南方广播影视传媒集团等颁发全国性IP电视运营牌照，为浙江广电集团颁发地方性牌照，同时还批准IP电视业务可在黑河、牡丹江、大连、沈阳、盘锦、西安、福州、台州、厦门、汉中等城市落地。中国电信、网通通过IP网络与组织部门合作开展的党员教育服务也被称为IP电视业务，但尚未取得《信息网络传播视听业务许可证》，因此，该项业务仅以提供党员教育信息为主。

三网融合试点方案是国家近期出台的一项重要政策，规定了“IPTV的内容播控权”。2010年6月6日，国务院副总理张德江召开国家三网融合协调小组会议，通过了三网融合试点方案第五稿。据悉，工信部、国家广电总局僵持不下的“IPTV内容播控权”，最终独归广电。广电亦正式获准进入电信重要业务领域，“通过完整有线网开展互联网接入、数据传送及IP电话业务”。③ 广电因此

① 《2007年IPTV用户高达117%达到1234万》，http://www.cnii.com.cn/20080308/ca454448.htm

② http://news.iresearch.cn/charts/65223.shtml

③ http://finance.qq.com/a/20100608/000767.htm

成为最大的赢家。

三、IPTV的运营模式

IPTV作为电信运营商转型时期的产物,承载了许多历史使命,但从整个产业链来说,我国现阶段的IPTV发展还不太成熟,盈利模式不清晰,则主要应归于国家政策监管体系、产业链上各环节的分工定位、IPTV技术本身等方面存在的问题。

(一)IPTV的业务

IPTV的业务大体可以分为基本业务和增值业务两大类。

1. IPTV基本业务

IPTV基本业务主要是指电视内容业务,即需要与电视内容运营商合作运营的业务,如电视广播、视频点播、电视广播业务,包括时移电视和个人订制录像。这一业务直接就与广电数字电视构成同质竞争。但由于中国原有有线电视资费比较低廉,目前广电数字电视也走低价格路线,因此,我国IPTV的市场环境相对比较差。从IPTV运营比较成功的国家来看,当地家庭看电视无一例外都是要付费的,很少有免费频道,价格比较高昂。而且国外家庭比较容易接受付费频道,有这样的消费传统。而IPTV在某种程度上正好是一种低价位的电视收视渠道,再加上由于传输采用IP网方式,在互动性上与传统单向有线线路相比优势很明显,所以IPTV运营商可以取得比较好的收益。

但是在我国,如果采用和国外一样的盈利模式,仅仅靠收取用户基本服务费,做得像广电数字电视一样,那是不可能盈利的。而且,就运营成本和发行价格而言,与传统的有线电视甚至是数字电视相比,IPTV价格偏高。以北京地区为例,宽带价格是100元/月,有线电视是18元/月,数字电视则在28元/月上下,而IPTV目前的价位基本都要在40元/月以上;从收费情况来看,IPTV业务资费比有线电视高出2～3倍,与数字电视相比也有一定差距。IPTV产业要想发展,除去其他层面因素,必须形成自己的规模用户群体。

2. IPTV增值业务

IPTV也可以承载增值业务,即可以由电信运营商聚合CP/SP,自营或合作运营业务，如电子商务、信息服务、游戏娱乐、通信服务和其他业务。[①] 从上述分析我们可以看出，要想真正让 IPTV 盈利，就要在互动增值业务上想办法，让 IPTV 不仅可以提供基本的电视节目，还可以提供丰富多彩的增值业务，以此聚合大量用户。

IPTV 增值业务大体可以分为视频类和非视频类。视频类业务与广电数字电视差不多，可以组合成各种业务包，或者按收看次数收费。但是由于受 IPTV 运营牌照限制，传统固网运营商在视频上目前没有任何自主权，所以，在此类业务上基本处于受制于人的地位。尽管如此，运营商还是可以在非视频类增值业务上绕开政策壁垒，获得主动权。

通过上述分析我们可以看到，IPTV 增值业务最核心的部分在于聚集人气。下面我们将对一些典型的 IPTV 增值业务盈利模式进行分析。

①聚集人气型增值业务盈利模式分析

• 网上营业厅

网上营业厅可以让用户通过 IPTV 平台实现电信业务的自助缴费、话费查询以及其他行业（如水、电、煤气、保险、教育等）的银行代缴费。这种方式可以让运营商深入用户家庭终端，方便用户进行电信业务的查询，不仅可以提升企业服务质量，提高企业美誉度，还可以获取代缴费的手续费等收入。

• 个人 TV 家园

现代社会崇尚个性。IPTV 作为宽带业务的一种，从技术角度来讲，网络上的东西稍加修改在 IPTV 上就可以实现，所以只要在系统上提供一定的物理空间就能让用户轻松拥有个人相册、个人博客等业务。这项业务的卖点就在于增加用户黏性，聚集人气，以拉动整体业务发展。

• 卡拉 OK

卡拉 OK 与 IPTV 结合之后，拥有了传统卡拉 OK 所不具备的优势。首先，IPTV 的卡拉 OK 业务可以模仿卡拉 OK 厅中的界面，让用户可以“家庭练歌，出门飚歌”；其次，可以抛开地域限制，实现“异地好友对唱”，彻底改变只有人聚在一起才能对唱的传统模式；另外，用户认为唱得比较满意的歌曲，还可以通过后台自己制作成 CD 保留。其盈利模式有以下两种：第一，除了一定量的基本曲库外，针对目前最流行热门的曲目包装成增值包收费；第二，可以对录制 CD 唱片的用户收取相关费用。

---

① http://www.cctv.com/cctvsurvey/special/03/20100330/104282.shtml

②规模效益型增值业务盈利模式分析

• 互动竞猜

目前，传统电视台的有奖收视和互动短信的形式可以移植到 IPTV 业务中来。首先，用户可以参加 IPTV 业务运营商的竞猜活动。例如，基于 IPTV 业务平台，在用户收视终端打出有奖幸运数字，用户通过遥控器发送该数字至平台参加活动。其次，用户还可以借助 IPTV 平台参加 CP/SP 的竞猜活动，通过遥控器直接参与节目。

这种互动竞猜目前已经具备了良好的盈利模式，最具代表性的例子就是“超级女声”，IPTV 可以模拟这一模式，进行短信利润分成。

• 电视上网

目前的 IPTV 机顶盒都可以提供 Web 页面浏览功能，厂商和运营商都倾向于利用这一功能包装延伸出资讯服务类增值服务，如天气资讯、旅游资讯、股票资讯等。当 IPTV 聚合到足够数量的用户时，传统大型网站就可以与 IPTV 业务运营商谈技术规范，探讨是否可以让 IPTV 用户访问网站，达到共赢。

• 电子游戏

电子游戏也是 IPTV 不可忽略的增值业务。电子游戏的盈利关键在于人气，有人气后就可以通过卖游戏点卡来实现盈利。IPTV 上的电子游戏盈利模式也一样。首先要培养用户习惯。经过一段时间的培育之后，电信运营商就可以推出自己的游戏专区，发行自己的游戏币。游戏币还可以进行电信产品的消费，如缴纳 IPTV 使用费、通讯费，进一步转化用户，实现盈利。

• IPTV 电子商务

该业务是网络电子商务和普通电视商务的结合，各商家都可以通过 IPTV 提供的视频、文字、图片等，向用户推荐产品。与传统电子商务不同，IPTV 用户可以通过看广告获得 IPTV 电子货币，用于支付其他相关业务费用。这一部分收益来源于供应商付给 IPTV 业务运营商的广告费用。但这一模式只有在用户数达到一定规模后，广告收益才能真正显现出来。

(二) 现阶段我国 IPTV 的地方模式

伴随着 IPTV 业务的不断深入开展，综观目前中国市场上出现的几种商业模式，都比较适合中国不同的地方特色。下面对这几种商业模式进行简要分析。

我国正在运行的IPTV有三种模式：

一是上海模式，即由上海文广百视通与网通、电信部门合作的模式。其实质在于上海电信、上海文广和各类系统提供商共同构建了良性的产业链，上海电信既是网络运营商，又以合作的形式参与内容的运营，产业链相关方共同打造共赢的商业模式。上海模式于2005年5月在哈尔滨正式启动，当年发展用户5万多户，2006年发展到10万多户。2006年9月，百视通联手上海电信，开始在上海15个区局全面推广IP电视，当年发展用户6万多户。截至2007年底，百视通的IP电视用户总量已达到50万户，比2006年的16万户增长两倍多。其中哈尔滨用户达到15万户，上海本地达到25万户，在其他各地实验的用户共计约10万户。中国电信上海公司2009年宣布，上海IPTV用户规模已突破100万，成为国内首个IPTV用户数过百万的城市。[①]

二是杭州模式，即由杭州华数公司（股份制公司）在五类线和HFC两张网上同时开展IP交互式业务和数字广播式业务的模式。杭州模式起源于广电，严格来说属于数字电视和IPTV的共同产物，其用户具有有线电视和杭州网通的双重身份，使用双模机顶盒，所有机顶盒都连接有线电视网和互联网。目前，杭州也成为以电视机为终端的IPTV大规模应用的唯一地区。杭州模式2006年发展用户15万户，2007年超过20万户。在内容的运作上，杭州模式采用分散化经营、优势互补的方法，这是能把内容做得更广、更细致的保证。在一些频道上，杭州模式采用外包的方式，由更专业的网站或公司负责栏目的建设，以保证栏目的质量和效果。[②]

三是河南的党员教育网模式。河南IPTV业务的启动是以河南省农村党员干部现代远程教育为契机的。河南威科姆公司是河南IPTV建设的主力军，公司为河南IPTV项目提供解决方案、机顶盒、系统支持、业务内容整合、业务运营等支持。

河南网通主要负责网络资源、网络改造和系统设备的提供，威科姆公司则提供系统方案和机顶盒终端。但是在整个项目的实施过程中，威科姆不仅是设备提供商，在系统部署和运营过程中，由于不断整合来自各部委的资源，它已经成为了内容集成商。此外，为了彼此合作运营的方便，威科姆还和河南广电成立了合资公司，进一步加强节目内容的合作。

---

① http://news.163.com/09/1217/04/5QN710U8000120GR.html

② 赵斌伟：《IPTV的商业分析及其竞争分析》，《广播电视信息》2006年第12期。

河南IPTV的商业模式有几个比较突出的特点。首先,突破了对电视的传统认知。河南IPTV的应用不仅仅局限于传统影视类节目,其核心是网络交互型业务应用。威科姆基于传统视频资源,整合了各类基于视频和图文的互动行业应用,从而避免了与广电的冲突。其次,河南的IPTV开辟了农村市场,其应用都是针对农村经济的发展和农村实际需求,对农民具有很大的诱惑力。再次,河南在开展IPTV的同时有效防止了固话流失。河南的IPTV采用了ADSL接入,宽带和固话绑定,这种方式削弱了移动电话对农村固话的替代作用,保护了运营商原有的投资。河南党员教育网的IPTV目前约有十多万用户。①

第二节　数字电视的运营模式

一、数字电视概述

(一)数字电视的定义

数字电视是一个从节目采集、节目制作节目传输直到用户端都以数字方式处理信号的端到端的系统。基于DVB技术标准的广播式和交互式数字电视,采用先进的用户管理技术,能将节目内容的质量和数量做得尽善尽美,并为用户带来更多的节目选择和更好的节目质量效果。②

(二)数字电视的分类

1.按信号传输方式分

可以分为地面无线传输(地面数字电视DVB—T)、卫星传输(卫星数字电视DVB—S)、有线传输(有线数字电视DVB—C)三类。目前在我国推行的电视数字化主要是有线数字电视化。

① 朱荣:《IPTV分析:中国IPTV市场五种商业模式》,《通信世界》2008年1月17日。

② http://baike.baidu.com/view/3084.htm? fr=ala0_1_1

2. 按产品类型分

可以分为数字电视显示器、数字电视机顶盒、一体化数字电视接收机。

3. 按清晰度分

可以分为低清晰度数字电视(图像水平清晰度大于250线,即LDTV)、标准清晰度数字电视(图像水平清晰度大于500线,即SDTV)、高清晰度数字电视(图像水平清晰度大于800线,即HDTV)。VCD的图像格式属于低清晰度数字电视水平,DVD的图像格式属于标准清晰度数字电视水平。

4. 按显示屏幕幅型分

可以分为4∶3幅型比和16∶9幅型比两种类型。

5. 按扫描线数(显示格式)分

可以分为HDTV扫描线数(大于1000线)和SDTV扫描线数(600～800线)等。

(三)数字电视的优势

在数字电视中,由于采用了双向信息传输技术,因此赋予了电视很多新功能,使人们可以按自己的需求获取更多服务,包括视频点播、电台收听、网上购物、远程教学、远程医疗等新业务。

数字电视提供的最重要的服务就是视频点播(VOD)。这种方式和传统电视迥然不同。传统电视用户只能被动地收看电视台播放的电视,而VOD是一种全新的电视收视方式,它提供了更大的自由度,让用户有更多的选择。因此,未来电视会朝着点播模式的方向发展。

二、数字电视的发展状况

(一)国内

据业内权威研究公司格兰研究统计:截至2010年5月底,我国有线数字电视用户达到7286.9万户,有线数字化程度达到41.88%(有线电视用户基数为17398万户,数据来源于《2009年全国国民经济和社会发展统计公报》)。5月,上海市、浙江省、广东省等地区积极推进有线数字化整体转换工作,这些地区有线数字电视用户增长幅度较大。①

数字电视从2003年推广以来就呈现出逐年增长的趋势，2004年我国的数字电视用户仅为97万，2005年用户为397万，比上一年增长309%。2006年数字电视用户为1266万，2007年为2686万，2008年为4528万，2009年用户为6497.3万户，比前一年的用户量分别增长了219%、112%、69%。

《国家中长期科学和技术发展规划纲要》、《国民经济与社会发展第十一个五年规划纲要》、《国家"十一五"时期文化发展规划纲要》都明确要求加快广播电视数字化进程，国务院连续三年将广播影视数字化纳入了国务院工作要点。2006年，李长春、曾培炎、陈至立等分别到深圳、杭州、青岛视察有线数字电视，广播电视数字化已被列入国家"十一五"发展规划，成为国家规划的重要组成部分。

目前，全国28个城市已经完成整体转换任务，越来越多的城市和地区加入了整体转换行列。"以信息化推动数字化，以数字化带动信息化"进行整体转换的"青岛模式"在全国广电系统已成为共识，青岛、杭州、深圳、大连、佛山、太原、南京、南宁、银川等多个城市完成了市区有线电视数字化整体转换，全国有线数字电视用户已达1600万。所有试点单位都建立了有线数字电视技术平台并启动了整体转换工作，若干个城市和地区正在大力推进过程中。许多非试点单位也已进入了整体转换的实施阶段。②

(二)国外

根据艾瑞市场咨询获得Informa Telecoms & Media的研究数据显示，到2011年年底，全球使用高清数字电视的家庭规模将达1.5亿个，是2006年的3倍。2006年年底，美国拥有高清数字电视家庭2771.5万个，占全球58%的份额；日本紧随其后，占20%的份额；中国排第三位（见图6－1）。据Informa Telecoms & Media统计，2006年只有1/3的高清数字电视家庭安装了机顶盒，能够收看数字电视内容，预计2011年，这个比例将提高到70%。

---

① http://www.enet.com.cn/article/2010/0624/A20100624674364.shtml

② 《我国广播电视数字化现状与走向》，《中国传媒科技》2007年第11期。

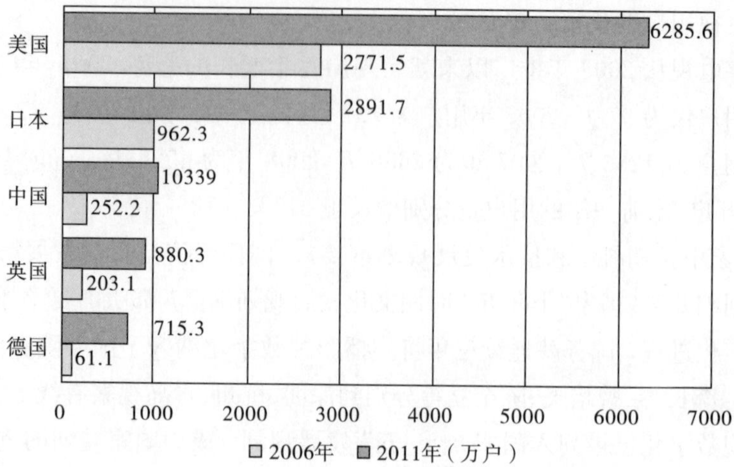

图6-1 2006年与2011年全球TOP5国家高清数字电视家庭用户规模

1.美国

根据艾瑞市场调查显示,2005年美国数字电视用户约为5900万,传统电视用户有1.9亿。而到2010年,传统电视用户数为1.17亿,数字电视用户达到1.16亿,数量基本与传统电视用户数持平(见图6—2)。可以看出,传统电视用户增加很少,数字电视用户急剧增多,并且有取代传统电视的趋势。①

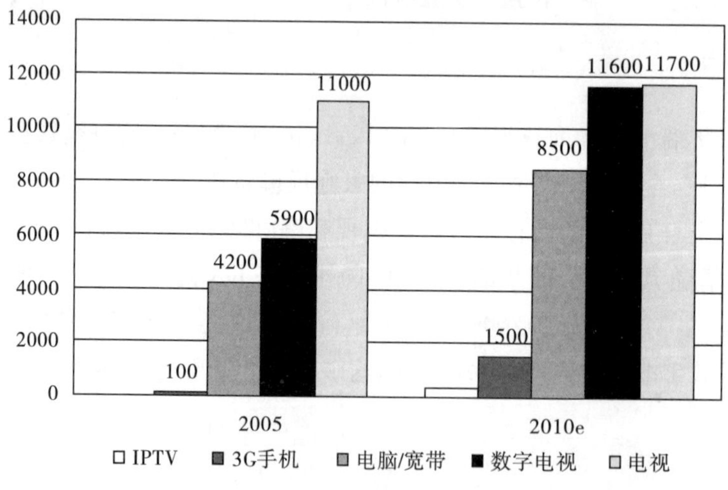

注:单位(万)

图6-2 2005年与2010年美国各类数字娱乐家庭用户比较

① http://news.iresearch.cn/charts/26510.shtml

2.欧洲

国际商业资讯机构 Datamonitor 发布的最新研究报告《数字电视的发展——小规模的欧洲电视市场》中预测，欧洲数字电视用户将超过美国，至 2010 年底，欧洲数字电视家庭用户将达到总用户数的 69%。[①]

(1)英国——欧洲最强大的数字电视国家

目前，英国的数字电视家庭占欧洲全部数字电视家庭的 42%，英国是欧洲数字电视的佼佼者。[②] 2005 年，接近 800 万户免费广播的地面数字电视平台 Freeview 的成功不仅引起欧洲国家的关注，而且也引起世界许多国家的兴趣。

(2)德国

2003 年夏，柏林成为全欧洲第一个关闭模拟电视广播、全面启动数字广播的地区。德国数字电视普及率从 2004 年的 15%上升到 2009 年的 49%，成为欧洲仅次于英国的第二大市场。

(3)中东欧部分国家

艾瑞市场咨询根据 Informa Telecoms & Media 发布的调查数据发现，在 2005 年波兰和俄罗斯的数字电视用户数量分别达到了 153.9 万户和 139.9 万户，在中东欧国家中居前两位。据预测，到 2011 年，俄罗斯的数字电视用户数量将超过千万达到 1057.1 万户(见表 6—1)。[③]

表 6—1 部分中东欧国家的数字电视用户数量

国家和地区 \ 数字电视用户数量(万户)	2005 年	2011 年 e
波兰	153.9	603.5
俄罗斯	139.9	1057.1
罗马尼亚	19	197.9
匈牙利	17.1	135.1
捷克	11.7	93.8
其他	268.9	1110.1

资料来源：Infoma Telecoms & Media. 2006.7

① 李佳：《2010 年欧洲数字电视用户将达到用户总数的 69%》，《卫星电视与宽带多媒体》2007 年第 5 期。

② 宋文志：《欧洲数字电视的市场发展分析》，《数字通讯世界》2005 年第 9 期。

③ http://news.iresearch.cn/charts/34245.shtml

三、数字电视的盈利模式

数字电视的盈利来源主要有以下两部分：第一，靠广告盈利，具体包含首页广告、增值业务广告、互动广告三大类。第二，靠节目内容盈利，观众自愿付费。其中，靠节目收费为其主要盈利来源。本节将罗列一些代表省市的收费政策，它们在国家政策的基础上，结合自身实际做出了不同的调整，大体可以分为以下三类：

（一）以城镇乡村的区域划分不同价位，收取费用

这是全国最常见的一种收费方式，也是使用频率最高的一种方式。主要以南京、宁夏、陕西、福建、广西、海南、兰州、新疆、安徽为主。但是，它们在区域划分的层次上又有所不同，其中以两级和三级居多，当然也有特殊的，如新疆地区分为四级。

南京有线数字电视的收费标准有两级：城镇居民用户主终端每月 24 元，农村居民用户主终端每月 22 元。

宁夏分为三级：银川市（含三区）居民用户主终端基本收视维护费标准为每月每终端 25.50 元；除银川市外，其他区市县为每月每终端 24 元；固原市原州区、彭阳县、西吉县、隆德县、泾源县、海原县、同心县、盐池县、红寺堡开发区为每月每终端 22.50 元。第一终端由北京算通科技发展有限公司免费提供，但用户需预交 100 元数字电视收视维护费。用户所需的第二、第三终端（副终端）的机顶盒由用户直接购买，每台单价 600 元，享受半年副终端收视维护费的优惠政策。若智能卡丢失，用户自行购买，成本费 100 元。副终端基本收视维护费全区统一标准为每月每终端 9 元。①

陕西也主要分三级，包括全省县城以上城市居民用户每主终端每月 25 元，副终端 10 元；全省县城以下农村居民用户每主终端每月 20 元，副终端 10 元；全省城市、农村居民用户每主终端每月 10 元，副终端 10 元。用户主终端所使用的机顶盒由数字电视经营者统一配置，不另行收费；也可每一用户主终端 300 元（含机顶盒、一年收视费），副终端所使用的机顶盒由用户自行购买，每个 770 元（机顶盒 500 元、收视费 120 元、初装费 150 元）。②

兰州市主要分两级收费，其中城市居民、城市其他用户终端主机收费标准

---

① http://www.sarft.net/cmmb/8134.aspx

② http://www.sarft.net/cmmb/8135.aspx

为25元/月·机(卡),兰州城郊农村居民的基本收视维护费为20元/月·机(卡)。城市居民用户在与主机同名同址条件下购买的终端副机减半收费,即12元/月·机(卡),兰州市城郊农村居民用户在与主机同名同址条件下购买的终端副机10元/月·机(卡)。

福建数字电视基本收视费主要分成两级,即全省县城以上(含县城)的城市用户主终端基本收视维护费收费标准为18元/月;县城以下(不含县城)农村用户主终端基本收视维护费收费标准为15元/月。广西有线数字电视的收费标准也是按两级来划分,设区的市(不含市辖县)用户为26元/月,其他县(市)用户为25元/月。且副终端收费标准统一为5元/月。

海南有线数字电视收费标准以城市和乡镇两级划分。城市居民用户主机收费标准为26元/月;乡镇(含乡镇、农场、林场等)居民用用户主机收费标准为25元/月。副机按主机基本收视维护费收费标准的50%收取,即城市居民用户13元/月,乡镇居民用户12.5元/月。

新疆作为自治区,其数字电视基本收视费主要分四价区。其中,乌市和昌吉市为25元/月;各地州所在市及各县级市为24元/月;和田市、阿图什市和全疆各县为20元/月;国家级贫困县的农牧区则为15元/月。[①]

(二)付费频道节目包+数字电视基本收视费

上海、郑州、哈尔滨这三座城市在有线数字电视的资费上都采用了相近的推广模式,它们都推出了相应的付费频道节目包,然后再收取有线数字电视的基本收视费,订阅一定量之后就免费赠送机顶盒。

上海主要推出了不同价位的节目包,客户订阅的节目包不同,价格就不同。例如,文广基本包,37元/月;央视基本包,48元/月;第一剧场可选包,36元/月;文广可选包,29元/月。且这些节目包都相应的包含了付费频道的节目。订阅了这些节目包之后即可以免费获得机顶盒。

2009年12月,上海市发改委、市文广局公布了本市有线数字电视基本收视维护费新的定价方案,确定本市居民用户有线数字电视实行按户收费,收费标准为每户每月23元。该标准从2011年1月1日起执行。[②]

哈尔滨以主副终端为大类,再以各类节目包的必选和可选规定进行组合销

---

① http://www.sarft.net/cmmb/8135.aspx

② http://tech.qq.com/a/20091216/000076.htm

售。哈尔滨居民用户每一终端的机顶盒和智能卡(以下简称“机顶盒”)由哈尔滨元申广电网络有限公司(以下简称“元申公司”)免费配置,收费标准为每月 26 元;居民用户第一终端的机顶盒由用户自行购买的,收费标准为每月 20 元。居民用户其余终端(与第一终端同名、同地址、同账户)收费标准为每月 8 元,机顶盒由用户购买。①

郑州相对于以上两个城市来说,推广方式基本相同,但也有不同,那就是该城市在收取数字电视基本收视费的同时还要收取有线电视维护费。其推广方式如下:

1. 660 元大礼包:赠送一台机顶盒+“一年的数字电视维护费”(240 元)+“一年的有线电视维护费”(156 元)+“一年的 CHC、文广节目套餐”(150 元)

2. 990 元大礼包:赠送一台机顶盒+“一年的数字电视维护费”(240 元)+“一年的互动电视维护费”(420 元)+“一年的时尚影视包”(240 元)

3. 1360 元大礼包:赠送一台机顶盒+“一年的数字电视维护费”(240 元)+“一年的互动电视维护费”(420 元)+“一年的宽带费用”+“一年的有线电视维护费”(156 元)+点播费(50 元)+“一年的时尚影视包”(240 元)+智能卡一张(150 元)②

(三)以主终端为依托,附带副终端的基本收视费

此项方案目前有三座城市在实施,包括杭州、江苏和福州。其中杭州最为领先,江苏最为典型,福州最为低廉。

南京有线网络除了为每个有线数字电视用户免费配置一台基本型机顶盒(含智能卡)之外,实施的是“1 拖 3”的措施,即 1 台主机顶盒可以“拖”3 台免费的,也就是说交一份收视维护费,可以用 4 台机顶盒。其中,南京的城镇居民用户主终端每月 24 元,农村居民用户主终端每月 22 元。③

苏州有线网络为苏州居民用户每个家庭主终端免费提供机顶盒(含智能卡)一台,每月收取 24 元收视维护费。同户同址的第二终端收看有线数字电视不再收取收视维护费。但第三台按每月 12 元收费,而第四台则安全按 24 元/月收取。也就是采取了“1 拖 1”的方案。④

---

① http://zhidao.baidu.com/question/108659592.html? fr=ala0

② http://zhengzhou.liebiao.com/qitashangji/13498916.html

③④ http://bbs.dvbcn.com/showtopic-57446.html

杭州对原有线电视用户，由华数数字电视公司免费提供一台基本型机顶盒；居民用户同址加装副终端，免收两个副终端基本收视维护费，第三个副终端起按第终端每月 4 元收取。机顶盒由用户自行购买。这意味着如果家中有 3 个或 3 个以下的机顶盒，每月费用仍为 21 元。也就是"1 拖 2"的方案措施。①

福州有线数字电视用户也是采取了"1 拖 2"的形式。第一，主终端收费标准：全省县城以上（含县城）的城市用户主终端基本收视维护费收费标准为 18 元/月；县城以下（不含县城）农村用户主终端基本收视维护费收费标准为 15 元/月。第二，副终端（第二、三终端）免收基本收视维护费。②

第三节　三网融合带来的机遇与挑战

一、何谓三网融合？

三网融合是指电信网、广播电视网、互联网在向宽带通信网、数字电视网、下一代互联网演进过程中，三大网络通过技术改造，其技术功能趋于一致，业务范围趋于相同，网络互联互通、资源共享，能为用户提供语音、数据和广播电视等多种服务。③ 对于用户而言，是指只用一条线路就可以实现打电话、看电视、上网等多种功能（如图 6－3 所示）：

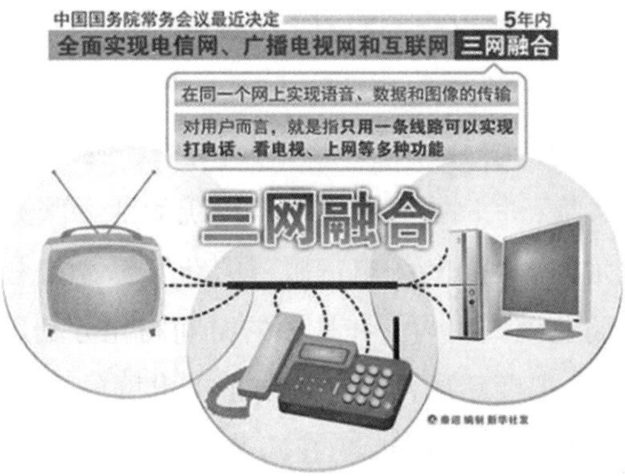

图 6－3④

①② http://bbs.dvbcn.com/showtopic－57446.html

③ http://baike.baidu.com/view/21572.htm

④ http://news.xinhuanet.com/newmedia/2010－12/27/c_12922382_2.htm

二、三网融合带来的机遇

2010年1月13日，国务院总理温家宝主持召开国务院常务会议，正式通过加快推进电信网、广播电视网、互联网三网融合的决定，加快推进三网融合进程。三网融合的逐步实现将为我国信息传播产业的格局带来新的变化。这种产业升级主要体现在以下几个方面：

第一，传播技术创新步伐加快，将明显推动三网融合业务的研发。三网融合的环境将推动产业链的发展，为更多创新型的信息服务的产生创造更为宽阔的业务承载平台。网络融合后的市场环境将进一步趋于开放，各种网络要素将在更大的网络平台上进行流动和交换。而基于3G、移动互联网、物联网的各项技术应用也将进一步加快三网融合的进程。①

第二，打破垄断，推动双向进入，推动融合业务的普及应用。三网融合环境下，三种信息传播网络之间实现所经营业务的双向进入，不同信息传播平台可以承载同类型的融合服务，原有的互联网业务、广播电视业务、电信业务能够在不同的网络上进行。因此，三网融合将起到打破垄断，推动整个社会信息化进程的目的。这是三网融合环境下，融合型的信息传播服务所具有的一个重要作用。三网融合将打通不同信息服务终端，并推动数字音乐、网络游戏、手机媒体等各种融合业务和应用的发展。可以预见，手机电视、IPTV等融合类业务将得到快速发展。②

业界公认的是，"三网融合"的最佳切入点是推广IPTV业务。一是因为IPTV为三网融合在业务层面找到了突破口。IPTV本身即是互联网、广电网和电信网"三网融合"的产物，采用互联网基本的IP协议在宽带数据网络上传送数字电视，提供高速互联网接入服务乃至传统的话音服务。IPTV既是传统电视业务的互动化延伸，也是传统电信服务的新形态。二是因为IPTV为三网融合提供了最佳的商业模式。为了在最短的时间内充分利用现有资源，以最低成本提供IPTV业务，IPTV的内容应来自于广电网的丰富节目资源，基础网络设施应主要依靠数据传输速率更高、覆盖范围更广、提供高QoS保证、运行状况良好的宽带通信网。由此可见，IPTV是充分体现三网优势互补的业务，其

---

①② 付玉辉：《三网融合格局之变和体制之困》，http://tech.sina.com.cn/t/2010—03—29/17023998838_2.shtml

大面积推广将有助于推动三网融合的进程。①

IPTV 作为跨电信行业与广电行业的新的应用，有着相当广阔的市场前景。一方面，我国的电信行业已经快速进入宽带时代，而 IPTV 就是在现有电信宽带网络上将视频媒体融合到电信业务中的最佳技术。IPTV 的规模性应用，能够对区域性经济产生巨大的推动作用。另一方面，媒体内容和应用的丰富从某种程度上直接反映了区域性社会生活的质量，而 IPTV 正是一种能够将传统媒体转变成全新的互动式的个性化需求体验的技术。总之，基于 IPTV 系统的电信行业与媒体行业的融合，必将产生一个巨大的网络电视产业。②

第三，探索新型运营体制和商业模式，并逐渐形成适度竞争的产业格局。这是我国此次三网融合政策的一个重要目标。要在 2015 年前后实现这个目标，依旧还有许多工作要做。在这里，所谓的“适度竞争的产业格局”，一方面是指在三网融合的基础上形成“3＋1”（三家电信运营商和一家广电运营商）的能够提供融合业务的主导运营商的竞争格局，同时广播电视领域和电信领域的不规范竞争现象也将能够得到适当的缓解。③ 这种格局打破了电信运营商和广电运营商在视频传输领域长期的恶性竞争状态，各大运营商将在一口锅里抢饭吃，看电视、上网、打电话资费可能打包下调。三种信息传播网络的资源和能力得到更为充分的释放，并为在下一代移动通信网、互联网、数字广播电视网的基础上进一步深化三网融合进程积累了经验，奠定了基础。

第四，大大减少了基础设施的投入并简化了网络管理，降低了维护成本。

三、三网融合的挑战

三网融合之所以能够在 2010 年取得实质性的进展，与国务院的积极推动、大力主导是分不开的。但是，在我国三网融合推进的过程中，还面临着巨大的挑战，其中最大的挑战来自监管体制。

虽然在技术上实现数字化和 IP 化后，包括语音、数据和视频在内的各种业务都将具有相同的表示形式和通信协议，奠定了融合的基本条件，然而，由于我国电信和广电分业监管的体制缺陷，使得三网融合进展十分缓慢，监管体制问

---

① http://hi.baidu.com/3gcdma/blog/item/9a00a03451809ab7dDa2d322.html

② 韩春玲：《浅析三网融合与 IPTV》，《长春师范学院学报》2008 年 2 月。

③ 付玉辉：《三网融合格局之变和体制之困》，http://tech.sina.com.cn/t/2010－03－29/17023998838_2.shtml

题已经成为三网融合的最大障碍。

目前,在理论上,国务院的决策已经去掉了阻碍三网融合的行政性障碍,但是在实践上,由于分业监管的体制问题并未得到解决,因而在执行时可能依然会困难重重,很容易形成扯皮局面,需要强有力的高层领导协调工作、负责任的专业化专家咨询、公开的全方位的民众监督以及强有力的高效执行机构。怎样协调两个不同属性的行业和机构的尽职目标和利益诉求,是个很大的难题,需要高超的政治智慧和出众的协调能力。

其次,运营体制上的差异也在严重阻碍三网融合的实施。目前,广电系统政企合一和网台合一体制所导致的非市场化运营和竞争公平性问题,将严重制约三网融合的实质性进展。广电有线网络运营机构应该加速实现转企改制,成立全国统一的市场主体,为三网融合的实施创造基本公平的条件。当然,由于广电系统比电信系统弱,国家应该给予政策、资金和骨干人员上的一定支持。

还有,具有公益性的广电业和完全市场化的电信业属于完全不同的两种商业模式,怎样在统一的市场监管下展开适度竞争,是一个全球都没有遇到过的课题,同样需要很高的政治智慧和妥善的解决办法。

再有,法律保障的缺失,使三网融合能否顺利推进和深入发展变得不可预知。国外发达国家的经验都是首先解决法律保障问题,为三网融合的监管提供法律依据,从而减少扯皮。出台一部融合的电信法可以说是三网融合的根本保障。

从国内外的融合历史实践可以看到,无论是哪一个层面的融合都不可能一蹴而就,三网融合之路将是漫长的,不仅需要热情,还需要足够的耐心和恒心,更需要决心和高超的政治智慧。但是可以肯定的是,既然破冰之旅已经启航,而且目标已经清晰可见,那么这一天终将来临,而且不再那么遥远。①

思考题:

1. 什么是 IPTV?
2. IPTV 的特点是什么?
3. 我国 IPTV 的业务大体可以分为哪几大类?

---

① http://www.huawei.com/cn/about－huawei/publications/communicate/hw－082821－30883－29077－hw_082755－hw_082766.htm

4. 我国现阶段的 IPTV 发展存在哪几方面的问题？提出你认为可行的解决措施。

5. IPTV 增值业务的最核心之处在于什么？增值业务盈利模式包括哪几种类型？

6. 什么是数字电视？数字电视的优势是什么？

7. 什么叫三网融合？三网融合带来的益处是什么？

8. 为什么说 IPTV 是三网融合的最佳切入点？

第七章
户外新媒体的运营模式

第一节　户外新媒体概述

一、户外新媒体的定义

户外媒体又叫途中媒体，大体可以分为三类：第一类是户外传统媒体；第二类是针对大众传播的户外新兴媒体，所谓的“新”，就是指载体的新型技术的运用；第三类是指基于分众群体传播的新兴户外传播媒体，即在不同渠道中产生的渠道新媒体，主要包括公交电视、地铁电视、楼宇电视、医院电视、商场电视等各种更生活化或便利化的媒体。[①]

本章旨在对基于分众传播的户外新媒体进行研究，即上述分类中的第三类。

二、户外新媒体的基本特征

户外新媒体的基本特征是区别于传统大众媒体和户外传统媒体的基本特征而言的。

（一）户外新媒体与传统大众媒体的区别

户外新媒体的兴起不仅意味着一种新的商业模式的出现，还代表了传播模

① 黄菁：《户外新媒体的分众传播探析》，武汉理工大学硕士学位论文。

式的变革，户外新媒体颠覆性地从大众传播走向小众传播，具体而言，详见表7—1：

表7—1 户外视频与家庭电视的区别

主要指标	户外视频	家庭电视
媒体运营商	在不同户外场所，基于楼宇、卖场、医院、公交的垄断性运营商（民营企业背景）	按覆盖区域，呈现央视、卫视省级频道、市级以及其他频道四级格局（政府背景）
传播内容	以广告为主	以节目为主
传播对象	户外分众群体	家庭大众群体
受众构成	集中（以中青年、高学历居多）	分散（四岁以上各个年龄层）
收视特点	强制性	选择性
传播技术	尚待完善（CF卡、光盘、即时性交换系统、无线信号系统等）	技术成熟（有线或无线）
覆盖区域	一、二线城市为主（主要为写字楼、卖场、公交、机场、医院等）	全国城市及广大农村
广告营销	市场细分式营销	市场大众化营销

（二）户外新媒体与传统户外媒体的区别

户外新媒体有三大特征："户外"+"视听"+"分众"。这三点弥补了传统户外广告和传统电视媒体的不足。随着现代生活节奏的加快，城市人群在家的时间越来越少，在户外待的时间比在家里更长。大部分人一天有一半的时间是在户外度过的，即便在家看电视，观众对广告的注意力也趋于下降。与此相反，户外液晶广告的遥控器的控制权不在受众身上，这就形成了媒体对受众的强制性灌输。"注意力经济"的能量在户外视频的发展中获得充分释放。

与户外传统媒体相比较，户外新媒体自身具有很多优势：

第一，传统户外媒体的载体形式相对单一，广告在表现手法上比较单调。相比较而言，传统户外广告往往只能表现一个静态画面，而电视广告则通过音频和视频，以更生动、更丰富的故事形式呈现创意。

第二，传统户外媒体相互之间干扰比较大。由于其载体的多样性和开发空间的无限性，传统户外广告之间几乎是"没有距离"、"没有间隔"的。对于受众来说，在户外会接收到难以预计的大量信息，对于一则广告的注意时间可能连一秒钟都不到。因此，传统户外广告的实际到达率要远远低于理论上的数字。

第三，传统户外媒体不能对受众精确地定位。传统户外广告的受众一般是多层次的，比较分散，受众的流动性比较大。而对于广告主来说，这其中相当一部分的广告受众并不是企业的目标消费者或潜在消费者。相比传统户外广告，如灯箱、"高炮"、龙门架灯等，户外新媒体更多的是集中于办公楼、交通工具、商场等公共室内环境，填补了传统户外广告不能到达的人群区域，加之其图文并茂，制作精美，比传统户外广告更具有观赏性，使其当之无愧成为资本的"宠儿"。[①]

三、户外新媒体的类型

对于受众而言，户外新媒体从出现到普及，对人们日常生活的改变是巨大的。例如，大部分人一天有一半的时间是在户外度过的，而在户外的活动，大体上可以分为交通、工作、休闲以及购物、上学、看病等，因此，户外媒体的运营商们就根据人们日常生活的据点实施布局，对不同的分众进行传播。换句话说，在人们的户外生活中，户外新媒体几乎已经无处不在了。可以说，户外新媒体已经完全深入到了人们的户外生活圈之中，就像分众传媒 CEO 江南春所宣称的那样："要打造人们的生活圈媒体。"[②]

这里我们以生活圈为依据，将户外新媒体划分为四大类：

(一)楼宇视频

楼宇视频媒介是采用液晶视频显示器播放广告等信息，安装在写字楼、公寓、商业卖场、食堂、医院、机场等楼宇上的一类新兴媒体，内容以广告为主。

楼宇视频在国外开始形成规模是在 1995 年，其始作俑者是加拿大的一家公司 Captivate Network Inc。早在 1995 年，该公司在北美成功地创立了高档场所液晶显示媒体。经过 8 年的努力，现在这家公司覆盖 1100 个商务楼宇，拥有 130 万收视人群并且与很多知名企业有常年的合作。

而在中国内地，楼宇视频兴起于 2003 年，形成规模在 2005 年。目前，拥有视频媒体的楼宇数量早已远远超过其加拿大的初创公司，在以上海、北京、深圳和广州为主的一线城市，约 80%的高档楼宇中都安装了液晶显示屏。[③]

目前中国最大的商务楼宇视频运营商是分众传媒，其 2006 年收购聚众传

---

① 黄菁：《户外新媒体的分众传播探析》，武汉理工大学硕士学位论文。

② http://finance.sina.com.cn/media/cmre/20060209/17042330000.shtml

③ http://news.xinhuanet.com/newmedia/2004－06/17/content_1530226.htm

媒之后形成的商务楼宇联播网覆盖中国近75个城市，有3万多栋楼宇、6万多个显示屏，几乎垄断整个商务楼宇液晶电视市场。①

（二）移动户外电视

移动户外电视是指采用数字广播技术（主要指地面传输技术）播出，接收终端安装在汽车、地铁、高铁等交通媒体内，也被称为车载电视。② 2002年10月，上海率先正式开播车载电视，移动电视市场蓬勃发展。

移动户外地铁液晶电视在城市积极发展轨道交通的背景下快速增长，其受众规模增幅达64.3％，在15类媒体中位列首位。③

同为城市交通类媒体的公交车电视媒体亦大幅增长，其受众规模增幅达24.2％。公交电视媒体之“新”在于将传统电视的传播渠道由“室内”拓展到“户外”，并保留了传统电视的基本媒体形态（无线传输＋内容），可谓兼具传统电视与新媒体各自的优势。目前，中国最大的户外数字移动电视广告运营商是华视传媒。

（三）卖场液晶电视

国内卖场终端液晶电视市场，由于人流量相对集中，因此被看做最有效率的消费品终端广告之一，这种广告形式现在已经迅速成长并不断壮大。

国内现在提供大卖场液晶电视媒体的供应商主要有两家，一家是2003年即进入大卖场液晶电视广告网络的玺诚文化传播，另外一家是2005年4月进入该领域的分众传媒。

由于与卖场存在天然的零距离优势，终端卖场的电视广告的影响变得越来越重要。以“太太乐”卖场广告为例，太太乐市场总监范志敏表示，在终端投放卖场液晶电视广告，是企业“终端制胜”策略的关键。地面移动的陈列终端配备大屏幕平板电视，电视播放的广告整合了“太太乐”赞助的央视《天天厨房》等众多节目资源，吸引眼球，聚集人气。再加上销售人员现场炒菜示范，让消费者亲自体验，通过这种互动体验拉近了和消费者之间的距离。在投放分众卖场液晶电视后，销售业绩提高了很多。

---

① http://www.z101.cn/wzjc/KTVgt/041610486.shtml

② 黄菁：《户外新媒体的分众传播探析》，武汉理工大学硕士学位论文。

③ 《户外移动电视：“寡头长尾”格局初显》，http://tech.163.com/09/1118/12/5ODCCSJ2000915I3.html

(四)学校、医院、邮局、机场、银行等场所电视视频

人们在户外活动中,除了交通、工作、购物外,还要从事教育、医疗、金融等活动,而在这些地方,户外新媒体都有覆盖,在学校有高校食堂视频,在医院和药房有健康视频,在机场有机场视频,在银行有银行视频。

综上所述,可以看出,户外新媒体的足迹几乎遍布我们生活中的每一个角落,只要有一个受众在户外的“驻足点”,那么就会因此有一个户外新媒体诞生。因此,未来还会出现更多的户外新媒体。

第二节　户外新媒体发展现状

一、国内户外新媒体发展现状

我国新媒体发展已受国际国内资本青睐,其中户外新媒体发展最为抢眼,有 30 多家从事户外新媒体的公司从国际和国内风险投资人那里获得了融资。由于户外新媒体渠道优势突出、特征明显、市场化程度高,从 2005 年到今天,中国户外新媒体广告市场规模的年均复合增长率已经达到了 37.4%以上,2008 年的广告收入规模超过了 70 亿元,市场估值已接近央视估值。①

(一)“跑马圈地”告一段落

分众传媒自 2003 年诞生后,就马不停蹄地跑马圈地并快速成长,吸引风险投资的巨额融资后成功上市,继而加速推进并巩固其在户外媒体行业内的霸主地位,成就所谓的“中国最大的生活圈媒体群”。除此之外,航美传媒通过节目内容版权的垄断来巩固渠道;触动传媒利用技术壁垒打造核心竞争力;炎黄健康传媒已开始参与医院叫号分诊系统建设,加强与医院之间的合作;世通华纳则发布了由尼尔森执行的“中国公交移动电视收视调查”,跻身主流媒体之列。发展至今,国内户外新媒体的圈地混战已经告一段落,接下来便是寻求精耕细

① 乔均:《为品牌腾飞助力——高铁传媒“助动式传播”媒体》,http://epub.cnki.net/grid2008/detail.aspx?QueryID=72&CurRec=1

作的利益回报。

(二)大量的、多元的资本进军户外新媒体行业

首先是风险投资甚为惊人。2005 年 7 月 13 日,成立仅三年的分众传媒登陆纳斯达克,融资 1.72 亿美元。根据当时在分众的股份计算,三十出头的创始人江南春身价接近 3 亿美元;而此前投资分众的 Softbank、TDF、鼎晖等机构均获得了几十倍的回报。据中国人民大学舆论研究所 2008 年 2 月发布的“中国户外视频新媒体上市前融资排行榜”,排在前五位的分别是世通华纳 9500 万美元、巴士在线 7200 万美元、郁金香传媒 7000 万美元、华视传媒 5425 万美元、航美传媒 5000 万美元。可以说,户外新媒体正式成为新的投资宝地。

二是多元资本进军户外新媒体。据 WIND 统计,2009 年以来,传媒板累计涨幅 47.12%。中石油将探索新媒体开发等非油品类销售业务增值,使加油站变为功能更加齐全的新型商业网点。已成功登陆美国纳斯达克的航美传媒与中国石化集团签署协议,计划在未来 5 年左右的时间里,航美的广告媒体网络将陆续拓展和覆盖到中国石化全国超过 28000 座加油站。[①]

二、国外户外新媒体发展现状

从全球视角来看,户外新媒体并不稀奇,不管是商务楼宇、加油站、机场、高尔夫球场等的电视联播网,还是其现在大举投资的零售终端电视联播网,在国外早已有非常成熟并且成功的案例。以沃尔玛为例,在美国,沃尔玛有着双重身份,它除了是一个声名显赫的零售巨头外,还是一个名副其实的主流媒介。这个全球零售业的巨无霸利用其四通八达的零售终端,建立起全球第五的电视联播网,摇身一变成为了快速打造品牌的顶尖高手。

而据最新消息,经营电影院业务的加拿大娱乐媒体公司 Cineplex Entertainment Limited Partnership 正准备收购在北美从事零售、银行、酒店和娱乐业数字标牌媒体的 DDC 集团(Digital Display & Communications Inc.),这笔交易金额估计为 350 万美元。[②]

---

① 孙玉双、张佳满:《论户外新媒体的现状及发展趋势》,http://epub.cnki.net/grid2008/detail.aspx?QueryID=136&CurRec=1

② http://chinasigns.cn/news/gw/201006/33359.html

第三节　户外新媒体的运营模式

广告主要求的是广告投资回报率(ROI),而不是简单的品牌曝光。户外新媒体最大的优势恰恰在于能够精确地将产品讯息和品牌传递给商家的潜在客户群。所以,广告主更希望能够与消费者在家外(out-of-home)的时间产生更深的互动,而并非只是单纯的电视广告、平面广告的延伸。如果户外新媒体能掌握有效的广告沟通模式,也就掌握了有效的盈利模式。目前来看,有下面几种:

一、行业整合/内容产品+商业广告+融资

这种盈利模式主要是应用于楼宇电视,目的在于借助楼宇电视分众化和强制性的传播方式,在庞大的受众群体中锁定高端消费人群,解决传统电视在高端消费品推广中的低效问题。楼宇电视的商业模式较简单,大体有两类:

(一)"行业整合+商业广告+融资"模式——以分众传媒为例

简单而言,这种模式就是通过并购,整合行业资源,扩大网络覆盖,并通过播放商业广告和吸引风险投资赢利。

分众传媒在发展初期,其主要业务就是在高级商业楼宇安装液晶显示屏,滚动播放电视广告。其商业价值来源于让无聊地等电梯的写字楼白领观看电梯口液晶屏广告,给广告主提供准确投递广告的新媒体。分众传媒主要通过行业整合成为户外电视传播平台中的佼佼者。2005 年 10 月,分众以约 1 亿美元收购框架传媒,在其版图上增加了高档公寓媒体资源;紧接着,以 3.25 亿美元并购最大的竞争对手——聚众传媒,进一步巩固其在楼宇电视、社区电视、户外大屏幕等领域的霸主地位;2006 年 6 月,以 3000 万美元收购凯威广告,进入手机广告领域;8 月又收购了影院广告公司 ACL,更名为分众"影院网络",进入了影院广告领域。此外,分众传媒还收购了数量众多的中小广告公司;2007 年 3 月又收购了中国最大的互联网广告代理商和互联网广告技术提供商——好耶广告网络。正是通过这样的并购,分众传媒一步步扩大了规模,完成了行业整合。

分众传媒的商业模式虽然简单,但其定位非常清晰,而且由于较早进入到这个领域,在许多城市占据了相当好的位置并迅速提高了网络覆盖率,因此得

到了投资者的认可。分众传媒先后获得了多笔风险投资，并于2005年在美国纳斯达克上市。

(二)“内容产品+商业广告+融资”模式——以上海公共视频信息平台楼宇电视为例

这是一种借助丰富的节目内容，吸引消费者、广告商和风险投资商以实现赢利的商业模式。采用该模式的代表主要是上海公共视频信息平台楼宇电视。上海公共视频信息平台楼宇电视以“关注民生，服务大众”为定位，主要依托传统电视媒体资源，播放新闻资讯类节目，并直播上海电视台、东方电视台和东方卫视的新闻栏目和热点赛事，发布灾害天气预警、警方提醒等信息。

以分众传媒为代表的楼宇广告电视的优势在于商业模式简单清晰，运营成本低，对早期的迅速扩张比较有利，但对受众缺乏吸引力。以上海公共视频信息平台为代表的楼宇数字电视则以内容建设为重点，靠丰富的节目吸引受众和广告主。

二、技术创新：内容的升级开发，体验方式多种[①]

这种盈利模式无论是在形式还是内容上都极为吸引消费者，充分利用了消费者好奇的心理特征，从而达到了一定的效果。

高铁传媒是我国户外新媒体发展中的一支生力军，它采用复合技术，改变了传统媒体单向传播和互动传播的方式，突出了“助动”概念。

所谓“助动”，就是以平面、FLASH等展示方式助力于动态的视频广告，以动态视频广告与静态品牌诉求相结合的方式达成最佳的传播效果。与LCD相比，LED在形式、应用方式、显示效果等方面存在着本质的差异，这也决定了LED在内容创新上可以有更为广阔的空间。

“助动式传播”就是因LED的特点而造就的一种新型传播方式。概括来讲它有以下特点：第一，随意组合。比如高铁传媒位于北京南站高架层的LED大屏，最大的单体广告面积近40平方米。LED的展示空间具备了被充分利用的条件，这完全可以由广告主以及广告的创意者、制作者来决定。第二，动静自如。由于可以随意组合，每一个部分都可以选择展示的方式，或静、或动、或动

① 乔均：《为品牌腾飞助力——高铁传媒“助动式传播”媒体》，《中国广告》2009年第6期。

静结合。动态视频广告与平面视频广告的互补，不仅能充分利用 LED 屏的空间，更能达到传播的最佳效果。第三，可分可合。为了达到更好的广告效果，在播出的过程中，可以采用分屏加单屏的形式，分屏可以多样展示，单屏可以加重强调。第四，个性展示。大面积的屏幕给了产品进行个性展示的空间，每个产品广告可以根据产品特点量身定做个性的视频展示窗口。

大多数 LED 存在于户外或者是大的室内环境中，比如商场、机场、火车站等，受众大多处于流动或者短时等待状态。在这种情况下，内容越精彩，图像越丰富，信息越明晰，就越能吸引受众的注意。受众经过 LED 屏时，如果正在播放的是一个普通的视频广告，那么受众所接收到的很可能就是这个广告中某个不具备任何实用信息的画面。而“助动式传播”所打造的广告形式则规避了这种瞬间的传播风险，传递给受众的除了视频广告外，还有带有明显标志的产品信息，大大提升了广告有效信息的到达率。

尽管很多 LED 屏的媒体运营商已经从内容和形式上进行创新尝试，“助动式传播”的方式也有人在做，但是在客户那里并未形成一个完整的概念。高铁传媒所做的就是分析原有的视频传播形式，结合自身媒体的特点进行研究、归类，并形成概念加以实践、推广。经过一段时间的实践，高铁传媒的一些客户对于这种形式和“助动式传播”的概念大加赞赏，其受众反应也比较乐观，可见其具有广泛推广的潜力。

三、以收购来整合行业，获取利润

近年来，中国市场发生了巨大的转变：从大众时代到分众时代，再到“碎片化”现象的出现，导致人们的生活方式、社会阶层产生了更多样化的细分，因此我们对媒体的接触习惯以及品牌有了更深刻的认识。面对日益激烈的竞争环境，为了取得更大的利润，许多户外新媒体公司都走上了合并和收购之路。

这种“聚合”现象的优势可以从多方面来发掘，如以网络社区为代表的“虚拟聚合”、以“快男”为代表的“心理聚合”等等，这些都达到了最佳的市场效果。而户外新媒体行业的“聚合”也将达到同样的效果。

以华视传媒为例，华视传媒认为户外新媒体的收购时代来临了。2009 年，当全球都遭遇金融危机的时候，华视控制内外部风险的能力也受到前所未有的考验。但华视传媒 CEO 李利民认为“越是危机，越是要创新”。

“北京时间 2009 年 10 月 15 日，中国最大的户外数字移动电视广告运营商华视传媒(Nasdaq：VISN)与中国最大的地铁电视广告运营商数码媒体集团(DMG)在上海香格里拉酒店共同宣布了双方合并的消息。通过本次整合，华视传媒的户外数字移动电视广告联播网将与DMG的全国地铁电视广告网全面、完整地融为一体，打造出一个地铁公交电视无缝对接的、中国乃至全球最大的户外数字移动电视广告联播网。这次合并后，新联播网将覆盖中国30余个主要城市，包括四大一线城市——北京、上海、广州、深圳，以及天津、重庆、成都、南京、杭州、武汉、沈阳等重要城市，并进入香港，首次将广告运营拓展到中国大陆之外。新联播网的自有终端数在本次整合后将超过16万个，占据中国移动电视终端总量的70%以上。"[①]现在，华视传媒已经拥有29个公交数字移动电视联播网城市和8个地铁电视联播网城市，共有8.3万辆公交车、35条地铁线路、14.2万个公交数字移动电视终端以及5.56万个地铁电视终端，覆盖中国无线发射技术播放终端数占比81.6%，占已开通地铁电视终端数的100%，并延伸至香港地区，影响中国主流消费城市4亿人次。

思考题：

1.什么是户外媒体？

2.户外新媒体具有什么样的特征？

3.户外新媒体与传统大众媒体的区别是什么？

4.户外新媒体与户外传统媒体的区别是什么？

5.以生活圈为划分依据，可以将户外新媒体划分为哪几大类？

6.户外新媒体的运营模式包括哪几种？

7.以分众传媒为代表的楼宇广告电视的优势是什么？缺点是什么？

8."助动式传播"的特点是什么？

---

① 胡潇滢:《华视传媒成全球最大移动电视经营网络》,《证券日报》2009年10月16日。

第八章
新媒体市场营销

第一节　新媒体市场营销模式

一、传统媒体营销的含义和特点

传媒市场营销，简称传媒营销，是指传媒在适当的时间和空间，以适当的形式，通过适当的促销手段，向合适的消费者提供合适的传媒产品和服务，实现传媒机构效益的过程。传媒营销的实质是传媒以消费者为中心实现内容与渠道的有效整合，以满足各方的需求。[①]

传统媒体是通过"一点对多点"的"广播"传播模式来进行的，它的传播对象是所有的人，传播模式基本上是由传媒组织作为主体，以一点向它的受众多点发送信息，引起大众关注，实现传播目的。所以，传统媒体的广告营销，要么经过专业化的电视节目制作，要么经过繁琐的排版、照排和印刷工艺，制成电视或者纸质广告发布，或者通过空中广播传达给受众。

二、新媒体营销模式的特点

新媒体的传播方式是"多对多"。在新媒体的传播中，"窄播"的传播对象是某些特定的时间和环境下特定人群的特定需求，是特定人群的特定需求的针对性传播。这种传播在新媒体中被称为分众传播。新媒体的分众化实现了一种

① 钱晓文:《当代传媒经营管理》,中山大学出版社 2008 年版。

真正意义上的新的“个体化公共媒体”。同时，新媒体的营销方式也发生了根本的变化，即“推”“拉”联合使用。从产品的角度来讲，新媒体营销集成了上述产品的全部功能，它既是图像的又是音频的；它既可以是电子版本，顷刻又可以成为印刷版本；它可以方便地修改，也可以发送到世界任何地方；它可以向个人发送私密信息，也可以向广大受众推出团购的邀请。针对“推”和“拉”技术的另一种表达就是分享技术，今天广泛流传的博客与微博就是这种技术的应用。分享技术使人类营销的多样性特征得到空前的表达，极大地丰富了人类的销售方式。

另外，在营销的评价方式上，新媒体也和传统媒体有很大的区别：

(一)新媒体以广告的点击量作为计费依据

既然新技术和新办法能够实现传统媒体所不能实现的数据收集，广告客户进而要求以广告的实际收效来支付广告费用。如美国的广告公司率先实现按照网页广告的访问(点击)次数付费，这种按照点击率付费的方式很快得到全世界广告公司的积极响应。这种按次收费的点击能够追踪到访问者的地址，或者访问者的兴趣爱好，甚至其职业身份。搜索引擎也采用计数并排序的方式为广告客户提供竞价服务。总之，由于客户的积极参与和介入，互联网将迎来广告投入互动与数字化时代，互联网的广告投放将迎来百花齐放的时期。

(二)新媒体以数据为中心的销售策划活动

传统的促销活动有许多不确定性。如你没有邀请客户的详尽数据；你不知道参加会议的代表是总经理还是副总经理，或者是经销代表；你不知道会议的时间是春天还是秋天合适；你也不清楚你安排的会期是否与其他会议相冲突；当然还有会议地点和礼品的选择问题……

新媒体以数据为基础的策划改变了这一切。策划第一步可以在网络上征求客户的意见。网络是交流信息、反馈意见、获取需求的平台。你把得到的数据进行分析挖掘：大客户的意见是什么？大客户占公司营业额多少？中型客户的意见是什么？他们所占公司的销售量多少？散户的意见是什么？他们所占公司的销售比例多少？有了这些数据，开会的时间、地点就可以确定了。但你还需做会议内容取舍。

会议内容同样可以通过网络发布，并作出分析和筛选。不过对这些筛选后的内容要有充分的准备，因为一些得不到重视的提议没有纳入会议讨论范围，你得在会前安排大量时间进行安抚和疏导，最好不要在正式会议上讨论没有纳入讨论议程的内容。

即便你认为已经安排好所有的议程，同样需要应急预案准备。一些赚钱少甚至亏本的经销商会临时发难，一些被对手策反的经销商也会现场提出质疑。而这些信息，会议的主办单位完全可以在会前得到。

对于一般的商业会议，应该有四个阶段的数据的收集、使用与整理：1. 历史数据。即公司过去已有的客户数据，这是一次策划活动的基础数据。2. 意见数据。这是活动成功的关键数据，可以检验公司安排活动的内容是不是击中了客户的兴奋点。3. 敏感数据。关于会议议程的应急处理预案。4. 业绩数据。

（三）新媒体营销重视数据挖掘

举一个数据挖掘的案例：有一个餐厅经营得不错，餐厅的管理还算可以，采用收款机，每一笔收入都有记录。如果把这些数据都给你，你能够分析出什么结果呢？这个餐厅的菜品过百，有客人点得多的，也有点得少的，还有几乎不点的菜品。数据挖掘的任务就是：

1. 开发更多的上座率高的菜品

第一，分析上座率高的菜品的共同特征，并开发出更多相近口味的产品；第二，去除上座率低的菜品。

2. 开发上座率和利润率都高的菜品

第一，分析比对上座率高的菜品，从中筛选出利润率较高的产品；第二，在利润率较高的产品中分析其共性，开发上座率与利润率都高的产品。

目前，数据挖掘技术已经被广泛地应用于商业竞争之中。携程网通过数据筛选挖掘出金牌客户并提供更大的打折空间；CD公司通过数据挖掘筛选出礼品客户；汽车供应商依据数据挖掘开发出集团客户……今天的关系数据库、空间数据库可以根据客户的需求做更多的事情。我们甚至可以根据一些无线终端的运动轨迹知道这个人是做销售还是送货的，那个人是政府官员还是企业的管理人员。通过数据挖掘与分析，我们能够知道的事情越来越多。

（四）迎接以数据为核心的销售时代

以数据作为销售核心的意义在于：

1. 你得到的数据有多远，你的销售半径就有多远；

2. 你网络的结构有多远，你的销售组织就有多远。

三、云计算带来新媒体营销的新格局

当人们正在为网上购物的便宜而感到欢欣鼓舞的时候，“云”技术革命悄然开始。这与其说是一场从天而降的革命，不如说革命已经准备多年，直到今天才汇集成“云”的概念。可以说，未来新媒体营销正在发生翻天覆地的变化，新媒体营销概念、格局和模式逐渐走向成熟。

新媒体营销正在形成的格局可以概括为云端和终端两极：以数据量作为云端极容量越来越大，速度越来越快；以个人使用的终端极功能越来越多，速度越来越快，集成度越来越高。新的两极可以理解为圆锥体结构，即互联网云计算数据为能够无限扩展的一端，而接受云端数据的终端像一根针指向每一个用户。所谓“天上千朵云，地下一根针”。

（一）什么是云计算

云计算（Cloud Computing）是分布式计算技术的一种。其最基本的概念，是透过网络将庞大的计算处理程序自动分拆成无数个较小的子程序，再交由多部服务器所组成的庞大系统，经搜寻、计算分析之后，将处理结果回传给用户。通过这项技术，网络服务提供者可以在数秒之内，达成处理数以千万计甚至亿计的信息，达到和超级计算机同样强大效能的网络服务。

云计算是相对海量数据运算的一个概念，比海洋更大的容器（空间）乃是星云。

（二）云计算的应用范围

云计算技术已经被广泛应用在信息技术领域，当今时髦的搜索引擎谷歌与百度，当今时尚的购物网站亚马逊与淘宝，当今成熟的电子商务阿里巴巴与慧聪，还有不计其数的视频网、搜房网、购书网、团购网，以及一些大容量的免费邮箱，等等。我们可以把放进服务器内的超大程序和数据统统看成云的概念，这些数据并不集中存放，而是分散在世界各地，一旦需要马上就可以向你的终端上聚集，风驰电掣，行云流水。

（三）云计算改变了什么？

云计算解决了信息分散，难以综合分析的难题。从结构上讲，云计算是多中心的。云计算结束了数据被少数人高度垄断和集中；云计算解决了数据被少数国家和民族或者机构控制的问题；云计算在商业领域的应用则是翻天覆地的，它颠覆了传统商业的营销模式，改变了商业领域的行销手段和行为方式；云计算也把新媒体的营销推向极致，无论你在哪里，我不仅可以把实时新闻推送给你，还可以马上得到你对新闻的理解与意见。

1. 销售模式的变化。在亚马逊或者淘宝网有多少零售商呢？200 万或者 500 万？他们的销售手段是网络，能够把所有网店数据整合在一起来查询的是搜索引擎。这些网店老板的生存和行销方式完全不同。传统的销售需要店面，需要仓储，需要看店子的人，需要送货的人。更为要命的是，传统销售受制于服务半径的影响，往往只能服务路过你店面的客人。而云计算打破了服务半径的限制，可以把客户需要的产品销售到世界各地。

2. 开店门槛的变化。当今国内数以百万计的年轻人都有自己的网店，或者说他们依靠网店维持个人甚至家庭的生计。传统的商业要自立门户谈何容易？需要店门租金，需要适当的商品储存，需要维持实体店种类繁多的支出……但网店完全不同，只需要注册一个费用低廉的网络空间，然后寻找自己销售的产品，将制造商的产品发布到小店的空间，买空卖空，生意即可开张……

3. 从更加宏观的角度看，云计算实现了把五大洲的商人全部聚集到云端，他们不分国界，不分男女，不分贵贱，他们都是生意人，他们享受着跨时间和跨国界的自由贸易待遇。

4. 产品制造商纷纷推出直销平台。云时代不仅带来了购物方式的改变，也促使巨型商业体发生转型，传统企业进军电子商务已不再新鲜，众多家电制造企业都已纷纷推出自建的电子商务平台。

5. “体验店＋网购”成就最新的销售模式。据 CBI 最新的一项调查显示：三十岁以下的城市白领中，有超过 27％的人购买大型家电（如平板电视、冰箱、洗衣机等）采用如下步骤：商场转一转，网上看一看，价格比一比，网络下订单。实体店越来越多地成为帮助别人打工的橱窗，成为展示制造商产品的体验店。网络购物方式渐成气候，城市年轻白领购物方式的转变将牵动未来购物的走势。上世纪末迅速崛起的电脑城大厦已倾；本世纪初火红的家电城步其后尘也只是时间而已。

6. 免费销售模式再度进化。传统媒体生存的主要模式是将内容免费提供给基数庞大的消费者，然后将消费者的注意力二次售卖给广告商，或者从运营消费者数据库中谋利。因此，实际上“免费”在传统媒体中由来已久，并且存在免费报刊等独特形式。直到新媒体经济时代，免费模式再度进化。“免费经济”的革新概念源自克里斯·安德森及其著作《免费：商业的未来》，这也是关于免费经济学(Free Economics)的最早著述。其核心观点认为免费商品的边际成本趋于零，尤其是数字化时代的比特经济，使得免费转化为真正意义上的大众利益，而非传统经济中免费的变相转移。[①]

免费模式的第一个阶段是在线内容免费阶段，用户可以免费浏览电子报纸、杂志、门户网站等在线内容。例如，《中国贸易报》于1995年上线，并成为中国首家数字报纸。数字报纸的大规模兴起则是在2000年左右。门户网站，其生存方式包括广告和增值业务等方面。以中国门户网站新浪、网易、搜狐等为例，2000年新浪、网易、搜狐相继上市，根据它们公开的当年的业绩报告，它们的广告占全部营业收入的85%以上。

免费模式的第二个阶段是在线工具免费阶段。和第一阶段的海量内容相比，工具免费阶段则突出工具在搜索、分类和专业化方面的作用；其背后的运营主体依然是企业和组织而非个人，不过借助专门化工具实现了人际互动的进步。比如，搜索引擎工具将内容有效分类，从而降低了消费者筛选信息的成本，并且满足和激发了消费者的消费欲望；而QQ、360等则通过提供专业化工具，满足了消费者的专门化需求。和第一个阶段相比，工具免费阶段突出了消费者的动手能力和主动需求，并且突破了第一个阶段在互动性和人际关系方面的局限，这也为下一个阶段(平台免费阶段)的到来培养了消费习惯并积蓄了能量。

免费模式的第三个阶段是在线平台免费阶段。其典型特征是平台为消费个体提供智力、商品或者娱乐等消费产品，从而凝聚个体为群体，形成具有社区特征的虚拟场所，并建立较为稳固的人际关系。和传媒产业前两个阶段不同，第三个阶段是个体主导的模式，因此也具有完全免费平台性质，比如诞生于2001年的非盈利性质的维基百科(Wiki)。

平台免费阶段可以分为两类：第一类是以威客(Witkey)、团购等为代表的在线交易平台模式，以免费平台为基础连接供需双方，实际上是碎片化的电子商务式的在线智力交易，而团购网则是将碎片化进行了时间或地点或商品对象的规整。因此第一类免费平台实质是电子商务。第二类是以Youtube、Facebook、51.com、开心网等为代表的社交平台模式，是以熟人关系为核心的关系脉

---

① 克里斯·安德森著，蒋旭峰、冯斌、璩静译：《免费：商业的未来》，中信出版社2009年版，第18～29页。

络，不是直接的在线交易，是依靠流量获取广告、增值收入等。平台免费的实质是提供具有黏性的空间，让消费者在使用其具体功能的过程中形成人际互动网络，是将内容和功能融为一体的模式。

第二节　新媒体营销成功案例分析

案例一：电影《失恋33天》成功的网络微博营销

2011年的中国影坛上闯出了一匹黑马，那就是《失恋33天》。这部影片开始从真正意义上把一部电影当做产品来卖，从产品的制作源头起，走完一整套的营销路线，并且运用了很多新招数。从营销的角度来讲，《失恋33天》是一部探索成功的经典案例。

一、以短片开路制造话题

回顾《失恋33天》的网络营销策略，首先是准备十分充分，先后在全国7个城市拍摄了14个名为《失恋物语》的短片，从不同的城市选取年轻人讲述自己的失恋经历，然后在微博等平台投放，引起了巨大反响和共鸣。除了片方拍摄的七大城市的短片，网友们更自发地拍摄了二十多个不同城市、不同方言、不同版本的《失恋物语》，让"失恋"成为一个影响大批年轻网民的流行话题，进而带动大家对电影的关注。

"失恋博物馆"也是《失恋33天》整个营销计划中十分漂亮的一笔。电影的第一次落地活动——"关机仪式"的主打产品是《失恋物语》，而第二次落地活动则是启动"失恋博物馆"，其实就是针对该片在新浪视频建立的一个视频官网提出的概念，颇有噱头。除了该片大量的视频宣传素材，还把在微博上征集到的分手信物、失恋后的心情感受、疗伤歌曲等等放在上面，营造一种气氛。

前后连贯的主题，令"失恋"话题深入人心，"失恋物语"系列在各大视频网站的播放量超过2000万，百度指数从13万被拉高到17万。

二、微博助力

《失恋33天》的成功让"微博营销"正式成为一种"靠谱"的传播媒介，开始与报纸、广播、电视等传统媒体平分秋色了。

《失恋33天》创造了官方微博粉丝量近10万的纪录，同时还打造了很多

"失恋33天"的微博号码,像"失恋33天经典语录"、"失恋33天心语"等微博号,粉丝数都在10万以上,这样就形成了一个庞大的微博矩阵,由这个矩阵加上话题再加上各大排名靠前的草根微博转播和推荐,所形成的力量在微博上无疑是巨大的。

截至2011年12月7日,微博上关于"失恋33天"的搜索结果已经超过800万,同时"王小贱"的搜索结果也近150万。

新浪微博直接搜"失恋33天"找到约670多万条消息,腾讯微博直接搜索找到了约330多万条消息。而分享的前两位用户听众均是万级博主,从第三位开始也是将近万级听众的博主。试想一下,这里搜索到的博主听众加起来又有多少呢?再加上明星效应,加上明星微博粉丝们的跟进传递,分享信息肯定已经破千万。①

三、网络题材

《失恋33天》的剧本最初是网上的一个热门帖子,最后变成了小说,拥有150多万忠实粉丝,在之前的宣传预告片中很好地埋下了话题种子,加上很好的口碑效应,从而实现了良好的收益。以下数据便能说明:

1.百度搜索"失恋33天"截至2011年11月16日找到相关结果约394万个。

2.Google搜索"失恋33天"截至2011年11月16日找到相关结果约5900万条。

根据百度指数分析的报表来看,2011年9月前搜索量一般为1000左右,从9月中旬开始搜索量增加到5000左右,随后搜索量均在30万以上,10月底基本成功冲击130万的搜索量。媒体的关注度上升也呈现非常乐观的形势,找到相关的新闻约9270篇。

再来看看搜索的年龄、性别方面,从比例上来看相对比较均匀。关注的年龄分布也是以年轻人为主,更加从侧面印证了《失恋33天》在网络营销中的定位精准。

案例二:凡客诚品——成功的网络营销

2007年10月18日,VANCL凡客诚品横空出世,它的商业模式是自有服

① http://finance.sina.com.cn/leadership/myxcl/20120203/144311308419.shtml

装品牌的网上销售。目前，凡客已是根植中国互联网上遥遥领先的领军服装品牌。品牌定位是"高性价比的自有品牌，全球时尚的无限选择，最好的用户体验"。

凡客诚品成立不到三年，2009年就实现了5亿的收入，并以每年高达300%的速度增长。

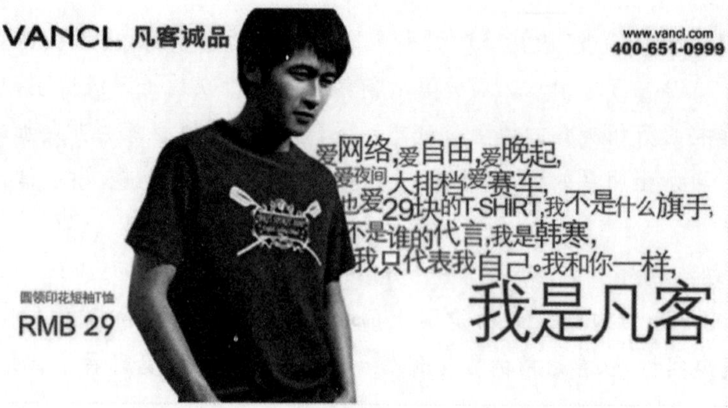

图8－1

究其成功的原因，很大一部分在于成功地运用了新媒体广告营销。在广告投放方面，凡客的做法十分高明。

第一，凡客选择了比较精准的广告阵地——论坛、视频站点。换装是大多数人的需求，所以选择的网站人气肯定要好，论坛和视频站点刚好符合了这一要求。

第二，凡客选择了合适的受众即潜在的顾客群体。网购是80后年轻人的喜好，视频网站和论坛一般都是年轻人聚集的地方，凡客选择了凤凰论坛、猫扑，视频站点选择了人气较旺的优酷网，广告以鼠标停放变大的特效，吸引了网民的眼球。

第三，凡客的新媒体广告保持了持续性，为人们从认知品牌到尝试购买提供了时间。人们上网有一个习惯轨迹，习惯性登录某几个网站。当他习惯上的几个网站都挂上了同一个品牌的广告，就会诱使他从好奇到点击浏览，直到产生购买欲望。

思考题：

1. 如何理解云计算？云计算的存在意义是什么？
2. 新媒体的体验经济包括哪些模式？
3. 简述新媒体免费模式的发展路径。
4. 终端技术革命包括哪两种竞争？无线终端经历了怎样的竞争？
5. 思考归纳未来终端特点的现实依据是什么？
6. 新媒体相较于传统媒体在营销手段上的创新何在？
7. 新媒体以数据为核心的销售时代有何特色？

第九章
新媒体的组织结构

第一节　新媒体组织结构的概述

一、组织结构

(一)组织结构的定义

根据组织管理学的基本原理,“组织是指为了完成一定的目标按一定规范形成的彼此协调的职务结构和职位结构”①。也即是说,组织的建立需要具备三个重要的概念:职权、职责、组织系统。

组织结构由流程(工作的组织方式和过程)、结构(分解工作的方式)、等级链(组织的资历与权力层次)以及人员(员工)四个部分构成。

纵观企业发展历史,组织结构的发展过程既是企业规模扩张和生产社会化的过程,又是所有权和经营管理权相分离的过程,同时还是经营管理活动与生产制造活动专业分工的过程。在市场经济条件下的传媒企业组织结构,主要经历了业主制、合伙制和公司制三个发展阶段。公司制又通过现代企业制度进化到股份制、集团制的组织形态,企业组织经历了由单一组织向多元化、国际化发展的演变过程(如图 9－1 所示)。

① 张创新主编:《现代管理学概论》,吉林大学出版社 2000 年版,第 262～263 页。

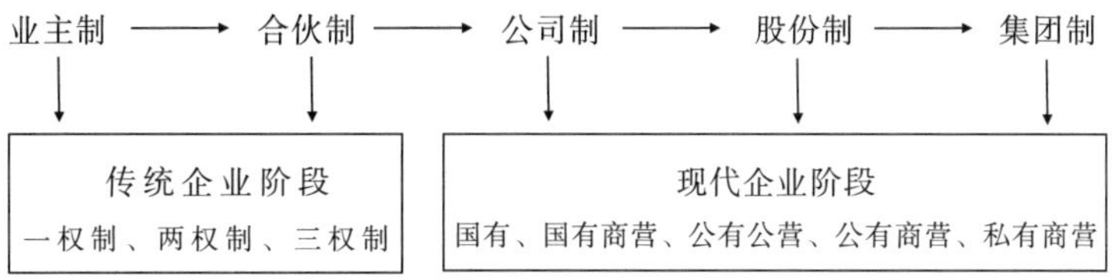

图 9－1

(二)传媒组织结构的形式与变迁

1.传统组织形态

威廉姆森(Williamson,1975)在《市场与层级组织》一文中将企业组织架构按重建的过程分为古典型、U 型、H 型和 M 型四种基本类型,后来又出现了 U 型架构的变种(被称为矩阵架构)和 M 型架构的变种(被称为超事业部架构)。[①]

古典型企业组织架构是一种尚未进行分工管理的原始架构,企业的所有者负责管理企业的一切经营活动。随着市场规模的不断扩大,企业需要管理的分工和专业化,具体表现为企业管理的直线管理系统和职能系统的分化以及上级对下级的分权与授权。

U 型架构(Unitary Structure)也称一元架构,是指组织从上至下按照相同的职能将各种活动组合起来的一种职能型垂直结构。其典型特征是在管理分工的基础上,实行中央集权控制。这种组织结构在传统报社、电台和电视台运用较多,比如《人民日报》的组织结构(如图 9—2 所示)。

M 型架构(Multidivisional Structure)亦称事业部制。它的显著特征是集权与分权的有机结合,从而有效地解决了制约 U 型架构和 H 型架构的管理低效率问题,降低了企业内部的管理成本。因此,M 型架构在现代企业中较为常见。如《星岛日报》投资 34 家控股子公司和 9 家参股子公司,形成了拥有 32 亿港元总投资的星岛集团(图 9—3 所示)。

① 聂清凯:《网络经济时代企业组织架构重建研究》,《外国经济与管理》2004 年 11 月。

图 9-2①

① 梁衡:《传媒新论》,学习出版社 1998 年版,第 67 页。

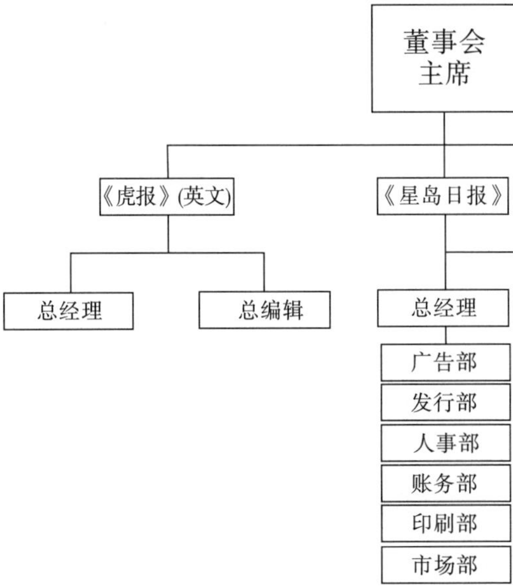

图 9－3①

H 型架构(Holding Company)也是矩阵型架构，是传媒集团发展到一定阶段和规模时的必然选择。矩阵式结构意味着多个不同的结构形成一个矩阵，当单一的结构不能满足组织对环境的快速反应时，这是最好的选择。以英国广播公司(BBC)为例(如图 9—4 所示)：

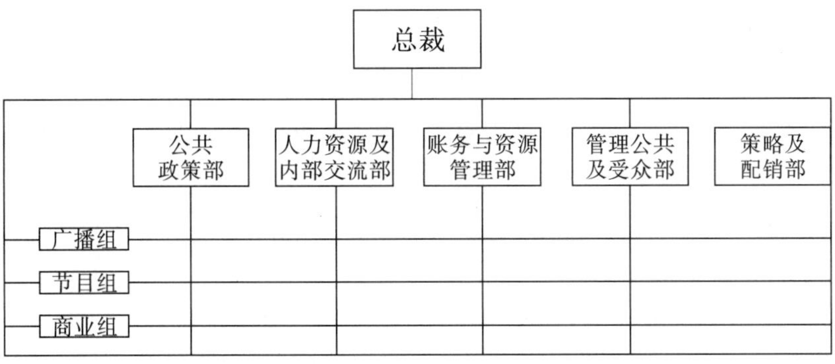

图 9－4　英国广播公司(BBC)组织结构图②

① 钱晓文：《当代传媒经营管理》，中山大学出版社 2008 年版，第 41 页。

② 梁衡：《传媒新论》，学习出版社 1998 年版，第 72 页。

2. 具有网络特征的模式变迁

自20世纪80年代以来，随着新媒体技术的发展、消费者需求的变化及市场变革，传媒企业所面临的不确定性因素越来越多，传统科层组织形式已难以适应这一形势，企业组织形式的变革成为必然。这种变革是从企业内部组织结构和企业外部即企业之间的关系两个方面来进行的。从企业内部组织变革来看，体现为层级扁平化、运作柔性化和内部关系网络的特征。层级的减少是企业内部组织变革的最显著的特征。其结构特点是相对松散、扁平、开放、融合的管理体模式呈现，企业组织结构的指挥链减少，对控制跨度的限制降低，取消了各种职能部门，代之以授权的具有团结协作精神的团队。

网络环境对企业组织结构就形成了挑战。对于直线职能制企业组织结构来说，由于它以直线制为基础，职能部门拟定的计划、方案以及有关指令，由生产行政领导者批准下达，职能部门对下级领导者和下级机构无权直接下达命令或进行指挥，只起业务指导作用。在网络环境下，直线职能制组织容易造成部门间的脱节，导致信息失真，决策失误。

对于事业部制组织来说，尽管解决了制约U型架构和H型架构的管理低效率问题，降低了企业内部的管理成本，但如前所述，网络环境压缩了企业规模与组织层次，使事业部作用不同的利润中心容易产生本位主义，树立信息交流壁垒；各事业部设立的职能部门容易造成管理机构垂直，管理人员浪费，增加交易成本，与现代网络环境的要求背道而驰。

对于矩阵制组织来说，由于它把按职能划分的部门和按产品、服务项目划分的小组结合起来组成一个矩阵，同一名职能成员既同职能部门保持组织与业务上的联系，又参加产品或项目小组的工作，故而项目小组的成员都受到双重领导。正因为这种突破容易在组织内部产生工作矛盾，除非对职权和职责关系有着明确规定和理解，否则这种类型的结构会给管理者带来问题并牺牲作业效率，同样离网络环境的要求有一定的距离。

从企业外部关系来看，在不确定性的条件下，个体企业认识到竞争以外合作的重要性，解决资源问题、市场问题、创新问题以及制度问题，以提高企业快速变化的反应能力。

企业组织结构的设计与构造，总是随着社会经济和科学技术的不断发展而产生适应性的变化。从直线制到直线职能制，从矩阵制到事业部制，从事业部制到网络化再到虚拟化，企业组织结构的创新与变革从未停止过。新媒体企业组织结构正是基于当今飞速发展的现代信息技术手段而建立和发展起来的一种新型企业组织结构。

第二节　新媒体组织结构设计及特征

一、新媒体组织结构定义

新媒体企业组织结构对内是由战略管理、人力资源管理、财务管理等相关功能而形成的一个由总公司实施统一管理和控制的企业内网络组织，对外是根据生产经营业务的管理需要而形成的联盟型网络组织，共同使用资源等战略目标，通过各种联结纽带（如契约、股权等）达到优势互补、风险共担，以实现各成员企业之间的资源共享、双赢互惠的目的。通过竞争合作的资源整合，以形成一种有机的、能自我繁育的新媒体网络组织（如图 9—5 所示）。

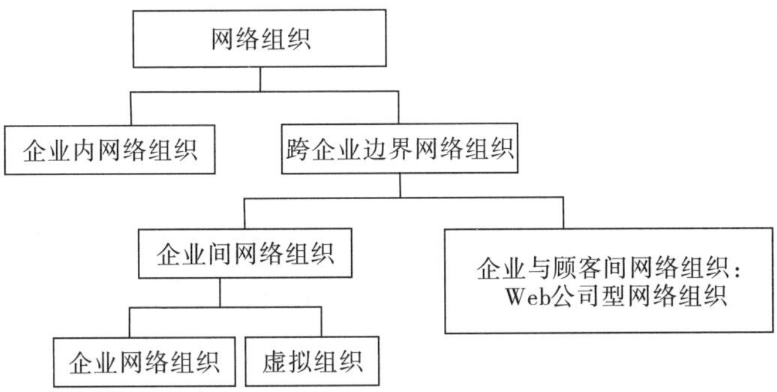

图 9－5

二、新媒体组织结构设计

（一）网络化组织结构设计

新媒体的网络组织结构是指一个由活性节点（节点具有决策能力）的网络联结构成的有机的组织系统。信息流驱动网络组织运作，网络组织协议保证网络组织的正常运转，网络组织通过重组去适应外部环境，通过组织成员协作创

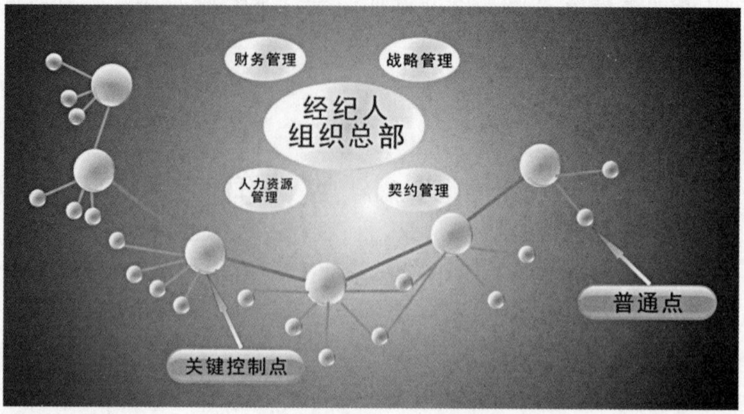

图 9-6 网络组织结构图

新实现网络组织的目标(见图 9—6)。[①]

从此定义可以看出,新媒体网络组织结构不仅是企业组织内部的一种组织形式,同时也是企业组织之间的一种联系方式,是一种依赖于现代网络通信技术平台、网络组织的信息交流以及信息流指引下的物流传输,更加方便各成员组织或工作团队之间相互联系,从而形成了资源共享、优势互补、超越传统组织边界和空间障碍的功能群体。关于网络组织结构的特点,国内学者钱平凡博士做出了研究总结:

1. 它是围绕着特定结果而组织起来的

企业组织以愿景为指导,牵引着企业组织发展;而网络组织则主要是为实现特定的结果,把有关企业组织联结起来。网络组织的建立往往沿着价值链进行,把某种产品或服务价值链上的有关企业组织起来,共创更大的价值。一旦这一特定的结果实现了,就宣告了组织的解体,或者准备结成新的网络组织。它缺少单体企业组织那种长远的愿景。

2. 它是职能的集合体

网络组织把多个相关企业组织联结起来,这种联结所需要的不是相关企业组织本身,而是它所能承担的一定职能。网络组织实际是多种职能的联合体,组织成员分别承担着传统职能型组织中的不同职能,它类似于纵向一体化组织结构,但组员本身又是一个个的独立体。在网络组织中,成员组织的交易费用

① 李维安著:《网络组织:组织发展新趋势》,经济科学出版社 2003 年版,第 79 页。

大为减少，这样既获得了分工效率又产生了协同效应。

3. 经纪人组织的存在

网络组织是以某一企业组织为核心而建立起来的，这个核心企业组织常称为经纪人组织。美国学者赖克教授称这种核心企业组织为“战略经纪人”，而把网络的其他成员组织称为“问题解决者”。

4. 市场机制的有效运用

网络组织中的各个成员组织都是独立体，它们之间主要通过契约而联结起来。这种契约的达成是以市场机制为基础，通过市场上的公开搜寻、洽谈，在平等、独立的基础上签订契约，并以契约为依据，承担各自的义务与职责，同时分享既定的利益。

5. 完全的信息共享

各成员组织之间的合作建立在完全信任的基础之上，这种信任的建立又以完全的信息共享为前提。一旦成员企业组织之间不愿公开其信息，或只是有限地公开其信息，这种信任就无法建立，网络组织也就难以建立，即使建立了也不可能有效地运行。

6. 核心能力组合

网络组织的存在基础是“整体的力量大于各自力量的总和”，它的建立是为了把多种核心能力结合起来，以便取长补短，从而获得协同效应。因此，网络组织是多种核心能力的整合体。

7. 以信任为基础，以沟通、协调为主体的新型管理方式

网络型组织是以经纪人组织为中心而建立起来的企业组织联合体，原则上各成员组织是平等、独立的。因此，对网络组织的管理完全不同于传统的职能型企业组织，它需要成员组织之间的大量沟通，从而建立一种完全的信任关系。

8. 无边界性

网络组织中的经纪人组织可与不同的企业组织通过契约联结在一起，而成员组织也可与不同的经纪人组织联结在一起。因此，这种组织没有清晰可辨的边界，而是一张可大可小的网络。

总之，网络型组织结构摒弃了传统企业以集中控制为主的垂直金字塔形组织结构，代之以横向协调为主、以核心企业（经纪人企业）为中心的放射状的网

络形式。组成企业网络的各个工作团队相对独立,组织小,决策快,对市场反应敏捷,而网络的组成随市场要求和企业发展而变化,使整个企业组织具备了快速、灵活、动态和自我创新的特性。①

(二)虚拟组织结构设计

虚拟组织(Virtual Organization)是相对于真实组织而言的一种有型组织结构。企业的虚拟运作已有几十年的历史,但真实意义上的完全虚拟的组织结构在20世纪90年代才出现。1993年,约翰·拜恩发表了名为《虚拟企业》的文章,该文后来被公认为虚拟企业研究的最经典的一篇文献。其中,首次明确指出了虚拟企业的定义:即多个企业快速形成的、暂时的公司联盟,以把握快速变化的机遇。在虚拟企业中,每个伙伴都贡献出自己最擅长的能力。② 关于虚拟组织的定义有多种理解:

以美国亚马逊公司和eBay公司为代表认为"虚拟组织就是一种电子在线组织"。

伯恩认为,虚拟组织是"一个利用内部和外部协作来配置超出它自身所拥有的资源的企业",是"运用技术进行运作的一个大范围的联盟"。③

阿诺尼莫斯戈特曼等人认为,"对于灵捷的竞争者来说,虚拟组织是一个动态的组织工具"。"虚拟组织是由各种企业单位形成的一种集团。其中人员和工作过程都来自于这些企业单位,他们彼此紧密联系、相互影响和相互作用,为了共同的利益而奋斗。"④

综上所述,虚拟组织是一种基于同担成本、共享资源、相互合作实体基础之上的组织结构。结构中的合作既是暂时的,又可以是永存的组织形式。虚拟组织中的各成员企业依靠电子契约进行联结,通过电子协议相互协调,具有企业一体化的性质,同时,它们又存在相对的独立性。此外,它们之间的合作关系随市场机遇的变化而迅速建立或分离,这一点又具有市场交易的特性。从某种意义上来讲,虚拟组织结构是网络组织的一种极端形式(见图9-7)。

建立在计算机互联网和现代通信技术之上的虚拟组织有着各种变化的结构,体现出灵活、动态、自适应的组织特点,这也是它的魅力所在。虚拟组织结

① 钱平凡:《组织转型》,浙江人民出版社1999年版,第355~356页。

② 杨杰:《网络经济环境下企业组织结构的演进分析》,《经营管理》2008年4月下旬刊。

③ John A. Byrne,"The Virtual Corporation",*Business Week*,February 8,1993.

④ 史蒂文·L.戈德曼等:《灵捷竞争者与虚拟组织》,辽宁教育出版社1998年版,第200页。

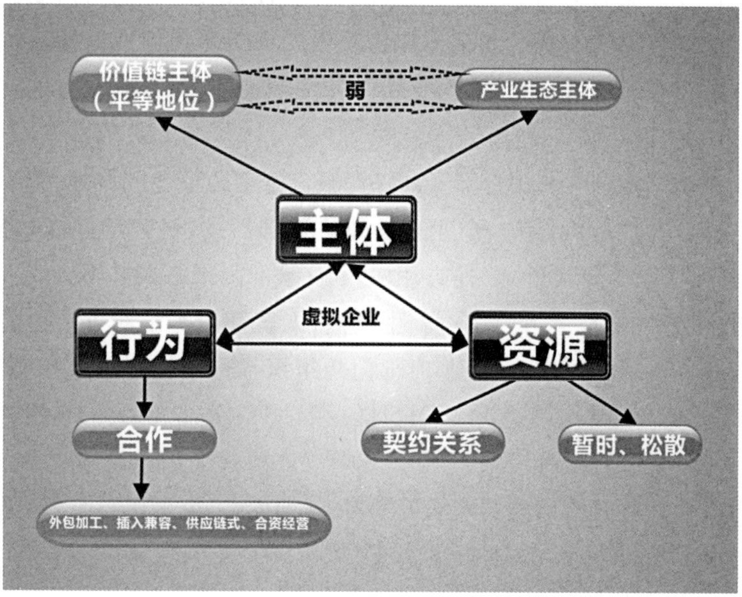

图9－7　虚拟企业的产业网络组织结构

构有平等联盟、星状联盟、价值联盟和市场联盟等多种形式。

1. 高度的灵活性和适应性

它能对瞬息万变的市场做出迅速、恰当的反应，面临混乱的业务环境时表现出极强的适应能力和灵活性。虚拟组织利用不同组织现存的结构，将它们的创造性方式结合在一起，从而形成一个新实体，这一发展策略避免了传统媒体企业面对一种新产品开发时，必须重新聚合人、财、物所造成的贻误时机和不确定风险。

虚拟组织的灵活性也有利于抓住有利可图的全球市场机会，组织本身的不确定性和可变性使它能比其他组织结构更好地根据客户要求来提供产品和服务。虚拟组织的这一显著特性，意味着它能轻易地突破经营范围，是充分利用业务外包和联盟组织力量改变和重新组织技能的有效工具。虚拟组织可以整合各成员企业的力量来快速适应不断变化的商业形势，从而获得比单个实体企业更多的市场机会。

2. 资源利用的有效性

虚拟组织利用计算机与互联网技术，方便快捷地整合组织内各成员企业的优势资源与核心能力，形成共同的竞争优势。单个企业的物质资源与智力资源总是有限的或片面的，企业往往因为资源与能力的错位、资源与市场的不对称而大大限制了自身的发展。如果虚拟组织中的成员企业组成联盟，通过合作，各方提供各自在知识、技能、资金、土地上的资源优势，就可以获得这次特殊的商业机会了。

虚拟组织结构具有利用外部资源以克服自身资源不足的可能，它可以自由市场模式组合替代层级结构，企业自身保留关键活动，对其他职能如销售、会计、制造等环节进行资源外包、外协，由一个首脑部门来协调并整合成一个完整的生产线，利用网络技术，把供应商、生产商、顾客甚至竞争对手等独立的企业或个人连接成动态的、作为企业临时部门的组织架构。例如，专注于服务外包的新一轮世界产业结构调整正席卷全球。相对于制造业2%～5%的增值幅度而言，服务外包的增值幅度高达100%。①

服务外包产业具有信息技术承载度高、附加值大、资源消耗低、环境污染少等特点，因此对承接方而言，有巨大的吸引力。

3.组织成员的地理分散性

在虚拟组织的构建过程中，成员企业在地理位置上的分散不可避免，这会造成地区、时区、国家、语言和文化背景企业之间交流与协调的困难。但在新技术革命条件下，现代信息技术已被用作支持虚拟组织成员间的信息交流与协调，它可以弥补地理分散性缺陷，并形成跨地区市场的低成本优势。

4.官僚作风减少

快捷、及时的反应能力和有效决策是虚拟组织对管理方式的重要要求。繁琐的官僚习气在虚拟组织中没有立足之地。虚拟组织中由于各成员企业之间地位平等，无上下级关系，从根本上克服了传统企业金字塔式的官僚机构，从体制上清除了官僚作风存在的温床。不必要的管理手段被尽量减少或被废除，从而真正保证了管理工作的简洁、高效、快速和适应能力。

虚拟企业的上述特征最为典型的表现是外包经营和代理制的出现。

在当今的经济现象中，"外包"与"代理制"日渐风行，特别是传媒企业的表现尤为突出。当今社会，传统媒体日渐新媒体化，产品的表达形式主要是多媒体，多媒体的形式如文字、图像、声音等可以由消费者自由选择。作为对数据库更多发掘而希望生产更多产品的主体企业，往往需要大量代理销售机构。这样

① 杨杰:《网络经济环境下企业组织结构的演进分析》,《经营管理》2008年4月下旬刊。

的代理者，促进了传媒的生产与销售的专业分工，其重要作用是解决了原创分工和交易效率的问题。可以说，代理制将日益成为虚拟组织中的一个重要角色。

虚拟企业通过项目合作、服务外包、代理制经营，可使“大而全”的传统组织模式逐渐消失。以前的非核心职能部门都逐渐游离，并形成独立经营的专业公司。那些优质的专业服务公司面对“优胜劣汰”的市场时，将被赋予更多的生存机会和发展空间。虚拟组织使各个网络成员的组织结构精练且富有弹性，它们技术共享、优势互补、联合开发，能够形成强有力的竞争优势。由此，整体市场的配置得到了优化。

值得注意的是，以相互合作为原则的动态虚拟组织设计的前提，必须关注企业之间维持交换和合作的共同标准和双赢的利益。由于动态虚拟组织中企业的交易并非是一次性的而往往是长期的产业链上的合作，所以这种结构可以有效克服信息资源的垄断性和不对称性给交易造成的困难。同时，在网络环境下，信息技术使信息在网络组织中自由流动且充分共享，并使得这种以合作为基础的网络组织，成为新媒体企业获得信息资源的最佳组织形式。

现在，虚拟企业应用于很多跨国公司。例如，在电信领域，EDS、Spint 和 Sun Microsysterns 共同组成一个联盟，为 1998 年足球世界杯提供了公共信息服务；在 IT 领域，Intel 借助于虚拟企业运作模式，和日本 Sharp、NMB 公司共同开发快速闪存芯片；在零售业，沃尔玛销售点的信息系统直接与 West Bond 制造公司相连接，使 West Bond 能及时为沃尔玛提供所有产品 100%的补充。

第三节　新媒体组织结构的形成动因

一、从战略制约角度思考组织结构设计，专注于组织运作的核心业务

(一)企业外部环境进入国际竞争

网络经济的一个重要特征就是全球化。首先，在地理空间上，互联网可进行全球信息传播；其次，在信息资源上，互联网体系的传输，使不同地域的经济联系更加便利。网络经济活动的扩展具有全球性，可达互联网联结的所有国家和地区，使各种经济主体进入全球市场，扩大营销范围，并能充分利用全世界的

生产要素。

反映外部竞争处于产业链上的机构数目、多样性激增并相互依赖性加强。在网络环境下，组织机构的数目正逐步增加。通讯和运输技术水平的显著提高、分工细化，使传媒单位在某一环节迅速细分，其结果是机构数目增多，同时，网络化合作提高了单个企业的工作能力，进而促进社会专业化和多样化。主要表现在单个项目实现速度的提高，知识进步产生的新技术缩短了单个事件的时间周期，如新媒体产品研发技术、新媒体广告技术的提高，使企业新的产品周期和市场周期都大大缩短。

当然，专业化也将进一步引起企业之间相互依赖性的提高。以 Internet 为基础的信息网络突破性地缩短了组织之间在时间和空间上的距离，打破了传媒业传统的组织结构和经营边界。同时，新媒体企业兼并与收购的加剧，社会环境的碎片化、多元化以及市场结构的转型化，也增大了市场的变动性。面对信息多变性、需求复杂性和资源有限性的挑战，企业能够充分利用各种外部资源和自身的外部能力就显得尤为重要。

(二)市场进一步细分，企业选择集聚的战略成为趋势

互联网使国际国内市场浑然一体，所有企业都面向国际市场，中小企业也要面向国际化发展。与此同时，各个企业也要面临产品线的缩减。集聚战略是企业将经营重点集中在某一特定的顾客群体、某产品系列或某一特定的市场上，力争在局部市场取得竞争优势。由于集中精力于局部市场，集聚战略能满足某些消费者群体的特殊需要，具有与差异化战略相同的优势。在战略制约下的组织结构设计，首先应该考虑的问题是，企业组织变革的最终目的是为企业提供一个围绕企业核心业务的、高效的组织管理方式，而非简单意义上的对人员配备和职能部门的增减变动。故而从功能角度来看，企业组织机构设计的重点和中心应始终围绕企业核心业务而设立核心流程的运行方式。例如，美国硅谷有一个以地区网络为基础的工业体系，在该地区密集的社会网络里，许多传媒公司的组织结构均为网络组织，系统中完全是以流程设计为组织功能中心，组织结构中各部门职能界限相互融合，松散联系的组织结构鼓励了公司各部门之间以及部门与公司外的供应商和消费者之间进行横向的交流。与此同时，各公司之间，一方面以保有各自的核心竞争力而展开相互之间的竞争；另一方面，由于网络体系的极大成熟，各公司之间又彼此合作，互为上下游供需资源，故而各公司之间的界限被打破。也就是说，硅谷的传媒公司根据所面临的战略环境

来确定自己的组织结构。

二、从缩减层次方面思考管理设计，专注于协调内部管理和外部管理的关系

(一)企业扁平化管理形成网络组织的核心能力

我国大多数传媒企业的组织结构是直线职能型，企业不论大小，自上而下自成体系，“麻雀虽小，五脏俱全”，属于典型的层级组织。基于此，从内部关系思考，在新媒体组织模式中，组织结构的一个变化趋势是精简属于信息中转站的非决策层，充分授权，使组织扁平化、柔性化和信息畅通化，其组织结构需要围绕企业的核心流程，建立减少层级的网络企业的内部管理。针对纵向关系实施管理权限下放，针对横向关系进行多头管理，变革传统的模式系统，注重核心能力的培养，促进企业组织从内部结构的合理性向外部协调的互动性发展。

(二)资源共享强化了网络组织企业的可持续发展

从外部关系来思考，在新媒体组织模式中，任何企业都不可能拥有企业发展所需要的一切关键资源，企业之间只有通过联合，引进合作伙伴的核心能力和具有互补性的技能与资源，才能实现相关信息的有效聚合与资源的全面整合，进而使企业走出孤立交易的小圈子，进入相互影响、相互作用的联合王国，实现单个企业所无法实现的可持续发展优势。

同时，从分担研发成本和分散经营风险的需要来看，企业要生存和发展就必须保持快速的研发能力、高效率的生产能力以及完善发达的营销能力，而这一切又要以雄厚的资金为后盾，而且还需要相关的高新技术相配合。企业之间建立的网络组织为之提供了具备这些能力以实现跨越式发展的可能性。通过联合，形成综合扩张能力和规模经济效应，降低了内部成本，提高了生产弹性，分散了经营风险。

三、从人才综合配置方面思考组织结构设计，专注于以网络流程为导向的工作团队的建立

(一)管理者角色

从管理者的角色来看，由于新媒体组织的核心在支配力上已经大为减弱，

管理者由原来的决策指挥者、控制监督者变为以服务协调、教练指导为其主要职责的角色。对管理者而言，随着原有的相对集权管理行为被相对分权管理所替代，管理者在由技术支配的流程和节点中，需要的是当好"服务者"、"协调者"。这样的转变，需要创造出对其他组织成员有影响的"向心力"。

面对即将来临的新型组织结构，管理者这种"向心力"的具体要求应该考虑为：第一，学会制定组织成员和团队共享的基础结构，保障组织运行环境的良好；第二，学会创造团队凝聚力，解决部分无益冲突；第三，学会简单并用经济的方式低成本地处理问题；第四，学会提高组织的学习记忆能力，提高组织的智能；第五，学会与行业供应商资源保持联络，及时地整合经营机会等。

（二）以网络流程为导向的工作团队的建立

在流程基础上的组织，要建立工作团队，也就是将过去以功能分工的组织方式改变为以网络流程为导向的工作小组。过去分散于各职能部门的工作由一个小组结合起来，并构成了一个非中心化的联合体网络。我们发现，当组织职务是围绕小组而不是个人来进行设计时，任务团队就诞生了。网络组织中，"任务团队"一词有着特定的含义，主要包括能够自我优化、自我设计、自我创造和自我组织。按照德鲁克教授的分类，团队只有三种类型：第一种是网球双打型的。在这种团队里，它必须是小型的，每一个成员必须使自己适应队友的个性、技能、长处和弱点。第二种是足球队型的。每一个队员有一个固定的位置，但整个队伍是整体移动的(除了守门员)，同时，队员们又保持各自的相对位置。第三种是棒球队型的或者是乐队型。每个成员的位置都是固定的。网络经济下的企业组织将越来越多地在企业内部和外部使用跨职能的任务团队，人们必须学会在没有固定职务、没有命令权威、既不是被控制也不是控制他人的情况下去进行管理，去完成任务，去实现目标。①

从企业与员工之间的关系来看，每个团队能享受充分的激励，团队成员不断发掘自己的潜能；而且由于相互间的充分的信息交流与合作，大大地改变了新媒体企业层级之间的交流方式和工作方式。企业中老板与管理层的交流，管理者与员工的交流，员工之间的交流，都将变得随时、直接和便捷。这就从根本上缩减了组织规模，使组织变得更加精练，并且使得组织运作节奏加快。例如，英国"沃达丰"移动通信公司以先进的网络通信技术作为组织管理平台，仅拥有

① 曹高辉、王鑫鑫：《网络经济下的企业组织结构变革》，《情报杂志》2004年第10期。

1650名员工，却能在40个国家进行电信业务的投资和合作，在全球拥有近900亿英镑资产，拥有1.4亿移动用户。

这种网络组织中的人才模式，对每一个企业组织中的工作设计与评价、绩效考核、人事管理方式、激励机制和约束机制的设计、薪酬结构、人力资源的设置和配置等方面都将产生极大的影响并带来巨大的挑战。

第四节　案例分析——QQ“大”系列地方网站的组织结构

腾讯网站具有强大的即时通讯技术功能和活跃的QQ用户。据统计，QQ用户数早已突破两亿。根据QQ用户的区域性分布的针对性特点，腾讯公司分别将这些区域性的用户资源细分为多个主体，分别在四川、陕西、湖北和重庆陆续开通“大”字品牌系列地方门户网站；同时凭借QQ已有的用户资源，争取了当地有新闻发布权的新闻、信息内容提供商、广告经营商等多方的资源联盟，并在确立自己主体的前提下以网络虚拟组织模式全面整合资源与市场，充分调动用户与需求，取得了很好的传播效果和经营收入。由于企业之间以共同标准维持交换，以双赢作为合作的基础，这种“即时通讯工具＋用户＋地方内容资源＋广告商”的利益联盟组织，已成为腾讯新一轮网络竞争中一种成功的运营模式。

一、即时通讯和端口推送技术形成腾讯“大”系列地方网站的主体

腾讯早在2006年就在重庆开始“腾讯·大渝网”试点，2007年四川“腾讯·大成网”开通，2008年湖北“腾讯·大楚网”开始运营，2009年1月9日，西安腾讯网正式更名为“腾讯·大秦网”，腾讯“大”字系列门户网站战略日渐形成气候。腾讯在运营“大”系列地方门户网站时，首先确定了以其终端推送优势为其联盟的主体。推送一方面包括腾讯即时通信用户端(即QQ客户端)，目前腾讯QQ每天单独用户超过八千万；另一方面是腾讯门户网站的推送，其门户网站的流量目前已达4亿/天。

据统计，2011年大成网覆盖全川95%以上的网民，四川活跃网民人数达2075万人，2010年累计有1898万人通过QQ进入大成网，达到91.4%。大成

网成为稳居四川流量第一的互联网本地化媒体。[①] 在京、广、深、沪等地，腾讯QQ的增长势头目前正被竞争对手MSN追赶，但在一些地方城市，其新增用户基本上都是QQ用户，QQ终端在地方的占有率为腾讯地方门户扩张打下了根基。

每当用户启动QQ时，根据IP地址的不同，腾讯会弹出相关地区的迷你网页窗口。例如，如果受众在成都地区登录QQ，马上就会在电脑屏幕的右下角弹出“腾讯·大成网”信息窗口。当受众看到自己感兴趣的内容，会进一步点击资讯标题，进入资讯更为丰富的网页，从而实现更加广泛的“延伸阅读”。这一“迷你弹出首页”的设计极富创造力。其弹出的资讯窗口虽然很小，内容却十分丰富，涵盖新闻、健康、房产、旅游、财经、娱乐、体育等。网页内容不求面面俱到，但是能吸引绝大多数受众的眼球，满足多样化的需要。点击打开这个小窗口，可以进入内容更加丰富的“腾讯·大成网”主页面。腾讯网站采取的这一“推送服务”，使区域用户能在第一时间享受更贴近生活、贴近心理的资讯。

二、腾讯“大”系列地方网站的资源运营联盟

作为一个大型门户网站，“腾讯·大成网”需要强大的技术平台，用户、客户端和稳定的新闻信息内容来源，是它在本地立足最重要的几个根本点。腾讯总部具备了前两方面资源，但是在新闻信息内容的来源上，腾讯公司受《互联网新闻信息服务管理规定》的限制，不具备新闻原创资质：“应当转载、发送中央新闻单位或者省、自治区、直辖市直属新闻单位发布的新闻信息，并应当注明新闻信息来源，不得歪曲原新闻信息的内容。”因此，作为一家商业网站，腾讯只能通过外协的方式来完成网站的新闻采编业务。腾讯与地方门户网站、地方传统媒体展开合作，它们为腾讯源源不断地提供网站内容，从而保证了其稳定的新闻来源。

腾讯“大”字系列地方网站在与地方纸媒合作的时候，往往选择一家地方纸媒作为主要的合作伙伴。在成都，腾讯与四川日报报业集团旗下的《天府早报》开展深度合作；在重庆，腾讯与重庆日报报业集团旗下的《重庆商报》进行战略联盟的合作，等等。

一个网站有了技术平台，有了客户，有了新闻信息内容，其投入基本具备，剩下的事情就是收入模式的建立。而腾讯网是一家以即时通讯技术见长的网

① http://cd.qq.com/zt2011/2012zb/index.htm

站公司，对于各个专业的广告营销是不在行的，所以，大成网采取了分专题、分栏目进行广告业务外包的经营模式。

三、腾讯“大”系列地方网站基于运营模式的组织机构

这种联盟合作非常高效。以大成网为例，其一，该网站的技术部在深圳腾讯总部，客户部在总部，技术设备、人才与总部共享，大成网可直接运用其网络技术，不需要自身研发技术，因此，简化了技术部。其二，大成网与报社外协组成，大大简化了新闻编辑部。其三，广告实行代理制。腾讯客户端广告是中国IM（即时通信）广告的先行者，填补了中国IM广告的空白。大成网的广告代理以栏目和专题进行分类：全行业总代理房产行业代理、汽车行业代理以及快消餐饮、日化行业代理为成都华扬阿佩互动营销有限责任公司；3C、卖场行业代理为成都红掌文化传媒有限公司，金融家居行业代理为成都融业广告有限公司；医疗行业代理为成都众龙文化传媒有限公司。

上述组织模式，使“大成网”这个网站公司，形成了以相互合作为基础的动态虚拟组织。这个组织的核心能力是腾讯的即时通讯技术和推送端口；内容生产和广告营销是专业化的外协和代理；各虚拟组织之间的成员单位是产业链上的上下游合作伙伴关系；而产生的效益是各个环节的共谋与共享。所以，看似一个虚拟组织，在模式上却是严密的、科学的、合理的、专业化的，极大地提高了“腾讯·大成网”的运作效率和运用能力。

思考题：

1.网络环境对企业组织结构形成了怎样的挑战？

2.新媒体的网络组织结构是指什么？简述其运作模式。

3.什么是“虚拟组织”？它有哪些特征？

4.从企业内部关系思考，在新媒体组织模式中，组织结构的一个变化趋势是什么？

5.强化网络组织企业可持续发展的因素是什么？

6.以网络流程为导向的工作团队是怎样建立的？

7.谈谈腾讯“大”系列地方网站的资源运营联盟的形式和意义。

8.腾讯“大”系列地方网站基于运营模式的联盟组织机构是如何体现其高效的？

第十章 新媒体的资本运营

第一节 新媒体资本运营概述

一、基本概念

(一)传媒的资本运营

“资本运营”是个中国式概念。在中国金融学界,一般认为,所谓资本运营就是将经济体所有的各种社会资源和各种生产要素,即经济体所拥有的各种形态的资本视为经营的价值资本,通过价值成本的流动、兼并、重组、参股、控股、交易、转让、租赁等途径进行运作,优化资源配置,进行有效经营,以实现最大限度增值的一种经营管理方式。

资本运营的实践活动在发达国家已有几百年的历史。著名经济学家施蒂格勒曾说:“纵观世界上著名的大企业、大集团,几乎没有哪一家不是在某种程度上以某种方式,应用了资本兼并收购等资本运营手段而成长起来的,几乎没有哪家是完全通过内部积累发展起来的。”①

所谓媒介资本运营,就是媒体将所拥有的可经营性资产,包括和新闻业相关的广告、发行、印刷、信息、出版等产业,也包括媒体所经营的其他产业部分,视为可以经营的价值资本,通过价值成本的流动、兼并、重组、参股、控股、交易、

① 〔美〕乔治·J. 施蒂格勒著,潘振民译:《产业组织和政府管制》,上海三联书店和上海人民出版社1996年版。

转让、租赁等途径进行运作，优化媒介资源配置，扩张媒介资本规模，进行有效经营，以实现最大限度增值目标的一种经营管理方式。①

（二）传媒资本运作的主要方式

主要包括内源融资和外源融资两个方面。内源融资主要是指使用经营利润与存量资金；外源融资指通过资本市场，以间接融资和直接融资方式进行融资。间接融资是由金融机构充当信用中介，实现资金在盈余部门和筹资方之间的流动，其最主要的方式是银行贷款。直接融资是资金盈余部门在资本市场上直接购买筹资方发行的有价证券，如股票、债券等。发行债券与银行贷款同属债权融资方式。通过股权方式进行融资，则包括组建合资企业或合作经营、私募、公开发行股票、借壳上市和买壳上市等。

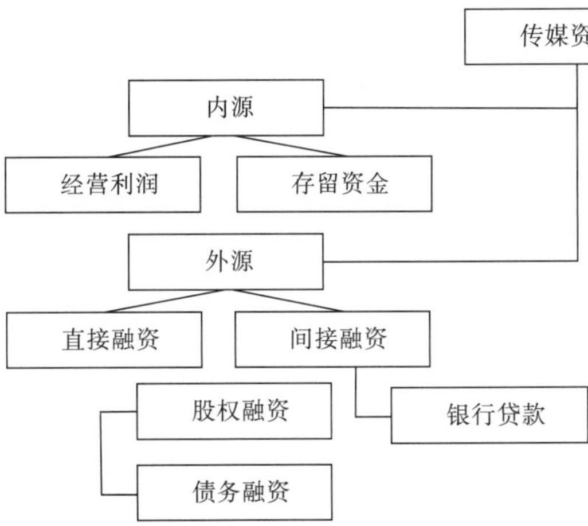

图 10－1 传媒资本来源

1. 兼并收购

兼并指通过产权的有偿转让，把其他企业并入本企业或企业集团中，使被兼并的企业失去法人资格或改变法人实体的经济行为。兼并的三种类型为横向、纵向、混合兼并。收购是指一个公司通过产权交易取得其他公司一定程度的控制权，以实现一定经济目标的经济行为，其实质是取得控制权。

① 段永刚：《我国媒介产业的资本运作》，《新闻与传播研究》2001 年第 2 期。

2.资产剥离

资产剥离是指将非经营性闲置资产、无效或低效的资产与已经达到预定目的的资产从公司资产中分离出来。资产剥离让公司选择适合资产经营的资本，提取不善于经营的资本，可大大提高公司资本运作效率，以取得现金或有价证券的回报。

3.参股控股

参股控股是指控股公司通过持有某一公司一定数量的股份而对该公司进行控制。控股公司按控股方式，分为纯粹控股公司和混合控股公司。参股控股是资本运营最基本的一种方式，一般来说对于自身劣势的项目，采取参股方式将其分离出去，对于自己的优势项目，则是采取控股方式集中过来。

4.买壳上市

买壳上市指通过证券市场购入已上市公司的若干比例的股票来取得上市地位，然后通过反向收购的方式，注入自己的业务及资产，实现间接上市的目的。

5.重组与破产

重组指将显著改变企业组织形式、经营范围或经营方式的计划实施行为，包括股份分拆、合并、资本缩减(部分偿还)以及名称改变。当企业无法产生足够的现金流量来支付到期的债务时，就将陷入财务困境，而一个企业对所要求支付款项的违约则可能被强制清偿资产。无力或不愿意向债权人依约支付所要求支付款项的企业有两种方法:清偿或重组。清偿意味着作为有序经营的终止，重组意味着公司选择维持有序经营。两种方式都是通过破产来实现的。

二、新媒体资本运营的特点

(一)新媒体的经济特征

鉴于我们讨论的新媒体是建立在网络数字媒体基础之上的，故而对新媒体资本运营的研究将从网络经济的角度切入。

网络经济是经济学中的一个新概念:“网络经济是指基于互联网进行资源的分配、生产和消费的经济形式。其基础条件是互联网，其核心是电子商务，以技术创新驱动经济增长。网络经济的发展是信息技术快速发展的结果。”①网络经济体现出全球化、数字化、共享化、智能化等特征。

(二)新媒体的资本运营特点

1.数字化成为资本追求良好增值性的逐利点

新媒体的数字化产生了正反馈规律——边际效用递增,边际成本递减,越生产越便宜,这使得网络经济中扩张成本接近于零,供给增加,价格下降,导致需求随即增长。随着规模用户的增长而呈现的收入价值平方式增长与平均成本迅速下降,构成了网络经济独特的规模报酬递增性,即网络效应,它体现了网络经济无穷的价值增值潜力。

同时,网络经济的数字化可以突破三维时空的诸多限制,使得经济活动的低成本和高效率具有十分广泛的普遍性,上网的企业、家庭和其他组织都会因交易费用降低、商机选择增多而获益,提高生产力、提高经济效益是新媒体数字化的具体体现。

新媒体的上述经济增值性特征受到具有逐利性资本的追捧,比如2002年韩日世界杯和2006年德国世界杯举办的64场比赛的法国现场转播权,被法国收视率最高的TF以11.68亿欧元(约11亿法郎)独家买断,是1998年法国世界杯法国各电视台所付转播费总额的25倍,是法国二台和三台两家电视台体育节目预算的累计总额。

2.共享互动的黏稠度形成用户价值

新媒体由于建立在现代通信、电子计算机、信息资源、生产交换及消费等各个环节相互渗透交织而形成的综合性全球信息网络的基础之上,从而形成了交流与经济活动的相互联动、资源共享的态势。随着互联网的高速发展,媒体之间的相互依存和交流日渐增多,彼此都是交互的而非单向的,都是开放自由的而非孤立封闭的。随着下一代互联网IPV6协议的推出,地球上的每一台小电脑都可以拥有自己的IP地址,都可以随心所欲地在网络世界里显示它的存在。

互动的形态通常是较为稳定的往来关系。与传统经济相比,由于网络经济具有的黏住效应,信息经济中的转换成本将大大高于前者。当人们已习惯了某一标准,却让他们转而投向其他产品,明显是十分困难的,尤其存在外部效应的

① 何健辉、冯毅:《Internet宝典》,人民邮电出版社1999年版。

情况下更是如此。在信息产业中,巨大的转换成本使得人们更热衷于一个系统而不会轻易放弃,除非技术的先进性足以克服大部分使用者的综合转换成本。正是由于这种高昂的转换成本,才使得人们不会轻易放弃一个自己习惯的网络,我们把这种现象称为"黏住效应"。转换成本越高,黏住效应也就越明显。网络上共享互动形成的黏稠度带来用户价值的凸显,这便形成了社区网站热度的升温。2005年以来,以博客、网络社区、网络视频等为代表Web2.0新型互联网应用模式的普及进一步为新媒体的黏稠价值的形成提供了动力,中国新媒体用户的潜在商业价值受到国际风险投资商和传媒机构的青睐。从传媒资本市场看,2006年,PPlive、千橡等获得风投巨额投资,传媒机构央视、凤凰等大举进军新媒体产业,进一步形成投资劲浪,对社区类用户价值的投资形成又一波的产业热点。

3.全球化形成追求规模经济的投资基础

首先,在地理空间上,互联网的虚拟性可实现全球信息传播,互联网体系的传输使不同地域的经济联系变得更加便利。网络经济活动的扩展具有全球性,可达到互联网联结的所有国家和地区,使各种经济主体进入全球市场,扩大营销范围,并能充分利用全世界的生产要素。所以,网络经济的发展与经济全球化的进程会互相促进。

技术的虚拟化带来运营的全球化,形成了追求规模经济的资本运营的良好基础。从西方很多资本运营案例来看,追求规模经济是增值的主要模式,通过扩大传媒的规模,发掘规模经济的潜力,使传媒集团在某一特定领域或者某几个方面取得比对手更大的规模和优势,从而占据市场的主导地位。其目的在于消除竞争,扩大市场份额,增加买方公司的垄断实力。

以美国新闻集团的扩张史为例,几乎涉足所有媒体领域的"美国新闻集团"——一个庞大的传媒帝国,它的首席执行官鲁伯特·默多克用五十多年的时间将一个普通地方报业公司,通过不断的购买合并,迅速地使其成长为一个媒体帝国。新闻集团也由此变成当今世界上规模最大、国际化程度最高的综合性传媒公司之一。近十多年来,默多克旗下的新闻集团大肆进行收购、兼并。基于产业的这种购并、整合对于默多克来说,不仅仅是为了谋求超额利润,更主要是为了全球市场争夺的规模效应,实现其"以发展内容产业作为跨媒体经营的方向"的集团全球化战略。从2005年开始,新闻集团把整合的重点放在了对新媒体的收购上,默多克先后并购了一系列新媒体,如德国SP公司Jamster的品牌，Intermix 媒体，卓越的“时尚门户”网站 MySpace. com 及相关三十多家站点，以及 IGN Entertainment，由此拥有了大量的娱乐、游戏和社交网站。2007 年，新闻集团与美国 NBC 环球公司合作建设视频共享网站，抢占网络视频这一领地。2009 年，面对智能手机、PDA、电子阅读器等媒介形态的蓬勃兴起，新闻集团又尝试开发电子阅读设备，始终紧跟媒介技术发展的进程，利用新的媒介形态使集团内部的渠道平台更加完善，发挥多媒体协同配合，产生快速、高效的传播效果(见图 10－2)。

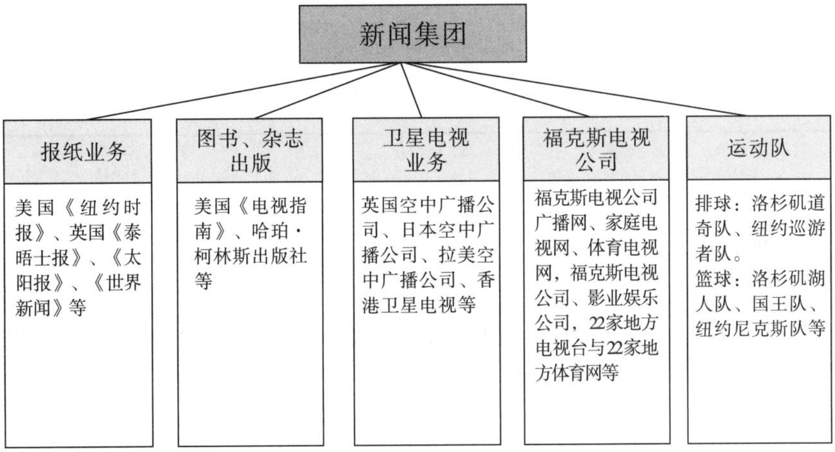

图 10－2

2009 年，新闻集团的收入为 309.26 亿美元，同比下降 5%。不过通过大力发展电影娱乐、有线网络节目和图书出版等业务，其经营状况逐步好转，2009 年下半年的收入同比增长了 3%，达到 158.83 亿美元(见表 10－1)。

有线网络节目收入实现两位数增长，增速达 14%。来自 Fox News、RSN 和国际有线电视业务的加盟费收入是推动增长的主要力量。此外，国际有线电视业务的广告收入也有所上升。Fox News 的收入增长 28% ，其中加盟费收入增长 71%，体现了平均资费和用户规模的提高。①

① 邢建毅、陈丽娟:《2009 年五大跨国传媒集团发展概述》,《现代传播》2010 年第 6 期，第 113 页。

表 10－1　新闻集团 2009 年下半年各类收入及增长率

业务类别	业务收入(亿美元)		同比增长率
	2008 年下半年	2009 年下半年	
电影娱乐	27.44	34.19	25%
电视	19.64	20.13	2%
有线网络节目	29.46	33.62	14%
直播卫星电视	18.91	19.35	2%
综合营销服务	5.43	5.58	3%
报纸与信息服务	32.1	30.58	－5%
图书出版社	6.2	6.91	11%
其他	14.62	8.47	－42%
总计	153.8	158.83	3%

第二节　中国新媒体资本运营的现实进路

一、开放程度高的新媒体备受外资青睐

对于新崛起的网络媒体、手机媒体、楼宇电视、移动电视等来说，国家对其业务发展限制较少，这就形成了新媒体从诞生之日起其开放程度就远远大于传统媒体的局面。这类新媒体业务对社会资本和国际资本的开放程度要远远高于传统媒体，形成新媒体资本运营的天然优势。

中国的新媒体产业发展实际上是从资本市场开始的。世界传媒大鳄们如时代华纳、路透社、迪斯尼等都以不同形式通过新媒体这个技术概念的渠道介入我国传媒市场，假投资中国门户网站之便，直指我国新兴传媒领域。李嘉诚和黄长实旗下的 Tom.com 甚至收购了不少内地的传媒公司，如羊城报业、美亚在线、风驰广告、《亚洲周刊》及中国最大的电子邮局 163.net 等。目前，不少专业媒体，如《计算机世界》、《财富中国》、《IT 经理世界》、《个人电脑》等都有海外媒体公司的背景。

中国新媒体的跑马圈地、资源扩张、并购整合、融资上市都是在资本的“指

使"下完成的，到如今国内新媒体企业赫赫有名的代表不是有融资就是已上市，那些在规模上有固定用户群和优质商业模式的公司都相继获得了国内外风险投资，甚至到海外上市，并逐步收购兼并其他公司，这种产业发展的模式基本成为国内新媒体发展的典范。在中国访问量最大的50家中文网站中，90%的网站都被外资实际控制，汽车、健康、房地产、IT通信、酒店旅游、人才招聘、电子商务、金融证券、婚恋社交和视频网站等领域的龙头企业全部被外资控制。① 此外，国外传媒机构还采用授权使用其品牌，交换节目，以专业媒介购买公司直接经营等方式渗入中国传媒市场。外资介入我国传媒产业，一方面为我国传媒业带来了大量的资金以及先进的运作理念、管理模式、发展途径，另一方面也带来了巨大的风险与挑战。

二、中国新媒体资本运营的纳斯达克之路

(一)新媒体的上市梦想

信息技术的突破和高速发展，以及它对整个经济领域所造成的革命性影响，导致信息领域内的企业创新浪潮，大量的资本从传统的产业部门转投到信息产业领域。网络公司在这样的背景下如雨后春笋般冒出，上市当然是一种理想的选择，是新媒体产业发展的主要融资方式。尤其在我国，很多网站都是吸收风险资金而组建起来的。然而，在中国新媒体崛起的2000年以前，上市之难可谓难于上青天。中国证监会1998年5月18日颁发的《关于推荐境外上市预选企业的通知》中明确规定，企业(在境外)发行股票所募资金主要被允许用于基建、技改项目、收购兼并等事宜，而且还要求被推荐企业投入上市部分的净资产应不少于4亿元人民币，最好企业能够连续三年保持盈利。这一政策足以将许多摩拳擦掌但却基础薄弱的网络公司拒之于千里之外。②

于是，到美国纳斯达克上市成为了中国新媒体企业的梦想。在此值得一提的是，纳斯达克板块在网络企业上市过程中引进了风险资金的价值，美国硅谷的高新技术公司基本上都得到过风险资金的支持，包括上市。资料表明，在美国的风险资金统计中，平均每5000家风险资金背景的新创公司中就有400家

---

① 陈娜、曹芳:《新媒体邂逅资本:服务社会与服务资本市场的博弈》，http://media.people.com.cn/GB/22114/52789/205663/12993829.html

② 余亚仕:《网络股上市的梦想与现实》，《北京日报》2000年8月8日。

左右在五年后可以上市，其中多半是在纳斯达克，全名“美国证券交易商协会自动报价系统”。该市场的主要特征是为高科技中小企业融资提供支持，而且上市标准远远低于美国证券交易所和纽约证券交易所，这也正是国内某些网站在此上市的另一重要因素。

“到纳斯达克圈钱去!”这曾是中国各大门户网站的 CEO 们发出的共同呼声。1999 年 7 月 12 日，中华网在纳斯达克上市，成为在美国纳斯达克第一个上市的中国概念网络公司股。以此为标志，中国互联网产业的发展从此有了一个股市晴雨表，也掀起了中国互联网投资热潮。从 2000 年开始，新浪、网易等网络公司，分众传媒、航美传媒与华视传媒等先后上市，民间资本早已以润物细无声的方式悄悄地进入了中国新媒体领域。风险资金的巨额投入使网络公司的股票不断上涨，股市财富效应致使股民的收入增加，带动了一轮又一轮风险资金集中到 IT 领域。其巨幅上涨的示范效应让中国新媒体摸索了一条上市融资的淘金路径。

(二)互联网泡沫的破灭

由美国蔓延开来的互联网危机也深刻地影响了中国互联网的发展：搜狐在 2001 年 3 月以来股价大跌，亏损 1924 万美元，网易亏损 1725 万美元，新浪亏损 4337 万美元。我国几家在美国纳斯达克上市的网络公司随纳斯达克大盘一路狂跌，股价降至六七十美分。网易因虚假财报被停牌，濒临摘牌。这一股席卷全球 IT 界的网络寒潮持续了两年。从 2000 年至 2002 年，随着纳斯达克“网络股神话”的破灭，中国网络公司受到巨大打击，网络经济进入了萧条期，大量网站或倒闭或盘整，互联网经济出现了“泡沫经济”之说。新浪、搜狐、网易、中华网等当时在纳斯达克股市处于低潮时命悬一线，互联网泡沫在吹灭一群互联网精英创业美梦的同时，也让一大批投资人吞下了“疯投”的恶果。

(三)互联网经济理性增长

2000 年至 2002 年以来，全球互联网经济经历了从落入低谷到回升的过程，促使其进入了有关中国互联网企业生存之道的理性思考成长阶段。思考的结果是中国网络经济的两种新模式的诞生：一是网络与传统产业结合的互联网服务；二是网络经济在扩张过程中涌现出来的新技术与新的产业增长点。这个时期的新媒体产业正在兵分三路发展：一路回到 IT 为互联网提供研发、硬件、软件；一路盘旋在 IT 与其他各个新老产业之间形成的市场潜力无比巨大的中间产业带，为其他产业提供各种互联网服务、解决方案；一路则进入各个传统产业以及在新诞生的行业里用互联网做行业的应用。

随着三路产业的逐步发展，中国整个互联网产业日趋回暖，纳斯达克也开始慢慢从低迷中走出来。以网易的股价暴涨为标志，这个曾濒临摘牌的公司石破天惊，股价一度从不足1美元猛涨到70多美元，终于造就了中国互联网精英们一夜暴富的神话，网易公司总裁丁磊也因此一举成为2003年中国首富。而在中国IT富豪50强中，新浪的茅道临、搜狐的张朝阳也是名列前茅。先行者们树立起来的榜样以及一夜暴富的神话，令网络新锐以及投资者们对到纳斯达克上市淘金充满信心。若干年来的事实也证明，以互联网为核心的新媒体行业一直顺着纳斯达克的淘金之路，走上了国际融资的康庄大道。

2005年是中国新媒体与产业服务相结合的开始。当年在纳斯达克上市的中国新媒体公司共有16家。广告公司有分众传媒；网络门户有新浪、搜狐、网易、中华网、TOM在线、金融界；专业搜索引擎有百度；无线增值服务公司有空中网、灵通、华友世纪；电子商务公司有携程、e龙、前程无忧；网络游戏公司有盛大、第九城市。这些在国外上市的新媒介公司，都是媒介资本运营的典型代表，为未来的发展融合了足够的资本。在纳斯达克上市的中国新媒体公司发展之路代表了中国新媒体产业竞争力形成的缩影。

（四）中国概念股被追捧

概念股是指具有某种特别内涵的股票。这一内涵通常会被当做一种选股和炒作题材，成为股市的热点。概念股有具体的名称、事物题材等，例如金融股、地产股、资产重组股、券商股、奥运题材股、保险股、期货概念等都称之为概念股。中国概念股就是外资因为看好中国经济成长而对所有在海外上市的中国股票的称呼。概念股是与业绩股相对而言的。业绩股需要有良好的业绩支撑；概念股则是依靠某一种题材比如资产重组概念、三通概念等支撑价格。

"纳斯达克上市的中国新媒体公司是中国新媒体产业的缩影。媒体有三种主要的盈利模式：一种是靠内容盈利，比如SP公司，购买内容甚至租赁内容，通过强大的线上与线下推广，销售给移动电话的持有者，杂志通过印刷版的付费订阅及电子订阅盈利都属于这种情况。第二种是靠广告盈利，比如门户网站通过销售文字链接、banner等网络广告盈利，搜索引擎公司靠竞价排名盈利，在线招聘服务公司靠分类招聘广告盈利等。第三种是通过互联网构筑业务平台，降低运营成本，如提供差旅服务、酒店及机票预订的e龙及携程网；提供游戏服务的盛大及第九城市（如果没有互联网技术，人们参与多角色扮演游戏的成本将是非常巨大的）；提供网络购物服务的当当网。”①

2007 年以来，新媒体以互联网的资本运营业绩之斐然引人注目。从 2007 年下半年起，完美世界、金山、巨人网络、网龙、阿里巴巴、太平洋网络六大互联网企业先后敲响 IPO 的上市钟声，迎来了中国互联网企业财富创造的新一轮浪潮。

从 2000 年至 2011 年，中国新媒体公司分别形成了四次上市浪潮，并以其实力和影响力形成了纳斯达克的中国概念股定义。一家专注于研究在美上市中国股票的美国知名金融信息网站 China Analyst 在 2012 年 1 月 2 日评选出 2011 年 10 支表现最佳的中国概念股，涉及新媒体的企业分别为：中国联通、乐语中国、网易、百度、展讯通信、中国电信、盛大网络。②

表 10－2　截至 2011 年在海外上市的中国公司一览

企业名称	上市时间	企业类型	备注	轮次
中华网	1999.7.12	中国无线应用、互联网服务及网上游戏公司	中国第一支概念股	第一轮上市热潮
新浪	2000.4	门户网站		
网易	2000.6.30	门户网站		
搜狐	2000.7.12	门户网站		
完美时空	2000 年底	网络游戏研发及运营公司		
携程网	2003.12.10	旅行服务公司		
TOM	2004.3.16	门户网站		第二轮上市热潮
盛大	2004.5.13	多元化的互动娱乐内容和服务网络企业		
腾讯网	2004.6.16	中国最大的互联网综合服务提供商之一		
百度	2005.8.5	搜索引擎		

① 詹正茂：《盘点 2005 年度纳市 16 家中国新媒体公司》，《传媒》2006 年第 4 期。

② 《网易获评 2011 年“十佳中国概念股”》，http://tech.163.com/12/0103/15/7MRRD1U100094JEO.html

（续表 10－2）

企业名称	上市时间	企业类型	备注	轮次
巨人网络	2007.11.1	综合性互动娱乐企业		第三轮上市热潮
阿里巴巴	2007.11.6	B2B 的网上贸易市场平台		
中青宝	2010.2	A 股网游第一股		第四轮上市热潮
东方财富	2010.3	提供专业的、及时的、海量的资讯信息网络平台		
酷 6 网	2010.6	视频网站		
乐视网	2010.8	A 股网络视频第一股		
空中网	2010.8	致力于以 MMS（彩信）、WAP（手机上网）、JAVA（手机游戏）等 2.5G、3G 为主要开发平台，以领先的技术水平和对用户的深入理解来提供广受欢迎的娱乐产品和完善的服务平台		
搜房网	2010.9	全球最大的房地产家居网络平台		
易车网	2010.9	国内最领先的汽车专业媒体集团		
灵通网	2010.9	立足于咸宁，服务于咸宁的综合型门户类网站		
软通动力	2010.10.14	外包和 IT 服务		
麦考林	2010.10.26	B2C 公司，服装类电子商务网站		
易车网	2010.11.17	汽车门户网站		
优酷网	2010.12.8	网络视频网站		

（续表 10-2）

企业名称	上市时间	企业类型	备注	轮次
当当网	2010.12.8	电子商务网站		第四轮上市热潮
凯斯网络	2010.12.10	手机应用平台及汽车服务	中国移动互联网美国上市第一股	
保利博纳	2010.12.10	中国最大规模的以电影发行为核心竞争力的专业化电影公司		
人人网	2011.5.4	社交网站	前身为“校内网”（2005年创办）	
网秦天下	2011.5.5	移动安全服务提供商		
凤凰网	2011.5.12	互联网信息服务领域		
淘米网	2011.6	社交网站		
千橡互动	2011上半年(计划)	网络富媒体娱乐互动平台	2006年并购校内网	
PPStream	2011.7	网络视频网站		
土豆网	2011.8.17	网络视频网站		
奇虎360	2011	互联网安全软件与互联网服务公司		
迅雷	2011	互联网一站式数字内容发行平台		
开心网	2011	社交网站		
世纪佳缘	2011	社交网站		
易查	2011	互联网信息服务网站		
UCweb	2011(筹备)	互联网软件服务		
去哪儿网	2012(预计)	电子商务网站		

第三节　传统媒体的数字化转型掀起投资新热点

一、传统媒体的转型动因

目前，中国传媒业正处于一个新旧媒体共存共生、此消彼长的时期。以互联网为代表的新媒体已经逐渐成为传播中的主角之一，对传统媒体造成巨大冲击，[①]从而促进了传媒业声势浩大的数字化转型。

(一)受众流失

传统媒体因为成本负担较重、优势不明显等原因，其受众规模正在逐渐萎缩，而另一方面，伴随网络、手机、便携式阅读器等新媒体的出现，新媒体倚仗它的便捷、及时、交互等优点，正逐渐成为受众，特别是年轻人越来越重要的新闻来源。一项权威调查显示，互联网已经超过报纸成为美国人主要的新闻来源。与15年前相比，美国零售日报目前的总发行量已从6200万份降至4900万份。而各大报纸电子版的读者却从零激增至7500万人。美国发行量稽查局2010年4月公布的数据显示，从2009年10月至2010年3月，美国主要报纸的日均发行量同比减少了8.7％。美国皮尤研究中心的报告则显示，2009年，美国报业的广告收入同比下降26％。[②]

中国的报业也受到了前所未有的冲击和挑战，读者群流失严重。据《2008年全国报纸印刷量调查报告》显示，2008年全国报纸印刷总印量为1594亿印张，较2007年减少了2.45％，而这也是自1993年以来中国报纸印量首次出现负增长。[③] 另据不完全统计，中国报业市场订阅数、零售数也呈下降趋势，2009年第一季度以来，这一趋势有增无减，且速度加快，与此同时，一些电视媒体的收视率、点击率也出现下降。与之相对应的，新媒体的受众快速增长，互联网网民数、手机上网人数已跃居世界第一位且日益攀升，用户网络的渗透率已超过了30％，并且还在不断扩散。特别是伴随2009年3G牌照的发放，中国新媒体

① 转引自陈刚:《经济危机下传媒发展的破局策略》,《新闻与写作》2009年第2期。

② 陈曦:《"受众需求"推动报业数字化转型》,《新闻战线》2011年第1期,第6页。

③ 蔺玉红:《报业转型是面对全球经济危机下唯一抉择》,《光明日报》2009年4月20日。

产业的发展动力将更为强劲。

（二）广告收入锐减

广告收入是传媒收入的重要来源，但广告资源受国民经济的波动和循环的影响非常大，经济情况的任何波动都可能带来广告收入的相应变化。包括新媒体对传统媒体的冲击，就体现在它们不断蚕食着传统媒体的广告资源。据美国报业协会的数据显示，从2000年至2007年，美国报纸印刷广告收入累计下降了15%以上。[①] 体现在中国媒体上，特别是2009年以来，经济危机对中国广告业的影响逐渐显现，广告收入呈现下降趋势。一些企业大幅度减少了它们的广告开支，其中对传媒广告业影响最大的是汽车、房地产、通讯和商业零售业。以房地产为例，其广告投放增长率在2008年第二季度是59%，但到了该年第三季度下滑至－4%，而到了2009年1月份，房地产广告投放量进一步萎缩，增长率为－22%。[②] 伴随这些行业广告投放的大幅削减，传媒广告收入出现震荡，下降趋势明显。有研究数据显示，2009年1月，除电视媒体外的各类媒介（报纸、杂志、广播、户外）的广告花费同比都在下降，环比也基本处于下降趋势。而与此相对应的，从2003年开始，各报纸网站的广告收入却在逐年增加，至2008年5年，增幅超过了160%。

（三）再融资能力受阻

传媒产业是一个高投入、高风险的产业，投资额大，投资回收期长，并且需要不断追加资本，这使得融资成为世界传媒业必须面对的重大现实问题之一。从传统媒体投资运营的历史来看，20世纪50年代以来我国传媒业实行的基本产权制度是"全民所有制"的公有制，传媒业长期以来一直依靠政府投入，加之具有较深厚的意识形态色彩，几乎无产业化之说。直到70年代新闻传媒的"事业单位、企业化管理"属性转变，再到80年代以广告为重点的多种经营，我国传媒业经历了不断地发展变革。相比西方发达国家来说，我国媒介产业结构更为单一，少有跨行业的投资和经营，缺乏多元化的赢利渠道，融资能力相对较弱。80年代末、90年代初曾尝试开展的多元化经营，由于经验不足，介入了一个又一个陌生的领域，不仅没有收到规模经营的效果，反而陷入多种经营多头亏损

① 李乾韬：《美国报业破产警示：报纸广告年增速仅3%》，《南方都市报》2009年1月20日。

② 蔺玉红：《报业转型是面对全球经济危机下唯一抉择》，《光明日报》2009年4月20日。

的泥潭，广告经营一枝独秀成了基本格局。

时至今日，广告收入已经成为推动媒介市场化、产业化的关键因素。但是，由于传统媒体在面临新媒体挑战时出现了受众流失、发行量减少、广告大幅缩水，其经营模式陷入危机，使得传媒产业的盈利模式遭受质疑，盈利能力大大削弱，资本经营的再融资能力受阻。为了应对这一挑战，无论是国外还是国内的传统媒体，都尝试与网络联姻，从而掀起了向新媒体转型的投资新热点。

二、数字化转型融资新模式——跨媒体、跨地区、跨行业

(一)跨媒体、跨地区、跨行业——中国媒介集团做大做强的战略选择

在长期的历史发展中，传统媒体拥有不可比拟的品牌优势、资源优势、内容生产优势，但新媒体具有的新技术和灵活的机制，以及日益增多的受众和市场，使得新老媒体之间的融合成为一种产业的必然选择。网站、新媒体公司、拥有手机运营的电信企业等不断向传统媒体靠拢，而传统媒体则纷纷转型，试图通过与新媒体的技术平台合作，达到扬长避短、优势互补。于是，一个在媒介融合框架下的，媒介之间在生产、传输、营销各个领域内的融合浪潮滚滚而来。

2007 年《新闻出版业"十一五"发展规划》就给出了明确的信号："十一五"期间，我国将充分利用网络通讯和数字信息等高科技手段，鼓励新闻出版单位跨媒体经营。我国传统媒体的融合战略更加明确。伴随着产业发展在行业性和地域性上的成熟，各传媒机构纷纷谋求跨媒体、跨行业、跨地区多元化运营发展，向综合传媒集团转型。2006 年，成都日报报业集团与成都广播电视台合并，成立了全国中心城市第一家综合传媒集团。随后，一批跨媒体、跨区域、跨行业的大型传媒集团纷纷成立，比如原上海文广新闻传媒集团、南方日报传媒集团、湖北日报传媒集团等。"三跨"实践成为中国传媒产业数字化转型融资的新模式。

(二)传统媒体的数字化转型为实现"三跨战略"提供了整合的平台

在媒介融合的框架下，作为完全市场化、产业化的新媒体运营向传统媒体的渗透，引发了传统媒体的数字化转型，为传统媒体的资本运营带来了新的投资热点。

跨媒介、跨地区、跨行业融合是基于多媒体数字模式，通过打破过去不同形

态的媒体信息的壁垒，从媒介层面对报纸、广播、电视和网站的采编业务实行全面整合，资源共享，集中处理，然后通过不同的渠道与平台传播给受众。从地域层面来说，全面整合传媒资源以实现市场效益的最大化；从行业层面来说，各种行业资源在同一个平台上得到了整合，互相弥补了对方业务中的空白，并在所涉及的领域中拥有了强大的实力。

(三)融合融资增长模式

跨媒体、跨地区、跨行业的运营一般是不同媒体之间通过收购、兼并、参股等形式，进行产权、运营、产品的整合，形成新的经济增长点，打造具有规模效益竞争力的产业模式。从西方媒介的发展历程来看，通过与新媒体合作实现兼并、联合、重组，走集团化道路，是媒介融合的主要途径。2000 年 1 月 10 日，美国在线以 1620 亿美元并购时代—华纳公司，这是网络公司第一次与传统媒体的兼并，同时也是美国历史上最大的一宗公司并购案，引起了全球瞩目。两个公司并购的当天，其股票市值达 3500 亿美元，在美国大公司中，仅次于微软、通用电器和思科系统，位列第四。值得注意的是，西方媒体集团的兼并不完全是弱肉强食，更多的是强强联合，通过优势互补从而达到在某一领域独步天下。

从中国的情况来看，传统媒体“触网”即是融合之举。目前，国内的传统媒体早已完善了自己的报网和台网，由网络发展开来，延伸至手机、户外新媒体等，直至三网融合，媒介融合案例不断涌现：

——2006 年，中央电视台联合电信部门启动了央视手机电视业务，通过手机平台将丰富的电视节目、大型互动等呈现给用户。

——2009 年，中广卫星移动广播有限公司与东方明珠旗下的上海文广手机电视有限公司正式签约，在全国率先启动广电手机电视 CMMB 的商业运营。

——湖南卫视新世纪以来，“三跨”融合频频出新，推出了“电视＋网络＋手机覆盖”的技术创新。与淘宝网合作一档电视节目，同时在淘宝网上设立专门的潮流购物频道及外部独立网站，打造与网购有关的电视节目及影视剧，打通网络与电视的平台终端，创建电子商务结合电视传媒的新商业模式。

——2009 年，浙江日报报业集团确定“全国化全媒体”之路，与阿里巴巴战略签订合作协议，两大集团利用各自的优势和团队合作推出时尚生活周刊《淘宝天下》。

——上海电信和原上海文广集团联合运营 IPTV，双方优势互补，2009 年年底用户已突破百万。

——杭州广电集团与杭州网通在资本层面进行了深度合作，开展 IPTV 服务，兼顾双方利益，确保媒介融合发展顺利进行。

(四)新闻媒体网站以商业模式吸纳社会资金

不少传统新闻媒体网站突破"网络版"概念，兴起独立商业化运营的热潮，向相对独立的股份制网络媒体转化，实行公司化运作，从股市和社会上吸收发展资金。如人民网就率先拟 A 股上市。1 月 9 日电，中国证监会官方网站公布了人民网股份有限公司正式提交 IPO 申请的消息，发布了首次公开发行股票招股说明书(申报稿)。招股说明书显示，人民网拟在 A 股发行 6910.5691 万股。招股书显示，人民网是中国领先的以新闻为核心的综合信息服务运营商，拥有独立采编权的中央重点新闻网站。其主要业务由互联网广告业务、信息服务、移动增值业务和技术服务四个方面组成。① "此举意味着像人民网这类官网也开始尝试快马加鞭市场化运作，抢占移动互联网等新媒体领域的先机。"知名互联网专家刘兴亮在接受记者采访时表示，人民网的上市可谓资本市场与文化产业融合的标志性事件。②

早在 2009 年 9 月，国新办就曾下发《关于重点新闻网站转企改制试点工作方案》，对人民网、新华网、央视网，以及东方网、北方网、千龙网、大众网、浙江在线、华声在线、四川新闻网等 10 家全国重点新闻网站转企改制试点进行部署。2010 年 5 月 14 日，国新办再度召集上述官方新闻网站相关负责人，督促改制进程。按当时的规划，最快在 2010 年年底前有一至两家完成改制的网站率先发行 A 股。据《东方早报》援引东方网总裁李智平讲话称，相关部门希望 2012 年有1～2家完成转企改制的新闻网站上市，2012 年之后应该有更多的网站实现上市。"现在东方网已符合申报条件，2011 年的业绩还可以。现正走相关程序，将根据辅导单位的要求，尽快申报。" ③

综上所述，新媒体与广播、电视、报刊这几大传统媒体融合从而实现数字化转型的过程，实际上就是资本需求与投资价值形成的过程。传统媒体的数字化转型，掀起了投资新热点。

① 《人民日报·海外版》2012 年 1 月 10 日。

② 温源：《人民网 IPO 将带来什么?》，《光明日报》2010 年 1 月 12 日。

③ 《人民网 IPO 引领官网上市潮　十家新闻网蓄势待发》，《南方日报》2012 年 1 月 11 日。

第四节　三网融合加快推进,迎来6000亿投资新增长点

2010年1月13日,国务院决定加快推进电信网、广播电视网、互联网三网融合,并提出阶段性目标和明确时间表。业内一致认为,这是国内提出,三网融合,概念以来,最为明确的一次实质性的进展。当日市场就对此利好政策给予了最热烈的回应:在沪指下挫超过百点的情况下,出版传媒板块逆势上扬,以3.65%的涨幅列两市板块榜首。板块内除广电网络下挫2.1%外,其他个股均有不同程度的涨幅。奥飞动漫涨停,歌华有线一度涨停,收盘涨6.73%,出版传媒、天威视讯、博瑞传播涨幅均超过4%。14日,传媒板块继续集体飙升,歌华有线涨3.98%,天威视讯涨4.61%。①

"三网融合"后的通信网络将是一个覆盖全球、功能强大、业务齐全的信息服务网络,即为全球一体化的综合宽带多媒体通信网。其网络渠道本身属于可市场化经营的部分,电信网、有线电视网以及互联网的改造业务也急需大量资本的推进。

自2007年起,我国有20多家上市公司在投资三网方面先声夺人,部分公司已经获得了良好的收益。2009年是三网融合的重要转折年,"2010年必将是新媒体蜕变之后的投资并购大年",赛迪顾问互联网与电子商务咨询中心总经理刘丹在接受《经济参考报》采访时说道,据观察,2009年国家共出台了十项和新媒体相关的扶持政策,包括影响力最大的《文化产业振兴规划》、创业板的推出、文化企业的转企改制和分拆上市,以及传统媒体纷纷进军互联网,这些都促成了三网融合在2009年的大发展。②

事实上,随着金融危机蔓延,2008年下半年开始,风险投资不约而同地放缓了投资的速度,从2008年新媒体获得的投资来看,不论在数量上还是在规模上都变得日益萎缩。据赛迪顾问最新发布的《新媒体产业研究报告》,2008年全年,新媒体领域的风险投资仅100多项,投资额80多亿元;随着三网融合的全面推进,2009年投资从项目来看,远远超过2008年。尤其是2009年下半年,相

①② 孙韶华:《三网融合新媒体将再掀吸金潮 2010年传媒版图或将改写》,《经济参考报》2010年1月15日。

关的投融资项目更是接二连三地发生，其中，2009年6月9日，盛大网络和华友世纪达成并购协议；户外数字媒体运营商华视传媒于2009年10月15日以1.6亿美元价格并购数码媒体集团（DMG）；2009年11月凤凰卫视宣布，旗下凤凰新媒体获得来自晨兴创投、英特尔投资和贝塔斯曼三家共2500万美金的注资；2009年11月12日，盛大与湖南广电达成战略合作，出资6亿元成立盛视影业；11月27日，盛大旗下华友与酷6合并；优酷融资4000万美元，PPLIVE融资上亿元；开心网二轮成功融资2000万美元……①

《中国联合商报》一篇题为《三网融合将形成6000亿投资规模，成新经济增长点》的报道认为，从设备提供商方面来看，三网融合将有利于上游设备提供商，无论是信息网络的正常发展，还是加入广电系统网络建设，技术和设备提供商将首先受益。中国现有有线用户1.6亿，尚有1亿有线用户没有数字化，不考虑用户增长，机顶盒开支约350亿，作为三网融合的必要设备之一，机顶盒的更新换代将会让有关企业分得一块不小的蛋糕。而尚未双向网络改造用户接近1.5亿户，未来网络改造成本接近600亿。

从有线网络运营商方面来看，广电网络的数字化改造进入攻坚阶段，资本市场对网络运营商的预期强烈，1月14日开盘后，广电网络涨停，天威视讯、数源科技、歌华有线均有不俗表现。

从内容提供商方面来看，三网融合将使得原本的电信和广电的产业链变长变丰富。随着IPTV和卫星电视的开放，电视台的传输渠道将更为多样化，对有线网络的依赖性的减弱。相反，有线电视为了吸引用户，需要更多更优质的内容资源，因此，内容资源的价值将会不断提升，这也有助于内容产业的发展。

据悉，受此题材的市场关注，1月14日，A股市场中数字电视板块整体崛起，广电网络、中创信测、粤传媒、烽火通信、法尔胜等相关个股全线涨停，TCL集团、海信电器、四川长虹、深康佳等老牌家电股也强势出击，集体位居市场涨幅榜前列。②

---

① 《新媒体再掀融资狂潮 国有银行进入可能改写版图》，《经济参考报》2010年1月15日。

② 《中国联合商报》2010年1月23日。

第五节　新媒体资本运营的风险

一、经营管理风险

经营管理风险指的是媒介经营和服务是否为市场或用户接受的风险。特别是当购买、兼并、联合其他企业或资产以实现本企业规模扩增时，新的组织往往面临扩张无效益的风险，即新的不适应可能导致企业整体或部门盈利能力的下降。

在经营中，内容同质化是新媒体发展的一个障碍。由于新媒体没有新闻原创授权，通过传统媒体提供内容，故而在内容采编上同质化严重。无论是网站、电子杂志、视频、手机读物等均表现出原创性不足，一味地运用多媒体手段进行包装，难以对读者形成持续的吸引力。这就造成了新媒体盈利模式的不确定性，使其投资方支出增加，收入减少，形成风险。新媒体产业有自己的特殊规律。业界外投资者可能十分精通其他产业的经营管理和企业运作，但如果对于引入国媒介产业的规律、特点、环境一无所知或知之甚少的话，盲目进入，把其他行业的经验简单套用在媒介产业上，结果很可能导致失败。时代华纳与美国在线的合并，之前甚至有媒体宣称其为“内容与渠道的完美结合”，在预想中，美国在线提供渠道，时代华纳提供内容。新旧两个媒介航母的结合看上去何其完美，但事实上，美国在线与时代华纳在合并之际的战略规划上就出现了差池。合并之初，美国在线 CEO 史蒂夫·凯斯认为应该消除各个产业和领域之间的界限，进入一个新的统一的时代。然而时隔不久，时代华纳掌门人理查德·帕森斯发表言论认为合并的首要任务是各个业务部门在自己的领域做到最好。新媒体方面在战略上主合，而传统媒体方面则主分。分合意见的不统一从一个侧面暴露了美国在线与时代华纳集团发展战略整合上的缺陷。一个集团在战略上的失误就如同船只失去了舵，在以后的航程中屡有搁浅也不足为奇。

在国内，光线传媒曾经与新媒体公司华友世纪有过短暂的合并，结果也以破裂告终。另一家民营电视机构欢乐传媒也重金收购了互联网公司，结果是欢乐传媒元气大伤。

人才匮乏也是管理风险中的一大因素。中国新传媒产业联盟秘书长王斌说，2010 年新媒体产业链人才需求将超过 200 万。随着新媒体产业的持续高速发展，新媒体人才需求日趋旺盛。其中，网络、动漫、游戏、3G、新闻、编辑、广告、创意、营销、编导等专业的新媒体人才和技术人才需求量大而供不应求。同时，随着新媒体发展的多样化和传统媒体的全媒体化，具备媒体融合管理能力的高端管理人才和运营人才紧缺。在以技术和模式创新为核心竞争力的新媒体企业，对技术开发、游戏动漫、新媒体营销、新媒体编导等专才和复合型人才的需求每年增幅高达82%。由于教育与人才需求的偏差，导致新媒体方面的复合型人才奇缺，技术人才和内容人才好找，但技术和内容兼具的复合型人才却很少。有鉴于此，各高校都在转变教学方式，致力于培养传媒复合型人才。然而远水不解近渴，为了达到人才培养的目的，不少企业更愿意招收经过职业技能培训的专业人才，甚至是根据企业需求培训的实用专才。

二、版权风险

新媒体数字技术的迅猛发展，为新媒体内容的存取和交换提供了极大的便利。但另一方面，数字化技术精确、廉价、大规模的复制功能和互联网的全球传播能力为版权保护带来了极大的冲击。由于新媒体具有传播速度快、容易复制等特点，给知识产权保护增加了难度。曾有这样一个比喻，传统媒体是草，网络媒体是羊，搜索引擎是狼。即便再好的内容，也会立刻被羊吃、被狼吞，好作品什么最当红，保准能第一时间在网上找到。2007年，美国政策创新研究所（IPI）发布的题为《盗版给美国经济带来的真正损害》的研究报告宣称，盗版每年给美国经济带来的损失高达480亿美元，并导致37.3375万名美国人失业。

在中国，新媒体尤其是网络视频在版权保护方面做得很不到位，因为视频播放未获版权许可而遭受起诉的案例此起彼伏。网络视频内容多为电视或电影节目的重播，各个视频网站内容雷同。也有人提出由网民自己上传作品之道，其节目虽然没有版权问题，但节目制作水平较低，难以形成固定的商业模式；另一方面，运营商自己制作节目则成本较高，得不偿失。网络盗版现象杜而不绝，网络版权纠纷事件不了了之，这已经严重阻碍新媒体产业的健康发展，知识产权保护已经成为新媒体发展的问题核心。国家对网络与新媒体知识产权的保护高度重视，政府相继颁布了一系列法律、法规。相关行业组织和一些新媒体领军企业也已开始携手版权人拉开网络版权维权大战，但其结果仍不容乐观。有专家认为，传统媒体向新媒体转变的过程中，新媒体产业期待版权保护方式的创新和版权政策法规的尽快健全。

三、政策与法律风险

从投资学角度讲，政策风险指的是因国家政治因素、法律因素的变化而导致投资项目产生的风险。一个成熟的产业投资环境对其体制构建和产权归属的保障尤为重要。现阶段中国政府对作为新媒体主要投资主体的外资进行严格控制，包括对准入主体的规制和进入方式的规制。而规制的范畴，长期以来采取的是以行政指令和行政政策来进行。在当前适应媒介产业化运作的体制构造还远未建立起来，对于媒介的产权性质，尤其是多元资本进入后的产权归属还未得到法律澄清的前提下，国家对外资进入的主体资格、进入数量、进入规模、股权比例等作出了非常严格细致的规定。与之形成鲜明对比的是，国家对传媒业外资的宏观规制出现严重的缺位现象，主要表现在：法律规制不完善，外资准入规制的法制化程度不高；行政监管出现职能的"错位"与"缺位"，独立规制机构和对监管、执行机构进行监督的机制的缺失；对传媒外资的规制缺乏长期计划，短期规制和政策的随意性较大，外资预警机制缺乏；政府对传媒市场的宏观调控不到位，等等。2009 年 11 月，作为中国第二大在线游戏运营商的网易，因《魔兽世界》被终止审批，造成该业务经营受阻，其股价曾下跌 2.4%至 37.69 美元。据《每日经济新闻》报道，新闻出版总署终止审批消息一出，《魔兽世界》500 万玩家又开始焦躁不安起来。

路透社引述中国媒体的报道称，中国新闻出版总署日前宣布由于网易关联公司上海网之易公司违背条例规定，决定终止对《魔兽世界(燃烧的远征)》审批，并退回申请。该款游戏是动视公司授权的最新游戏版本。但中国文化部对此表示，根据相关文件，新闻出版总署的决定是越权行为。路透社报道认为，罕见的两个中国政府机构之间的争议，暴露了中国网络监管不健全的问题。

四、传媒文化安全风险

传媒产业具有经济属性和政治属性。传媒在承担产业功能的同时，还承担着巨大的舆论引导功能和宣传功能。传媒从来都是党和政府的喉舌与工具，充当着稳定社会舆论的重要功能。而外资传媒带来的文化产品不可避免地要被打上文化的烙印。

以目前中国外资传媒的投资为例，如时代华纳、维亚康姆、新闻集团以及迪斯尼都是资产数百亿的跨国媒体集团，几大跨国传媒集团的经营范围涵盖印刷出版、影视制作与发行、互联网等多个领域。投资国传媒产业要承受住大规模的外资竞争、兼并、收购，风险着实很大。对此，即使在美国，媒介的生存与发展也不完全是由市场决定的，而是由国家有关的公共政策的规则决定的。国家在传媒产业有关所有制成分、市场覆盖范围和规模、技术标准、产业供应链格局、内容规范、公共利益的维护和保障等多个方面都有严格规定。

传媒产业化的全球化给能力不足或没有规范管理和缺乏预警机制的国家带来的是威胁。加入世贸组织后，随着外资大规模进入中国传媒领域，其所带来的负面影响也愈加凸显出来，西方文化观念和文化意识的入侵逐渐威胁到中国的传媒文化安全。对于中国这样的发展中国家来说，一旦国家文化安全受到威胁，导致国家文化主权受损，文化发展受害，就不是简单调整政策能解决的。

文化危机的发展是一个动态的过程。文化危机一旦形成，它就会按照某种态势发展下去。因此，对传媒文化安全的危机处理方案不应只注重当前，必须同时对危机的发展态势有一个充分的估计，设计控制方案。而中国目前恰恰是对国家文化危机管理缺乏统一的规划和研究，缺乏制定统一规划所需的传媒外资协调机制和预警机制，以及在规划基础上对社会资源的充分整合和利用。因此，要保护国家文化安全和涉及民族文化传承的重要内容，我们必须建立科学的传媒安全预警系统和保护屏障，以应对外资进入带来的威胁，在文化观念、文化意识的入侵与反入侵的利益角逐中取得主动权。

五、财务风险

新媒体资本运营所面临的财务风险，主要是财务杠杆比例失当引发的偿债能力和资金链断裂引发的支付能力风险。纵观西方大型传媒集团的发家史，无一例外都是靠借贷起家，利用财务杠杆在并购中实现快速扩张。越是庞大的传媒集团，越在一定程度上依赖于财务杠杆，通过债务来支撑扩张几乎成为西方大型传媒集团互换股权之外的常用手段。

如今规模越来越庞大的集团并购，涉及的资金动辄数十亿、数百亿，收购公司很难完全依靠自有资金完成，必须通过负债融资，而且不可能以单一的负债融资方式解决。高债务带来高利息费用，从而增大了企业的财务风险。一旦并购后的企业预期利润下降，就会使收购者因债务过于沉重而导致公司的盈利水平和每股收益的下降，进而影响企业的偿债能力，使企业的市场价值下跌。一旦特定时日现金流出量超过现金流入量或者传媒集团出现收不抵支的情况，都可能出现到期不能偿还债务本息的风险，从而直接导致负债率升高、财务风险扩散。同时，传媒业区别于其他行业的一个显著特征是生产经营活动中对现金的持续的大量需求，特别是在传媒集团的核心环节——内容制作上，需要大量的现金予以支持，而资本不能永远补贴现金流，如果这个环节发生现金支付危机，将会对任何一家媒介集团的核心能力造成致命打击。①

因此，在资本运营之前，一定要对其资金的来源、使用和偿还情况进行全面的规划，并且在资本运营完成后要积极地落实；同时还要制订预案，以备意外情况出现。

思考题：

1.什么是媒介资本运营?

2.新媒体资本运营的特点是什么?

3.什么是经营管理风险?

4.怎样解决新媒体产业链人才匮乏的问题?

5.新媒体资本运营可能面临的财务风险包括哪些方面，如何规避?

① 王国平、刘黎：《国际传媒产业的资本运营观察与研究江西社会科学》2006年第1期，第144页。

第十一章
新媒体的品牌管理

第一节 新媒体品牌的原理

一、品牌的内涵及其特征

(一)品牌的定义

美国西北大学著名市场营销大师菲利浦·利特勒教授对品牌作出了这样的定义:"品牌是产品的名称,用以识别产品的来源与特点。"品牌包括以下六方面的内容:

(1)属性:即该品牌产品区别于其他品牌产品的最本质的特征,如功能、质量、价格等。

(2)利益:即该品牌产品因能帮助消费者解决问题而带来的实惠利益。

(3)消费价值:产品为消费者提供的价值。

(4)文化:品牌所具有的文化内涵。

(5)个性:品牌所具有的人格特性。

(6)购买使用者:即该品牌现实地为哪种类型的消费者所购买和使用,也即该品牌的目标消费者。①

科特勒同时认为,品牌是将商家的商品或服务与其竞争对手的商品或服务

---

① 菲利普·科特勒著,梅汝和、梅青豪等译:《营销管理:分析、计划、执行和控制》,上海人民出版社2001年版。

区别开来的一个名称、术语、符号、标识或设计图，或者是它们的组合运用。品牌具有聚合、扩散、磁场、时尚四大效应。也即是说，只有当品牌内涵与消费者的需求和情感发生振荡时，品牌才能引起消费者的注意，继而产生好感、偏好，直至依赖、忠诚，也才能够成为品牌资产，为产品和企业带来价值。

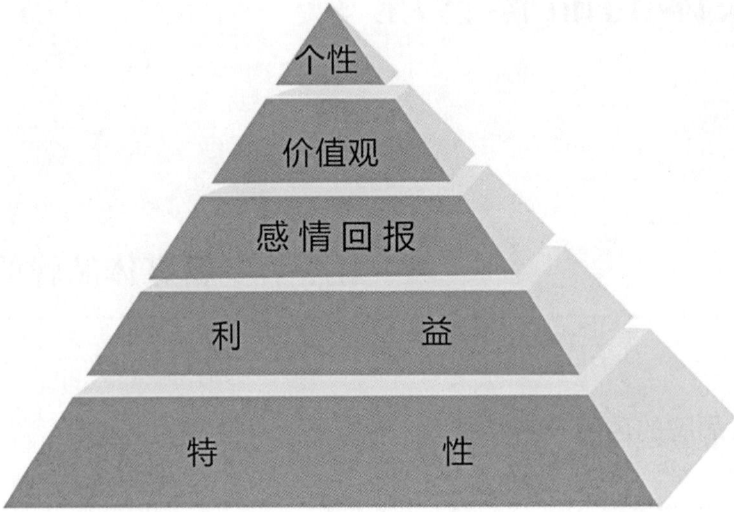

图 11－1 品牌概念金字塔

传统品牌理论认为，品牌的作用主要是区分竞争对手和有效进行市场竞争。品牌主要由两个维度构成：品牌形象和品牌资产。品牌识别、品牌的定位和品牌的个性三者的综合构成了品牌形象，品牌形象是三者的统一。品牌形象用以识别一个销售或销售群体的商品和服务，使自己与竞争对手的商品和服务区分开来。从另外一个维度来说，品牌资产是一种源于消费者的资产，是品牌在消费者心中产生的良好的体验并由此产生的对其品牌的知名度、美誉度、忠诚度和联想。品牌资产可以创造经济利润和形成经营价值。由此可见，品牌形象揭示品牌之间的差异，品牌资产保证品牌在竞争中的核心能力。

二、新媒体品牌的内涵及特征

(一)新媒体品牌的定义

新媒体品牌是指新媒体企业所提供的产品在消费者心目中的品质评价和

商业价值，包括新媒体标识、名称、风格、结构、包装等消费者认知的总和。在传统品牌以企业为导向的品牌理论背景下，形成新媒体以消费者关系为导向的品牌理论。

传统的品牌理论强调企业"以我为主"的广告宣传，消费者仅仅通过这些广告宣传来认识品牌形象，其结果是以企业为导向的品牌理论；而在新媒体的品牌理论中，却是以消费者关系为导向。新媒体的产品将从设计、出品、传播、渠道、销售等各个环节吸引消费者全程参与，其品牌识别、品牌定位和品牌个性都是通过消费者在体验中来创造完成的，进而对品牌价值产生心理认同。

相对于传统媒体而言，新媒体品牌具有综合性、立体性的特点，通过有形品质和无形品质共同组成品牌体系。有形品质主要包括域名、商标、网站名称、广告语和专利等；无形品质包括信誉度、用户评价、服务保障措施、网站界面设计等(见图 11－2)。新媒体品牌的无形价值往往大于有形价值。特别是在投资人评估一个商业网站的价值时，更是显而易见的。在当下的新媒体领域，大多数网站都还不赚钱，但是投资人所看重的不仅仅是它现时获利，更看重它有获利的潜力。一个网站被越多人看，它的价值也就越高。而这个"眼球"的价值，从某种意义上衡量，就是品牌。

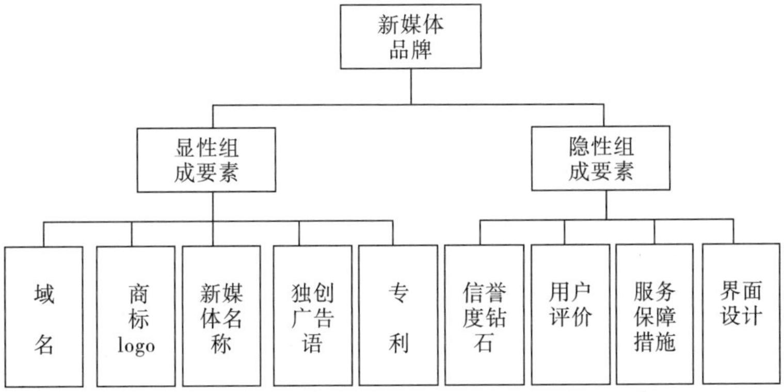

图 11－2

第二节　新媒体品牌影响与地位

一、品牌成为新媒体的核心竞争力

新媒体品牌是营销学中的“品牌”概念在媒介经营管理学中的延伸，它是媒体所提供的精神产品在受众心目中的品质评价以及这种品质评价所具有的潜在的商业价值。随着全球新媒体产业的快速发展和日臻成熟，新媒体市场正在从“产品时代”向“品牌时代”过渡，“品牌就是竞争力”的观点和理念为越来越多的人所认同。品牌管理成为媒体核心竞争力的体现，它决定着媒体的传播力、影响力、竞争力和广告传播价值。

网络经济的虚拟性决定了新媒体品牌价值的核心地位。由于建立在网络经济基础之上，注定了新媒体经济的虚拟化和不确定性，所以，以信誉为根基的企业品牌就显得尤为重要。一个新媒体在互联网上的存在，品牌是最有价值的身份说明。

在互联网世界里，没有让受众看得见、摸得着的样品，受众不能透过橱窗看到鲜花从而知道你是一家鲜花网站，没有琳琅满目的柜台让你通过对实物商品的观赏和触及来感受其商品的优劣并判断商店的品位和档次，也没有分类目录的DM让你事先查询亚马逊网站上的图书种类和价格。总之，在新媒体世界里，由于产品的虚拟性，受众对于这种虚拟产品的接触是通过一对一的独立的对话框环境来实现的，对话框里的文字介绍和图片展示就是呈现给用户的服务。在这个环境里，除了受众自己的点击，看不到任何其他的受众，但是，可以看到其他受众的留言和对于该产品的评价。所以，要让受众购买你的产品和接受服务，其他受众的评价是至关重要的，只有受众信任你，才可能选择你。也即是说，网络经济和电子商务始于技术而成于信誉。一个被消费者认可的新媒体品牌，将成为这个企业的“信誉担保”，成为产品质量和价格的“公信力”说明。

同时，由于网络交流和沟通的便利性，新媒体品牌的树立具有极大的客观性。好的品牌可以在很短的时间内于消费者中蔓延开来，几乎可以实现“不胫而走”的神奇效果。在日常生活中我们会发现，买房上搜房网、安居客，买汽车上汽车之家、易车网，买书上亚马逊、当当网，买电脑上太平洋电脑城、中关村在线，看影视上PPS网络电视，等等。上述网络品牌的受关注度和受欢迎度丝毫不逊色于通过传统媒体传播而树立的品牌明星，这种独有的草根文化在新媒体中得到更多的体现和尊重。反之，不良的品牌则可能名不见经传，默默无闻。如果网站曾有恶劣行为或被网友轰击，则难有立足之地。这就是网络经济中的品牌效应。因此，在新媒体经济中，网络经济的虚拟性决定了新媒体品牌价值的核心地位。

二、新媒体品牌的快速崛起

由世界品牌实验室(World Brand Lab)独家编制的2010年度(第七届)《世界品牌500强》(The Worlds 500 Most Influential Brands)排行榜于12月22日在美国纽约揭晓，新媒体脸谱(Facebook)击败微软(Microsoft)从去年第十名跃居第一，苹果(Apple) 从去年第十三名晋升至第二位，而去年冠军微软则屈居第三。中国内地有17个品牌入选，其中，新媒体中国移动(China Mobile)等位列前100名。

此次评选由1999年诺贝尔经济学奖得主罗伯特·蒙代尔教授(Robert Mundell)担任主席。世界品牌实验室是世界经理人集团(icxo.com)的全资附属机构，致力于品牌评估、品牌传播和品牌管理，其专家和顾问来自哈佛大学、耶鲁大学、麻省理工学院、牛津大学、剑桥大学等世界顶级学府，其研究成果已经成为许多企业并购过程中无形资产评估的重要依据。

连续七年发布的《世界品牌500强》排行榜的评判依据是品牌的世界影响力。

表11—1 2010年《世界品牌500强》中最年轻的10个品牌

排名	品牌	年龄	总部	总排名
1	Groupon(高朋网)	2	美国	424
2	Zynga	3	美国	481
3	Twitter(推特)	4	美国	25
4	Youtube	5	美国	19
5	Facebook(脸谱)	6	美国	1
6	Second Life(第二人生)	7	美国	324
6	Skype(斯盖普)	7	卢森堡	374
6	Altria(奥驰亚)	7	美国	378
6	Linkedin	7	美国	487
10	STATE GRID(国家电网)	8	中国	86
10	CHINA TELECOM(中国电信)	8	中国	427

制表：世界品牌实验室(WorldBrandLab.com)

耶鲁大学管理学院营销学教授莱维·多尔(Ravi Dhar)博士认为,互联网信息技术空前发展,新品牌营销理念及渠道革新,大大缩短了世界级品牌从诞生到迅速风靡全球的时间。以前一个世界级品牌的创建至少需要20年以上的时间考验,如今这个过程只需要两到三年。如推特(Twitter)、脸谱(Facebook)等年轻品牌从建立至今不过10年的时间,却已领军全球众多著名品牌。而今年新上榜的同样来自互联网领域的品牌Groupon、Zynga分别也都只有2岁和3岁,它们甚至连中文名字都没有。①

三、新媒体品牌崛起的动因

在中国,品牌经济之于新媒体,具有一种前所未有的强大的动因。2011年7月19日,中国互联网络信息中心(CNNIC)在京发布了《第28次中国互联网络发展状况统计报告》,报告显示,截至2011年6月底,中国网民规模达到4.85亿,②我国城市网民规模占整体网民的73%。③ 有消息表明,人们对互联网的使用越来越频繁,中国互联网用户每天的上网时间约为10亿小时,是美国用户的两倍以上——到2015年这一数字将超过20亿小时。④ 互联网正日益深入到人们的生活和工作中,成为万众瞩目的重要媒体。其中,电子邮件、信息查询、网上购物、网上炒股、网上理财、网上娱乐等电子商务、电子贸易、电子支付等成为最受网民关注的网络应用内容,同时也成为新媒体足以创造规模效益的用户市场。以腾讯、百度、阿里巴巴、新浪、搜狐、网易、盛大等为代表的新媒体产业巨头的崛起,标志着我国新媒体产业的初具规模。

伴随着中国互联网产业走向成熟和新媒体的快速成长,以品牌重塑及创新营销为核心的新媒体品牌建设逐步替代传统的品牌粗放经营模式,新媒体的竞争已经从以往的产品与服务的竞争上升到品牌的竞争,产业进入了品牌竞争时代。

2010年7月,《福布斯》与Interbrand联合发布《最佳中国品牌价值排行榜》,中国移动以2028.6亿的品牌价值连续三次,蝉联排行榜榜首,腾讯(品牌价值229.6亿,居第8位)成为最大黑马,首次入选即成为“十佳俱乐部”的新成

---

① http://info.china.alibaba.com/news/detail/v0—d1023584350.html

② http://tech.sina.com.cn/z/CNNIC28

③ http://news.duote.com/html/news/2/3930.shtml

④ http://news.xinhuanet.com/world/2010—07/01/c_12287516.htm

员，而其他7个名额均被金融类企业占据。根据入榜品牌的行业统计，此次上榜的50个品牌中，科技类企业(互联网、IT、通信、家电)占15席，其中互联网企业6席，家电企业6席。主办方《福布斯》认为，从榜单可以看到中国互联网经济的飞速发展，以及消费品市场的持续启动和上升的影响。[①]

四、我国新媒体的品牌竞争

2011年1月19日，CNNIC在北京发布了《第27次中国互联网络发展状况统计报告》，报告显示，中国网民数已达到4.57亿。由“中国互联网e峰会”组委会独立组织发布的权威第三方专业市场排名“中国互联网品牌竞争力排行榜”(以下简称“排行榜”)作为本次e峰会的重头戏正式揭晓，包括淘宝、联想、诺基亚、百度、手机腾讯、暴风影音等在内的多个知名品牌荣膺上榜。“中国互联网品牌竞争力排行榜”是由“中国互联网e峰会”组委会独立组织发布的权威第三方专业市场排名，以网民占有率作为排名衡量标准，采取电话调查、客户端监测、在线调查等多种方式开展调查，并在此基础上核算相关企业的排名。[②] 现将报告的九项竞争分析介绍如下：

(一)门户网站行业竞争状况

1.竞争现状

门户网站的竞争呈现出多元化趋势。首先是以搜狐、新浪、腾讯等为代表的信息门户之间的竞争。由于盈利模式相同，针对用户群体差别不大，各个网站间的竞争也尤为突出。但目前各家网站均拥有庞大的用户量，这类门户的竞争更多的是集中在用户访问习惯的改变以及广告主争夺层面。另一方面，不同门户类型间的竞争将加剧，搜索引擎向信息门户功能上的靠近已经对传统信息门户网站起到影响，加之搜索门户在广告上的精确度也高于综合信息门户网站，未来搜索在门户网站的地位必然会逐步提升，而用户规模占优的网站——百度，作用更大。

2.市场格局

信息搜索方面的个性化和规模化是百度成为门户网站用户规模第一的关

---

① http://news.xinhuanet.com/world/2010—07/01/c_12287516.htm

② http://it.sohu.com/20110119/n278965844.shtml

键。由于门户网站的复用性，所以目前百度并没有对以新闻为主的门户网站造成很大威胁。另一方面，以新闻为主的门户网站竞争更为激烈。腾讯网虽然在频道数量上不及新浪和搜狐，但依靠QQ聊天工具庞大的用户群，一举超越了其他新闻门户网站，名列第二；搜狐凭借搜索、输入法等多元化服务，用户规模超过新浪，排名第三。

表11－2　门户网站用户占有率排名

排名	门户网站
1	百度
2	腾讯＋搜搜
3	搜狐＋搜狗
4	新浪＋爱问
5	网易＋有道

（二）网络购物行业竞争状况

1. 竞争现状

2010年，网络购物市场的竞争局势加剧。用户规模前十的购物网站，市场交易规模效应显现，是市场上最主要的竞争者。随着线上市场向成熟化发展，传统商贸流通企业和制造企业加快开拓网销渠道，网购市场呈现“商城对决、开放竞争、新旧互竞”的格局。2010年具体市场竞争现状突出表现为三个转变：

（1）由C2C平台之间的竞争转化为B2C商城之间的对决

2010年，在B2C主流化成为行业趋势之际，C2C平台顺势向B2C领域拓展。拍拍网加大B2C频道的砝码，淘宝商城正式单飞发展，百度从有啊转向乐酷天等，市场领头者的竞争的焦点落在了商城上。网购市场从C2C平台之间的分散竞争，转化为云集品牌商户的B2C商城对决。

（2）由垂直领域的封闭竞争转化为平台化的开放竞争

长期以来，除了平台商以外，大部分网购市场竞争集中在垂直领域内部。2010年，垂直领域的封闭竞争转化为平台化的开放竞争。当当网、凡客诚品、麦考林和京东商城先后开始在自有网站引入第三方联营的方式，通过差异互补向平台、半平台化发展。麦考林和凡客诚品均引入第三方品牌，扩充服装商品类别。以母婴起家的红孩子，由3C产品做大的京东商城，从图书发展而来的当当网，都在发展自有产品的同时，引入其他商品类别，将竞争的触角伸向了领地以外。

(3)由纯电商之间的竞争转变为传统企业与线上企业的比拼

传统企业进军线上势头加快,商贸流通企业和传统制造业纷纷涌入线上市场,富士康开张飞虎乐购,国美并购世纪电器网,沃尔玛加快在线上市场布局,等等。随着传统企业竞相向线上发展,网销进程全面推进,网购市场由纯电商之间的竞争转变为传统企业与线上企业的比拼,充斥着传统旧势力与新进入者的激烈角逐。

2. 市场格局

在各类购物网站中,淘宝网的用户占有率依然高居第一位,且用户规模远高于其他购物网站。2010 年末,淘宝商城以独立域名发展,依托淘宝网占绝对优势的用户占有率,淘宝商城的用户渗透也相当可观。拍拍网的用户占有率排名第二位,以 QQ 的庞大用户为基础,拍拍网的用户群更集中于低龄和偏爱娱乐应用的群体。B2C 电商在 2010 年迅速发展,但在用户渗透上仍然落后于平台类网站。当当网的用户占有率排名第三;京东商城和卓越亚马逊分列第四和第五位。

表 11—3 网络购物用户占有率排名

电子商务		
名次	站点	域名
1	淘宝网	taobao. com
2	拍拍	paipai. com
3	支付宝	alipay. com
4	阿里巴巴	alibaba. com
5	卓越亚马逊	amazon. cn
6	阿里软件	alisoft. com
7	当当网	dangdang. com
8	慧聪网	hc360. com
9	腾讯财付通	tenpay. com
10	麦网	m18. com

Data Source:CR—NetRatings Feb/01/2010—Feb/28/2010

Sample Data

www. cr—nielsen. com

(三)网络游戏行业竞争状况

1. 竞争现状

未来网络市场的竞争主要集中在两个方面:平台和产品。这两个因素的关注主体也有所不同。对于平台而言,其运营理念是将更多的产品纳入其中,发挥平台在用户资源以及渠道建设方面的优势,而这也决定了只有市场份额靠前的运营商才能建立平台。此外,虽然游戏平台是降低运营风险,提升运营效率的有效手段,但产品品质仍是未来市场竞争的关键要素。

中国网络游戏是产品导向的行业。与其他互联网领域有所不同,网络游戏公司的运营状况往往由少数几款游戏决定。一两款游戏收入的波动会直接影响公司整体的营收,所以未来优秀产品的竞争依然会很激烈。这种竞争一方面体现在产品代理上,而另一方面则是游戏公司在提升用户体验上的比拼。

2. 市场格局

国网络游戏行业的市场格局已经定型:首先是以腾讯、网易、盛大等公司组成的第一梯队,这一梯队厂商在资金储备和运营能力上均高于其他中小运营商,因此很难被超越;第二梯队厂商季度收入一般在 3～6 亿元人民币左右,代表厂商有完美时空、搜狐畅游、巨人网络等;其他中小厂商构成了网络游戏的第三梯队。从游戏产品排名看,用户规模最大的几款产品主要集中在第一梯队和第二梯队的运营商。其中腾讯游戏表现突出,用户规模最大的几款游戏均是腾讯公司运营,ACG 游戏类型方面尤为明显。

表 11—4　主要大型游戏产品用户占有率排名

排名	ACG	MMORPG
1	穿越火线	地下城勇士
2	QQ 飞车	魔兽世界
3	QQ 炫舞	梦幻西游
4	反恐精英 Online	QQ 三国
5	跑跑卡丁车	天龙八部

(四)网络视频行业竞争状况

1. 竞争现状

2010 年,国内网络视频行业的竞争主要是用户市场的竞争。从用户市场来看,主要竞争策略有以下几点:第一,通过版权参股、购买独家版权、版权分销等模式丰富视频内容源,同时争取网络视频版权市场的主动权;第二,满足用户在使用网络视频时对带宽的要求,通过技术改进,提高带宽服务能力,降低带宽成本;第三,网络视频服务由传统的标清视频向高清视频趋势发展。基于用户市场竞争,网络视频广告的市场竞争十分激烈,视频厂商通过推广宣传、提高投放精准度、引入第三方广告效果监测等方式对广告代理商和广告主展开争夺。

2. 市场格局

2010 年,国内网络视频网站占有率市场排名前五位的网站中,优酷网、土豆网和酷 6 网都是以视频分享起家,但目前它们也正转向正版影视剧市场。

优酷网和土豆网作为早期视频分享网站,视频分享为其用户积累奠定了良好的基础。优酷网在网络视频强调速度的年代,以视频播放的流畅性获得用户的支持。2010 年 12 月,优酷网正式在纽约证券交易所挂牌上市,成为全球首家在美独立上市的视频网站。在资本市场的推动下,优酷用户将进一步获得增长。土豆网将正版视频、自制网络剧和用户原创内容作为产品主线,在年轻用户群体中获得很好的发展。而酷 6 网的内容服务主要以正版电影、电视剧等长视频节目和新闻时事报道、热点事件深挖等短视频节目为主。同时,在版权内容方面,酷 6 正在探索与版权方广告分成,以及与版权合作伙伴的深度战略合作,以此获得更多的独家版权内容。随着短视频市场的快速发展和版权盈利模式的探索,酷 6 在网络视频市场也将有较好的表现。

搜狐视频排在第三位,是新闻门户网站中唯一家进入前五名的视频网站。搜狐视频的快速发展一方面依托于搜狐门户的媒体影响力,另一方面,搜狐通过版权参股的形式实现对产业链上游的控制,版权内容有一定优势。同时,搜狐高清视频的推广力度,也将推动搜狐视频业务的发展。

迅雷看看位列第五位,迅雷看看的快速成长主要依托于迅雷作为下载视频上游的行业地位。

表 11—5　网络视频网站占有率排名

排名	品牌
1	优酷
2	土豆
3	搜狐视频
4	酷 6
5	迅雷看看

(五)即时通信行业竞争状况

1. 竞争现状

虽然即时通信工具自身没有较清晰的盈利模式,但其凭借较强的用户黏着能力和较大的用户规模,为其他互联网应用提供了一个宣传推广和增值营销的平台。因此,扩大和深挖即时通信工具的平台价值,成为即时通信厂商间的重点竞争环节,而用户、应用和平台则成为厂商争夺的三大要素。

用户方面,即时通信运营商的竞争主要集中在用户细分市场,满足特定人群需求的垂直类即时通信工具有较大的竞争优势,这类即时通信工具依托各自细分领域的互联网应用获得较快发展;而综合类即时通信工具更侧重于现有用户的保留和用户价值的深度挖掘,在吸引新用户方面的竞争力较弱。

应用方面,即时通信运营商将 IM 作为增值应用的接入平台,以此获得间接收入。基于自身利益考虑,几乎所有 IM 运营商都将增值应用限定在自有业务上,和其他互联网应用企业合作接入的情况较少。这样一来,在增值应用运营上的竞争优势就呈现出三个梯队,第一梯队是自身用户规模较大的即时通信工具;第二梯队是依托某项垂直应用而正在壮大中的垂直类即时通信工具;第三梯队则是用户规模较小且缺乏相关应用推动的即时通讯工具。

平台方面,移动通信设备和移动互联网的发展使跨平台即时通信的竞争日益激烈,目前主流即时通信运营商均推出了手机版的 IM,而具有电信资源优势的电信运营商则在跨平台即时通信市场获得了极大的竞争力。受移动互联网、三网融合等因素的推动,跨平台即时通信市场的竞争将日益激烈。

2. 市场格局

从即时通信工具的用户占有率来看,腾讯 QQ/TM 处于首位,飞信和阿里旺旺分列第二、三位。

腾讯通过QQ的平台效应开展各种增值应用，实现了社区增值服务收入的持续增长。与此同时，腾讯不断借助QQ平台推出热门服务，2010年新推出的微博、团购都在QQ主面板或聊天窗口设置了入口，QQ平台的马太效应在腾讯业绩中表现明显。

飞信的用户占有率提升最为快速，凭借跨平台的优势和中国移动庞大的手机用户群，其在用户增长方面取得了较大突破。但在第二梯队竞争加剧的形势下，飞信仍面临软件功能单一，以及推广力度不足导致的用户认知度较低等问题。

阿里旺旺经过一年多发展，用户占有率进入前三名。作为垂直类即时通信工具，阿里旺旺的发展很大程度上得益于淘宝交易平台的推动。2010年网络购物等商务类应用在网民中得到进一步普及，服务于交易沟通需求的即时通信工具表现出较大的发展潜力。

YY团队语音是2008年推出的即时通信工具，其定位为语音通讯平台，为网络游戏提供定制服务，在网络游戏用户尤其是游戏公会成员中获得较大市场。受益于庞大的网络游戏用户规模，YY语音的用户占有率已进入前五名。

表11—6 即时通信工具用户占有率排名

排名	即时通信工具
1	QQ/TM
2	飞信
3	阿里旺旺
4	MSN
5	YY团队语音

(六)SNS社交网站行业竞争状况

1. 竞争现状

SNS社交网站并没有清晰固定的盈利模式。中国互联网以广告为主要盈利模式的服务，具有两个特征：复用性和用户习惯主导。比如信息门户、搜索引擎、论坛等网络服务，用户会同时使用多个运营商，使用的情况通常取决于用户习惯。SNS社交网站也存在这种问题。因此，社交网站的竞争更多的是自身服务的竞争，如何开发新服务提升用户忠诚度是市场竞争的关键。另一方面，SNS进入门槛较低。据不完全统计，目前SNS交友网站数量超过1000家，其中大多数以开放源码的模板制作，在缺乏资金和用户的形势下，中小 SNS 网站根本不存在竞争关系。未来竞争主要集中在用户规模较大的几家。

2．市场格局

从用户规模分析，得益于腾讯 QQ 的庞大用户规模优势，QQ 校友录是目前用户规模最大的社交网站；人人网与开心网合并之后，用户规模与腾讯差距不大，排名第二；以白领阶层为主要用户的开心网排名第三。相比于其他互联网服务，SNS 社交网站对于用户规模的关注度更高。SNS 网站以用户关系为基础，而这种基础又依赖于用户规模的大小，前几家在这方面优势明显。腾讯朋友（QQ 校友录）依靠 QQ 强大的平台，人人网、51. com 依靠早期的用户积累，搜狐白社会有门户网站支撑，在这种形势下，小型 SNS 网站根本无法与之竞争。

表 11－7　SNS 社交网站用户占有率排名

排名	网站
1	QQ 校友录（腾讯朋友）
2	人人网
3	开心网
4	51. com
5	搜狐白社会

（七）博客行业竞争状况

1．竞争现状

博客应用已经成为互联网服务的标准配置。国内博客市场主要由门户网站博客、社交网站博客和专业博客网站三种形态构成。其中，新闻、搜索等门户网站博客占主流；社交网站博客借助社交网络的交互性特点，已经成为博客市场的领军者；在这两者的挤压下，国内专业博客的生存空间很小。因此，中国博客市场的竞争已经延伸到其他网络应用领域：一方面延伸到博客服务提供商自身资源优势的竞争；另一方面扩展到微博客、SNS 等社交网络产品的竞争。

2．市场格局

2010 年，中国博客市场用户渗透率排名第一位的是 QQ 空间（包括腾讯博客）。以 QQ 客户端为基础，集 SNS、微博客等产品的社交网络平台促成了 QQ 空间的快速成长。同时，QQ 空间博客也是未来社交网络平台增值服务市场的主要力量。

新闻门户网站博客占主流，新浪博客、网易部落、搜狐博客均排在博客市场的前五名之列。新闻门户网站博客具有明显的媒体属性，是国内博客营销的主要市场。

百度空间位居第三位，百度空间、百度知道、百度贴吧构成了百度社交产品的主线。同时，这些产品之间的用户互通为百度空间的增长带来更多的力量。

表 11－8　博客用户占有率排名

排名	博客网站
1	QQ 空间/腾讯博客
2	新浪博客
3	网易部落
4	百度空间
5	搜狐博客

（八）搜索引擎行业竞争状况

1. 竞争现状

2010 年，搜索引擎的营销价值快速提升，搜索引擎市场营收快速增长。根据 CNNIC 调查，2010 年，国内 15.4％的中小企业使用过搜索引擎关键词广告营销，搜索引擎市场规模达 108.3 亿元人民币，年增长率 55.2％。以百度为例，根据百度 2010 年第三季度财报显示，百度第三季度网络营销营收为人民币 22.56 亿元，同比增长 76.5％；百度活跃网络营销客户数量约为 27.2 万家，比上一季度增长 7.1％，同比增长 25.9％。

搜索引擎市场存在的巨大发展潜力，以及国内搜索引擎市场格局变动带来的发展契机，使搜索引擎市场的竞争更加激烈。长期以来，搜索引擎市场高度集中在百度和谷歌两大运营商手中。2010 年 3 月，谷歌将在中国大陆的搜索服务迁移到香港，为国内搜索引擎市场格局的变动提供了契机，各搜索引擎厂商展开积极备战，主要表现在：

第一，提高中文搜索服务的智能性和精准性。百度的框计算、搜搜的搜索直达、网易有道的实时搜索服务等，国内搜索引擎厂商通过优化搜索引擎服务抢占用户市场。

第二，加大资金投入，大力发展搜索业务，打造品牌影响力。

第三，从信息检索服务到客户端软件，从搜索引擎到社交网络应用再到电子商务，国内各搜索厂商积极拓展业务范围，一方面提高用户黏性，另一方面开拓多元收入渠道。

第四，通过完善搜索引擎营销服务、打价格战等争夺各地广告代理商。

2. 市场格局

与2009年相比，国内搜索引擎各网站用户渗透率均有不同幅度增长。其一，网民信息需求快速增长，使用行为更加多元化；其二，随着各网站搜索业务的推广，用户搜索时品牌选择的范围更广，品牌使用更加分散；其三，站内搜索和垂直搜索引擎的快速发展，也将加速国内搜索引擎用户网站使用行为的分化。

表11－9　搜索引擎网站占有率排名

排名	品牌
1	百度（baidu）
2	搜狗（sogou）
3	谷歌（google）
4	搜搜（soso）

(九)手机网站行业竞争状况

1. 竞争现状

手机网站行业中的竞争，主要体现在以下方面：

(1)统一入口和细分内容之争

从目前的竞争态势来看，作为用户上网统一入口的综合类网站(综合门户、搜索引擎)用户占有率进一步扩大，细分内容的网站难以抗衡。

(2)综合门户和搜索引擎之争

由于搜索引擎相比综合门户具有更强的统一入口作用，更加符合手机网民以内容结果为导向的手机上网访问习惯，因此单纯的综合门户在用户规模上难以超越搜索引擎。2010年手机百度继续扩大在手机用户中的渗透率。

(3)整合平台与独立服务之争

由于手机网民具有比PC网民更强的惰性，因而，整合多种功能和服务的大平台相比独立服务，更容易聚集起用户。手机腾讯网就是利用整合平台迅速抢占用户市场的典范。

(4)跨手机/PC平台与专注移动互联网之争

前者的典型代表是腾讯、百度、新浪等;后者的典型代表是3G门户、移动梦网、易查等。目前,跨手机/PC平台的传统互联网网站巨头,在用户占有率方面,已经将专注于移动互联网领域的企业甩在了身后,展露出王者之相。

2. 市场格局

网民手机上网访问网站的占有率排名中,仅有3G门户一家是专注于移动互联网领域的老牌手机网站,其他都是传统互联网领域的网站代表。对比传统互联网中的网站访问排名,手机网站的市场格局已经与传统互联网十分接近了。

从网民手机上网时访问网站的占有率来看,手机腾讯网处于首位,手机百度位列第二。前两位的占有率比较接近,和后面的网站拉开了比较大的距离。

腾讯公司依托于庞大的用户规模、极高的用户黏性,大力推行多应用整合的战略,前端的IM、浏览器等软件,以及后端的门户、搜索、SNS、微博等服务,都紧密地结合起来,整合运作。正是利用了这一优势,手机腾讯网牢牢占据了网民手机上网访问网站渗透率第一的位置。

搜索引擎作为一个体验良好的统一入口,符合手机网民以内容结果为导向的手机上网访问习惯,成为网民手机上网使用较广的应用。作为国内搜索引擎领域的霸主,百度在进入移动互联网之后,迅速建立起了领先的地位,牢牢占据着手机网站渗透率第二的位置。

3G门户、移动梦网这些专业的手机网站却在逐渐走下坡路。移动梦网在本次调查中已经跌出前五,而3G门户的渗透率也出现下滑,从2009年的第三跌至第四。

表11—10 网民手机上网访问网站的占有率排名

排名	网站名称
1	手机腾讯
2	手机百度
3	手机新浪
4	3G门户
5	手机搜狐

利用在传统互联网中积累的用户资源和内容资源，新浪、搜狐的手机网站在手机网民中的渗透率2010年稳步上升，目前分别位列第三和第五。2010年发展火爆的微博服务也为新浪、搜狐在手机网站排名中的提升作出了一定贡献。

第三节 新媒体品牌管理的实践

一、品牌管理

品牌管理指以围绕品牌为核心而开展的企业组织结构和资源分配方式，使企业全部的运营在品牌旗帜的引导下良性发展，并形成了一个完整的管理体系。品牌的管理需要在价值链的每一个环节做出决策和行动，成为企业整体战略的核心。品牌管理主要包含以下三方面的内容（见图11－3）：

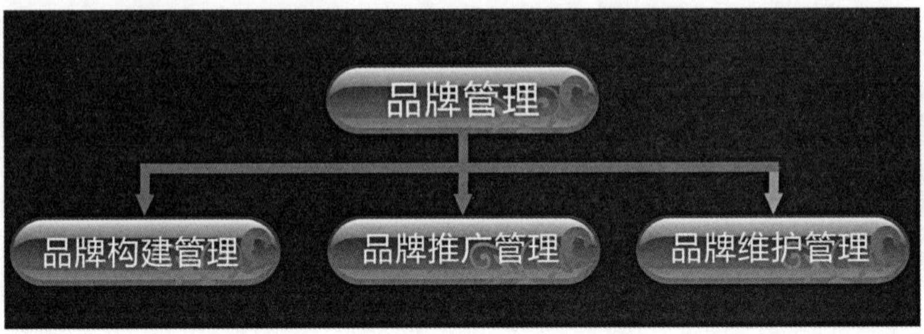

图11－3

品牌构建管理主要是指在一个品牌面世前和面世之初的诸多事项管理，包括品牌定位、品牌架构、品牌名称、品牌识别系统、品牌文化价值、品牌形象的建立等等。

品牌推广管理主要是指品牌面世后，为实现与品牌价值链上各种关系的有效沟通，以促进品牌价值累积、企业效益增长的系列推广管理。按经济效益的视角，又可分为两大类推广方式；一类是直接产生效益的营业性推广，包括品牌的渠道建设、促销、终端管理等；另一类指间接产生效益的非营业性推广，主要指借助其他载体开展的品牌信息传播，包括广告推广、新闻策划、公关活动、公众事件等等。

品牌维护管理主要是指保障品牌得以顺利运作并且逐年增值的支撑体系的建立和管理,包括品牌的法律管理、品牌管理流程构建、品牌审计、品牌资产评估管理、品牌服务体系的建立、消费者数据库等方面的内容。

在整个品牌管理系统中,“构建管理”是基础,“推广管理”是动力,“维护管理”是保障。品牌管理是一个综合概念,受感知主体的主观感受、感知方式、感知背景影响。

二、新媒体品牌构建管理

(一)新媒体品牌的形成过程

传统媒体品牌的形成需要经过三个层面：理性价值层、感性价值层和象征性价值层。新媒体品牌的形成过程亦不例外,同样基于以上三个层面。

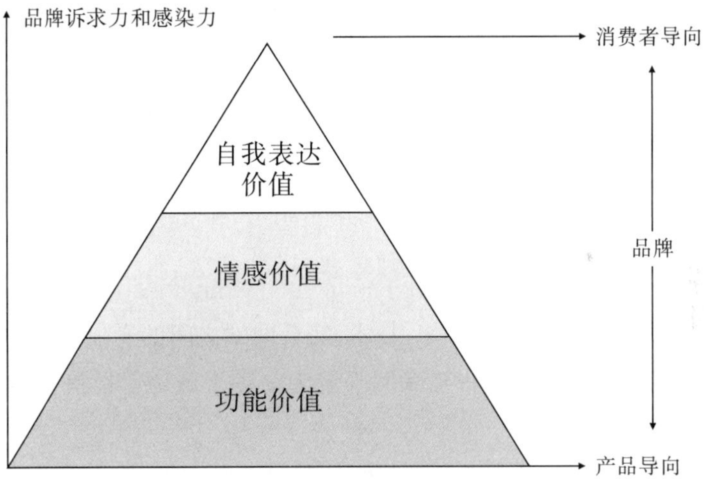

图 11－4　品牌价值三层次的关系

有专家总结新媒体品牌战略有三境:第一境,品牌在眼中;第二境,品牌在手中;第三境,品牌在心中。

1.品牌在眼中

解决的是媒体的“认知度”问题。作为受众或用户的最初体验层面,为了获得传媒产品的使用价值,受众往往是从体验媒体的产品开始的。没有对媒体产品的体验，也就谈不上对传媒品牌的体验。我们所熟知的许多网站提供免费资讯、免费邮箱、免费游戏、免费聊天工具等方面的服务，就是一种从产品体验到品牌体验的过程。对于新媒体来说，即使是收费的服务，往往也是以免费试用开始。当这个过程能够顺利实现时，受众以体验产品开始，以认可品牌结束，这是品牌建构的必然过程。

2. 品牌在手中

解决的是"知名度"的问题。重视价值教化，顾客体验功能，通过内容参与或互动创造，让品牌的价值得到认可，并进入受众的选择之中。当受众或用户对一个媒体品牌的体验产生好感之后，通过经验的持续积累，通过互动后的参与融合，变为感性享受的层面，形成工作生活中或依赖、或怀旧、或自我实现的关系。感性价值主要表现在媒体品牌能否给受众信任感、荣誉感和满足感。

3. 品牌在心中

解决的是"忠诚度"的问题。通过共同参与所塑造的品牌形象，将被分众化、碎片化地锁定于特定的群体，直接或间接影响受众的品牌信念。这种信念就形成了一种价值主张，这也是传媒品牌的最高境界，意味着这一传媒品牌已经兼备了外在消费价值和内在精神指向价值。而只有当媒体的品牌价值达到了这一个层面，才能说具有了真正的核心价值。

（二）新媒体品牌管理的基本法则

基于互联网借助 RSS 和 XML 技术，实现网站之间的交流这样一个全新的前提，相对于传统的品牌战略，互联网平台为每一个致力于品牌战略的企业提供了全新的渠道和机会，

互联网在为品牌传播创造了无限的空间和机遇的同时，也引发了品牌管理的巨大变革。传统的品牌管理强调以企业为中心，而新媒体背景下的品牌管理则更强调"以消费者为中心"。新媒体时代的品牌就不只是企业主观的塑造，而是所有顾客所感受的产品、服务及消费者认知三者的总和。新媒体的品牌管理将呈现以下三个特点：

1. 消费者体验成为品牌认知最重要的方式

互联网的交互性决定了新媒体消费者全新的体验消费方式。人们通过互联网接受各种服务，无论是新闻资讯的获取、阅读、购物、银行支付、旅游出行还

是搜索爱情，都是通过体验进入的，在美妙的体验中得到所涉及品牌的更丰富、更精确、更迅捷的认知。为了赢得更多体验者的认知，作为企业方不得不提供更多的相关信息和服务承诺以赢得消费者，这时的消费者则享有了完全的消费主动权，而不再仅仅被动接受企业的主观发布信息。这样的新型关系将形成理论界定论的互联网 C 模式，它将使传统的以企业为中心的经营模式取而代之为以消费者为核心的经营模式。同时，由于关键词搜索的便利，消费者可以选择的同类产品很多。为了吸引消费者的注意力，企业在整个品牌管理的过程中，始终与消费者保持持续的沟通与交流，让消费者参与从产品设计到产品制作到定价直至售后服务等全营销过程，使消费者体验成为品牌认知的最重要的方式。

2.品牌的双向传播模式使客户关系被重新定义

以企业为主导的单向信息控制被互联网双向传播模式无情地取代。当我们面对一个全新的 Web 2.0 互动传播时，企业与消费者之间的客户关系都将被重新定义。

网络是一个自由的、开放的空间，在这里，企业与消费者在传播的身份上拥有同样的权利，既可以是发布者，同时也可以是接收者。广泛存在于互动社区、BBS、BLOG 等互动交流场所的消费者，完全可以通过网络与企业进行交互式联系，并对品牌施加前所未有的影响。而品牌的印象，如名称、术语、标记、符号或图案等元素，往往是通过人们的各种接触进行互相组合，并在多次的互动下建立起来的。换句话讲，品牌来自于消费者体验的积累，消费者既可以是品牌的创造者，亦可以是品牌的拥有者。这种背景下的企业往往通过网络协助消费者对品牌进行个性表达和传播，发挥其影响力。网络将消费者从传统品牌信息被动的接受者演变为品牌真正的拥有者、主导者和共建者。

3.新媒体品牌管理具备更强的实时可控性

互联网的搜索、数据库和海量储存等技术，为新媒体企业的品牌管理提供了一个完整而可控的展示平台。它不仅能准确地呈现产品、服务，清晰地定位品牌诉求，还能引起消费者的参与和分享。同时，当面临市场变化和消费者有新的诉求时，企业可以随时更新、完善，每时每刻都能准确地控制其品牌形象，从理论上来说，可以最大限度地避免传统品牌发布后可能出现的因为不可控而产生的不良影响。

新媒体品牌管理的实时可控性体现了互联网作为一个特殊的平台和媒体

的特性，适应虚拟市场快速变化的环境和节奏，将成为衡量新媒体品牌管理者的一项重要能力。

（三）细分市场的准确定位形成品牌价值

从新媒体的品牌认知度、品牌认可度、品牌美誉度建立的需求出发，对于品牌价值的定位就显得尤为重要。新媒体的海量信息带来的传播过度已使人们的眼球、大脑备受侵扰。所以，新媒体的品牌定位是建立在细分市场基础上的，让品牌在消费者心目中占领一个有利的、无可替代的位置，让消费者对其品牌有一个深刻的记忆。

一个成功的品牌都拥有一个简洁而清晰的定位，在吸引消费者互动参与过程中，所有认知者都能理解并脱口而出，对品牌价值产生心理认同。这就是新媒体的品牌定位。

1. 定位品牌的目标客户群

新媒体的技术实现使传统的大众市场不断地土崩瓦解，进而形成许多碎片化的细分市场。基于人口统计学和消费者的生活形态等各种维度，不同形态的消费群形成了不同的细分市场。因此，新媒体对于消费者的需求、动机、购买行为的多元性和差异性的研究，逐步深入到了类似需求倾向的消费者构成群体的锁定。成功的品牌能够通过建立详细的客户数据库，对目标群体的行为进行追踪和检测，并以此为依据分析出不同类型、喜好、需求的受众，适当地对受众进行细分，及时为其提供个性化的服务，获得受众对品牌的满意度。

区别于传统媒体受众，作为网络状态下虚拟市场的消费者，他们的特征和需求呈现出一定的差异性，因此，新媒体目标消费群体的锁定，体现在品牌对目标受众的理解上，即企业可以采取什么样的品牌策略与之建立互动关系并发展良好关系。用户体验、用户争取、用户挽留、用户黏合的互动经营是锁定目标消费群体的关键所在。

在世界各地大约拥有三千万用户的亚马逊网站，其首席执行官杰夫·贝索斯相信围绕自己的网站存在着一个松散的用户共同体。他将这一共同体定义为“邻里之间互相帮助来做出购买决定”。这也就意味着允许在他们的网站上存在着对某一本书或者产品负面的评价，即使这种评价有时会影响产品的销售。这同时还意味着可以将做广告的大笔费用节省下来，用来降低产品价格，提高服务质量。所有的这一切都是建立在对产品的用户共同体的信任基础之上的。

努力创建自己的忠实客户共同体，同时给顾客一个发挥个性、自己替自己量身定做的空间，让顾客感到自己能够对所喜欢的品牌发挥主观能动性，已经成为一个被广泛接受的品牌创建概念。

例如，携程网（www. ctrip. com）作为中国领先的综合性旅行服务公司的品牌定位，首先是它成功地拥有了超过5000万会员，这些会员我们可以理解为对酒店预订、机票预订、旅游度假、商旅管理等方面的服务有着诸多共同诉求的目标客户群体。携程网在锁定了这个目标客户群体后，其服务理念和体系都是围绕客户的需求展开的。网站拥有世界上最大的旅游业服务联络中心，拥有1.2万个坐席，呼叫中心员工超过7000名。携程同全球138个国家和地区的32000余家酒店建立了长期稳定的合作关系，其机票预订网络已覆盖国际国内绝大多数航线，送票网络覆盖国内60多个主要城市。规模化的运营为会员提供更多优质的旅行选择。[①] 这样的目标客户的战略选择，最终成就其作为商务旅行方面最优秀的网络服务专家的品牌定位。

2. 定位品牌的利益和价值

在确定了目标客户群体之后，我们需要进一步分析消费者诉求和利益主张，并通过网络互动，帮助消费者实现其利益和价值，从而实现自身的品牌定位。也即是说，新媒体品牌的定位是建立在满足消费者诉求和利益主张的基础之上，即通过产品功能满足带来的情感共鸣，品牌互动形成的价值交流，品牌消费升华到价值实现这三个方面达成。一个有明确定位的新媒体品牌，能够让接触它的受众很快明白它能够带来什么样的价值。例如，Google提供友好而强大的技术支持的搜索功能，开发出各种令人惊异的应用，使受众在体验中明白无误地认同了其搜索品牌第一的价值。卓越亚马逊为消费者提供包括书籍、音乐、音像、软件、数码3C、家电、玩具、家居、个人护理、化妆美容、钟表、珠宝首饰、鞋靴、箱包、体育健康用品、食品、母婴产品及办公用品等超过150万类的产品，被认同为中国电子商务领袖。

以“在线生活方式”起家而成为IM即时通信市场中的品牌霸主的腾讯，没有忘记继续对其品牌的利益和价值进行注入，通过实施扩张性战略，垄断基础平台，丰富平台上的应用市场，在不断满足用户日益增长的在线需求中迅速壮大。其中，“大回响、大影响”在线生活战略即是一个成功的案例。腾讯以“社区

---

① http://pages. ctrip. com/public/aboutctrip/ac5_corStre. html

聚集用户，以内容满足用户，以用户成就社区”来实施其在线生活战略：

——2007 年的“两会”，有超过 15 万网友通过腾讯网向总理建言献策，关注国计民生；2008 年除夕之夜，有近 50 万人次来自世界各地的海外同胞通过腾讯平台观看春晚，与国内的亲友在线守岁，“合家团圆”；还有更多的网民每天都在通过腾讯的平台进行着工作、学习、生活和娱乐，传递着普通人的喜怒哀乐，传递着每个人自己的“大回响、大影响”。

——2008 年“5・12”大地震，在地震发生后 5 分钟，腾讯网即通过 QQ 弹出窗口发出第一条地震消息。15 分钟后，即推出第一个地震专题，开通“灾情速递 QQ 号”——20080512，以最快捷的方式给网友提供了解灾情、参与救灾的一站式服务。中央电视台播出的第一个地震视频新闻就来自 QQ；众多前方媒体记者也都使用 QQ 发送新闻。QQ 一时成为网友互致平安、灾区信息传递的一个重要平台。与四川震区直接相关的 QQ 群超过了 300 个，遍布全国活跃用户地区。5 月 13 日，QQ 祈福版迅速推出，超过 3000 万网友参加了腾讯借此发起的祈福行动。

——520，“我爱你”。QQ 用户把心底的大爱，送给灾区里抗震救灾的人民。2008 年 5 月 20 日 14 时 35 分，这是中国互联网应该铭记的一个时刻。此时，通过腾讯财付通在线捐赠平台，由腾讯公益慈善基金联合中国红十字会总会“李连杰壹基金计划”启动的网友赈灾捐助突破了 2000 万元，创下中国互联网历史上网友的最高捐赠纪录。[①]

如今的腾讯，拥有即时通讯、门户网站、搜索引擎、无线和固网增值业务、互动娱乐业务、电子商务以及广告七大业务，一跃成为了中国第一、全球第十的门户网站。从利益和价值构建上，腾讯已经建起一个品牌金字塔，从信息传递、知识获取，到群体交流、资源共享、个性展示、互动娱乐，再到最上面的商务交易，可以说，腾讯是目前中国最大的互联网综合服务提供商之一，也是中国服务用户最多的互联网企业之一。

三、新媒体品牌推广管理

(一)通过消费者的参与体验塑造品牌

从传播的方向和机制来看，新媒体突破了以往大众传媒单向的传播模式，

---

① http://book.qq.com/s/book/0/19/19280/71.shtml

使信息传播具有双向传播的特性。网民既可以是信息的发布者，又可以是信息的反馈者；用户既可以建设内容，也可以改造内容。新媒体为消费者提供了最完美的品牌体验，从而让受众卷入品牌的认知活动是品牌建设的最佳切入点。

消费者对信息的注意从被动的接受逐渐转变成主动的搜索和分享，特别是媒体环境提供了网络传播共享的机会后，体验比告知显得更为重要。基于这样的前提，消费者的行为模式从"AIDMA"演变为"AISAS"。AIDMA 法则是指消费者从看到广告到发生购物行为之间，动态式地引导其心理过程并将其顺序模式化的一种法则，1898 年由美国 E. 刘易斯最先提出。其含义为："A(Attention)引起注意；I(Interest)产生兴趣；D(Desire)激发欲望；M(Mefllory)形成记忆；A(Action)促成行动。它所要表达的意思是在营销广告中，我们必须有意识地做到引人注目，使人对商品感兴趣，并且因此而产生购买欲望，同时要让商品形成一定记忆，当然最终需要转变为购买行动的原则，只有这样才能够达到营销目的。"①

互联网和移动通讯的发展迅速改变了传统的传播环境，催生了"AISAS"这一新的消费者行为模式。2005 年，日本电通集团经过大量的研究，总结推出了网络时代消费者消费行为的 AISAS 模式，该模式是针对网络时代消费者生活形态的变化所提出的一种新的消费者行为分析模式，即 Attention(注意)—Interest(兴趣)—Search(搜索)—Action(行动)—Share(分享)。新的 AISAS 消费者行为分析模式指出了互联网时代搜索(Search)和分享(Share)的重要性，以及在消费者行为上的突出特征。可见，当消费者通过搜索最后购买到喜欢的商品和服务后，他们会把自己购买的商品、服务拿出来在网上与其他网民分享，而且这个分享又能够直接刺激参与分享者，使这些人成为购买者，从而不断产生新的购买和分享。

互联网历经十多年发展，B2C 网站的经营者们逐渐意识到一个朴素的真理：商业发展的逻辑一定是先有好产品、好应用和好的用户体验，再有大流量和多用户，然后才有好的商业模式和营业收入。没有好的用户体验，就不会有好的品牌影响力，也就不会有海量用户，自然就不会有好的营业收入。用户体验做得好的公司，爆发点可能会靠后，但爆发期会更长，爆发力会更大。当当网就是一个很好的例子。多年来，当当网一直致力于产品与服务的创新，推出了一系列旨在改善用户体验的革命性工具，如 Web2.0 的个性化推荐、可以媲美百

① 陶洋、裴广信：《基于 AISAS 理论的网络营销探析》，《商场现代化》2007 年第 7 期，第 211 页。

度贴吧和百度搜索榜的当当用户评论和畅销榜、类似于谷歌图书下载的在线读书频道、可随时随地移动购物的手机当当网、自助式退换货服务、订单跟踪查询系统，如此等等。

2006年夏季，"超女"再次让亿万电视观众为之疯狂，"百事我创——百事巨星广告你做主"活动同样让亿万网民深度卷入。[①]"百事我创"活动完全改变了由企业控制品牌体验的传统模式，让消费者投身于广告剧本的创作并公开投票表决百事巨星广告片的取舍。百事公司当时选择了网易作为官方网站，正是基于网易平台不仅可以实现网站与网民之间的互动，更重要的是，使网民之间能够充分互动，从而最大限度地实现网民的品牌塑造参与。事实上，网易为此专门打造了集创造性、竞赛性、互动性于一体的平台，消费者登录网站并撰写一则以百事巨星周杰伦为主角的电视广告，就有机会赢取10万现金大奖，总冠军及15位入围作品的创作人将最终获得出席广告首播会的邀请。

网友的深度卷入，给百事奉献了一则令人难忘的广告创意——

> 拥有独特声线的周笔畅唱歌很棒，可惜外形不够养眼，所以尽管参加过很多比赛，却一直没有评委在意她的表现，她变得越来越不自信……在后台她意外地得到了JAY(周杰伦)的鼓励字条和一罐百事可乐……最后她拿到了大奖，却没有看到JAY。笔笔有点失望地准备回家时，在门口撞到了一个人，抬头，原来就是他！两个人相对傻笑，然后异口同声：祝你百事可乐！同时，打出字幕"无与伦比，畅饮百事！"

互动的感召力是巨大的，活动刚开始两天，网易用户就提交了一千多份广告剧本，更有大量的网友踊跃投票，发表评论。消费者在"百事我创"活动中的参与式卷入，实现了对百事品牌塑造的全程参与。

（二）以"去中心化"的传播模式推广品牌

Web2.0是基于参与型架构的新网络，自组织性、交互性、参与性、开放型、聚合性、微内容、不断更新、去中心化成为其独有之特性。针对传统品牌的主观化，与消费者保持距离，新媒体品牌与受众之间更加亲和，强调以开放的心态与消费者进行交流对话。去中心化的传播模式引导受众通过卷入参与形成体验，

① http://www.pepsi.com.cn/pcc2/

然后通过网络互动实现分享与传播，通过真实自然的品牌风格展现品牌性格，让受众在无拘无束中接近品牌，这就形成了网络传播的无障碍沟通。

同时，在网络媒体传播中，双向的特点促使受众可以自由地获取需要的信息，还能自由地表达自己的看法并进行反馈和传播。从技术的角度来看，网络媒体的受众非常隐蔽，非常自由；从传播方式来看，网络媒体的信息结构的去中心化，使受众不只受一个传媒或一个终端的影响，这就形成了网络传播的碎片化、个性化和多元化特征。这些特征往往表现为通过事件、社区、互动、消费者体验等方式进行的传播。这里尤其要提到网络的口碑传播。面对过多的产品选择，消费者不再理会传统营销方式的狂轰滥炸，口碑传播悄然而有效地脱颖而出。数字革命扩大了其影响范围，并加快了其传播速度，使得口碑不再是一种关系密切的行为，也不再是一对一的沟通。如今，口碑是以一对多的形式传播：人们会在网上发表产品评论，并通过社交网络传播其意见；有些顾客甚至会建立网站或开博客来表扬或惩罚某些品牌。

随着在线社区的规模、数量和特色都有所提高和加强，营销者逐渐认识到口碑的重要性，借助于口碑传播，如果在恰当的环境下能将恰当的内容传达给恰当的人群，则将会对消费者所推荐、购买并保持忠诚的品牌产生极大的影响力。

去中心化的口碑传播带来草根崛起，话语权从精英向草根转移。草根言论的被重视，导致了品牌推广的多元化和深入人心。iResearch 的调查统计表明，60%的社区网民通过社区寻找解决方案，33.5%的网民消费行为受社区舆论的影响。搜索引擎为受众搜索信息提供了极大的便利，多数人喜欢用搜索引擎思考，将搜索引擎视为智慧。同时 Info Plant 发布的《口碑传播调查》表明，35%的用户购买行为受亲人口碑的影响，17%的网民受网络口碑传播的影响，仅有 4%的网民购买行为受网络广告的影响。①

在这个领域中有一个经典案例：没有做过一次电视广告，没有粘贴过一张海报，没有做过任何网络广告链接，完全依靠网民的“口碑”，价值数十亿美元的品牌树立起来了——这就是网络搜索引擎巨头 Google。除了 Google，其他网络上知名的品牌，如雅虎、亚马逊网络书店等几乎都是靠口耳相传的方式建立帝国的。这些企业清楚地知道网络群体所蕴含的巨大力量，并且在信息技术的帮助下利用这种力量来创建他们的品牌。

---

① 赵洁、曹芳华编：《2.0 营销传播——互动整合营销传播策略》，厦门大学出版社 2009 年版，第 134 页。

这种力量源自资源与信息最大程度的共享:任何人都可参与著作的维基百科以极短的时间累积了130万个条目;4万名公民记者共同参与的韩国ohmynews则已跃入主流新闻媒体之列。博客、播客等雨后春笋般出现的网络社群整合技术,让每个人都可以无障碍地在网络上出版与互动。无分散的终端、没有交集的个人,通过互联网汇聚在一起互相交谈,他们既可以将某一产品夸上天去,掀起一股消费的狂潮,也可以将其贬低得一文不值,使人敬而远之,这就是口碑传播的力量。

去哪儿网站万元月薪招募酒店试睡员就是一个颇具典型性的非主流、去中心化口碑传播品牌战略案例。据《华商时报》报道:2009年12月,一家网站花费百万资金在全国485个城市招聘"酒店试睡员",首批被录用的试睡员有3个,27岁的西安小伙李佳就是其中的一员。李佳非常喜欢旅游,足迹遍及很多国家,酒店试睡员也是他在新加坡读完MBA回国后的第一个工作。试睡员的职责是潜入全国各大饭店、经济型酒店、青年旅社,以普通顾客身份对其软、硬件设施和服务进行体验,同时在微博和其所属网站上发布图文并茂的独到点评,吸引粉丝围观,被喻为"饭店业草根专家"。

图11-5 李佳躺在酒店床上感受床的舒适度

《北京晚报》报道说:旅游垂直搜索网站"去哪儿"开始以万元月薪招募酒店试睡员,而此前,携程和艺龙网的"酒店达人"招募活动也进行得如火如荼。业内人士表示,在线旅游三大企业集体推"试住",强化口碑营销和抢占市场份额是主要意图。"去哪儿"市场副总裁戴政表示,"希望通过招聘酒店试睡员来为用户提供更好的参考"。调查显示,90%的酒店在线预订用户都会查看和参考他人的酒店评论内容。业内人士表示,旅游在线网站通过招聘"试睡员",一方面是从市场宣传考虑;另一方面则是通过增加客人评论,弥补目前酒店在线预订中体验式和口碑式营销的不足,使得客人在预订时能够更直观地选择酒店。[①]

四、新媒体品牌维护管理

(一)品牌维护中的知识产权管理

国内企业对网络品牌的保护意识正在逐渐成熟。这在对新增域名的应用调查中有非常明显的体现。“.cn”域名注册机构向媒体透露,目前中国新媒体企业的品牌保护意识增强,绝大多数企业都在注册了一个主域名后,同时还对与该域名相近或相似的名称进行保护性注册,许多企业同时注册“.cn”的二级域名和三级域名(如.com.cn、net.cn或行政区.cn等)。

“.cn”是我国的国家顶级域名,也是由我国管理的国际顶级域名,注册后全球通用,是全球网络的中国标识。随着新媒体产业化的进一步发展,新媒体公司选用属于我国自行管理的“.cn”国家域名,最主要的好处是“.cn”域名下可选择的名称资源十分丰富,从而能注册到与公司业务有联系、简短易记的企业域名等。公司在实际注册时,都一并注册“.com.cn”和“.cn”,尽可能把网络品牌保护工作做得全面完善。例如,国内家电零售连锁企业巨头之一——国美电器,出于完善品牌保护的目的,把“国美”、“GOME”等与其品牌及企业名称相近的15个中文及拼音词汇注册为通用网址。通用网址实行的是自然语言注册,可以很方便地把企业品牌搬到网上,使企业在网外的知名度和影响力能很轻易地扩展到网上,以树立企业的网络品牌形象,同时也是对于自身网上品牌的有力保护。

2012年1月16日,中国互联网络信息中心(CNNIC)在京发布《第29次中国互联网络发展状况统计报告》报告。显示,截至2011年底,中国网站规模达到229.6万,较2010年底增长20%。与此同时,国家顶级域名.CN的注册量也开始转身向上:2011年底.CN域名注册量达到353万个,较2011年中增长26000余个。[②] 这一方面显示出新媒体企业对“.cn”商业价值的日益重视,另一方面也体现出对网络品牌标识的保护意识不断提高。

---

① http://news.163.com/09/1214/15/5QGK5FVR000120GR.html

② 《中国互联网络信息中心:2011年底我国网民突破5亿》,http://games.cntv.cn/2012/news_01_0116/75015.shtml

(二)新媒体品牌的保护与有关法律

新媒体品牌的法律保护与传统的品牌法律保护并无实质区别,除共有的诸如名称权、专利权、版权、商标权、著作权等方面外,还增添了网络媒介所特有的网络域名保护和无线互联网品牌保护。

中国电子商务协会网络知识产权推进中心对外发布《2011 年知名企业品牌重复率调查报告》显示,在中国市场,全球最具价值企业品牌重复率高达 70%,远高于国内知名品牌,这些全球知名企业品牌正面临品牌高度重复、品牌“山寨化”的困境。品牌重复导致了企业品牌价值被分流的风险,品牌重复数越多,分流风险也就越大。互联网专家介绍,在网络领域,通用网址、无线网址等网络标识具有唯一性、专有性、排他性、识别性、无形性和稀缺性,注册原则遵循“先注先得”的国际惯例。商标权不能成为坐拥网络品牌资产的权利,拥有同一商标的众多合法权利人中,只有一个企业能够申请到与该商标完全相同的网址资源。在发生争议时,若非恶意注册,企业很难追回。在新的网络经济时代,企业急需对品牌实施“全网品牌保护”措施,以防再演互联网品牌保护憾事。①

新媒体产业发展中,随着三网融合的加速和无线互联网络应用呈现多元化,新媒体的品牌要素从早期的商标、商号到传统互联网的域名、通用网址,再到当前移动互联网的无线网址,企业品牌保护的内涵正在悄悄发生变革。

1. 网址标识的概念

网址标识包括域名、网络关键词和移动互联网关键词。通用网址和无线网址是我国知名度最高的网络关键词和移动互联网关键词。

通用网址是基于国家标准的互联网地址资源,是企事业专属的网络品牌标识和专属的通用的展示推广工具,是行销中国的必备利器。注册通用网址的企业,即可获得专属的品牌词,而且,注册的信息还将同时被国家最高目录数据库收录,充分展示企业的品牌实力,此目录数据库由国家权威机构中国互联网络信息中心(CNNIC)建立并维护,收录资源具有权威性、唯一性和稀缺性。②

也即是说,网址是一种通过关键词与网站地址 URL 建立对应关系,从而实现对网站或网页便捷访问的商业性标识。网址是企业的网络品牌,是企业品牌价值的延伸。通过在浏览器地址栏直接输入公司、网站行业等名称,就可以直

① 林晓:《互联网将再演网络品牌保护憾事》,《网络与信息》2011 年第 5 期,第 18 页。

② http://baike.baidu.com/view/805.htm

达目标网站，不需要记忆复杂的域名、网址、网址的前后缀，实现快捷的访问。

无线网址是中国互联网络信息中心基于国家标准而研发的移动互联网地址资源，是企事业在移动互联网上专属的品牌标识。企事业单位还可以获得基于无线网址的全程移动营销解决方案。

2.通用网址、无线网址争议解决办法施行修订案的出台

2010 年 8 月 29 日，中国互联网络信息中心对实施九年的《通用网址争议解决办法》和实施四年的《无线网址争议解决办法》分割进行了修订。这两部修订案的施行，将进一步平衡商标、商号、企业名称等民事权利人与互联网通用网址、无线网址持有人之间的权益，被媒体评价为全新网络品牌保护和网络知识产权得以完善的标志。

新规一是严格限定争议解决机构受理争议的范围，强调“先注先得”的国际通行注册制度，加大了对先注者的合法权益的保护力度。二是重新界定恶意注册通用网址的标准。新规提高了对“恶意注册”判定的标准，“出售通用网址、无线网址”不再被一概认定为“恶意”，判断标准更为理性，加大了对注册者的权益保障。三是加大了对网址标识持有者的保护力度，明确通用网址和无线网址持有者享有合法权益的判断标准，有关善意条规的规定，表明投诉人拥有商标权并不当然意味着商标对应的通用网址和无线网址必然受到保护。

3.全网品牌保护势在必行

《通用网址争议解决办法》和《无线网址争议解决办法》两部修订案的施行，更加强调了“先注先得”的国际通行的注册制度，体现了保护广大网址标识注册者和持有人权益的大原则，符合目前我国网络环境健康稳定发展的需要，体现了公平公正的注册原则。从早期的商标、商号到传统互联网的域名、通用网址，再到当前移动互联网的无线网址，企业品牌保护的内涵已悄悄发生变革。在网络应用日趋多元化的今天，经历了传统互联网域名抢注的混乱和伤痛后，企业应吸取教训，尽快建立综合商标、域名、通用网址、无线网址于一体的全网保护意识，把企业原有的商业标识体系，通过域名、通用网址、无线网址等网址标识在网上延伸，完善其在新网络环境下的知识产权体系。①

《2011 年知名企业品牌重复率调查报告》分析指出，国际知名品牌的网络保护也更为积极主动。不仅布局传统互联网，将域名、通用网址抢先注册，而且还

① 谢丽娜：《浅析商标和网址标识之冲突》，《法制与经济》2011 年第 2 期，第 66 页。

将保护领域扩大到移动互联网，将无线网址纳入其中，实施全网品牌保护策略。在中国国际贸易仲裁委员会域名争议解决中心裁决的近2000件案件中，90%以上的投诉人多是国外知名企业，国外知名企业对域名、通用网址、无线网址等新兴网络品牌的重视程度、保护力度要强于国内企业。报告认为，以“商标＋域名＋网址资源”为手段来构建品牌体系，树立商标、域名、通用网址、无线网址一个都不能少的理念，阻止品牌资产流失是提升新媒体企业核心竞争力的根本保证。①

(三)新媒体的评估管理

对于以互联网为服务平台和服务基础的新媒体而言，其品牌价值的评估主要体现在两个方面：一是受众或用户的流量指标，二是媒体的广告市场份额指标。

1.流量指标

由于新媒体是一种基于互联网技术的媒体，一个比较量化的指标便是新媒体的流量。比如，评价门户网站品牌价值的一个重要指标便是其网站的流量。通常所说的网站流量(traffic)是指网站的访问量，是用来描述访问一个网站的用户数量以及用户所浏览的网页数量等指标，常用的统计指标包括网站的独立用户数量、总用户数量(含重复访问者)、网页浏览数量、每个用户的页面浏览数量、用户在网站的平均停留时间等。②

流量指标将网站等新媒体的受众访问情况最直观地反映出来。流量高的新媒体，必定是在受众或用户当中有口皆碑，往往会被大众认定为一个优良品牌。

全世界公认的排名信息发布最详尽并有一定权威度的机构是Alexa.com，专门发布网站世界排名。以搜索引擎起家的Alexa创建于1996年4月(美国)，目的是让互联网网友在分享虚拟世界资源的同时，更多地参与互联网资源的组织。“Alexa的全球网站排名如同《财富》杂志推出的世界500强排行榜，《福布斯》评选的全球富豪榜、一样备受世人瞩目。”③

Alexa每天在网上搜集超过1000GB的信息，不仅给出多达几十亿的网址

① 林晓：《互联网将再演网络品牌保护憾事》，《网络与信息》2011年第5期，第18页。

② http://zhidao.baidu.com/question/5971481.html? si=3

③ 林晓：《互联网将再演网络品牌保护憾事》，《网络与信息》2011年第5期，第18页。

链接，而且为其中的每一个网站进行了排名。可以说，Alexa 是当前拥有 URL 数量最庞大、排名信息发布最详尽的网站。

该机构采用著名的 Alexa 工具条，这是一个嵌入到微软 IE 浏览器中的工具，它在用户访问每个 Web 页面时都向 Alexa 发回一串代码，将该次浏览的相关信息告诉 Alexa。而用户会在该工具条上看到其浏览的网站在全球所有网站中的排名信息，当然，这只是 Alexa 给出的网站排名。①

表 11－11　Alexa 世界排名前 25 的网站(更新至 2012 年 1 月 26 日)

1	Google
2	Facebook
3	YouTube
4	Yahoo!
5	Baidu
6	Wikipedia
7	Blogspot
8	Windows Live
9	Twitter
10	Amazon
11	QQ
12	LinkedIn
13	Google India
14	Taobao
15	Yahoo! Japan
16	MSN
17	新浪新闻中心
18	WordPress
19	Google (de)
20	eBay
21	Google 谷歌(hk)
22	Яндекс
23	Google 日本
24	Google UK
25	Google France

① http://www.100ec.cn/detail－4589745.html

Alexa通过分类方式进行排名。一是按主题分类,比如新闻、娱乐、购物等,Alexa给出某个特定网站在同一类网站中的名次。Alexa将其收集到的网站共分了16个大类,每个类下又分为多个主题。二是按语言分类,目前共分21种语言,比如英文网站、中文网站等,给出特定站点在所有此类语言网站中的名次,其中,中文网站分成简体和繁体两种来统计。

对于中文网站的排名,目前只发布排在前100名的网站名单。Alexa排名是目前常引用的用来评价某一网站访问量的一个指标。但是对于一般站点,如个人站点、企业站点、网店等,Alexa排名没有任何实际用途。排名100万与50万其实没有本质的差别。对于网络公司,其主站点的Alexa排名是非常重要的。排名1万与5000那是天大的区别。这对于他们的对外宣传、网站价值,是金子般的珍贵。

但是,流量指标的背后往往具有一定假象。比如,要计算Alexa排名其实只要知道安装Alexa插件的网民比例就够了,事实上,除了网站站长,很多网民都不会去安装Alexa插件。也正因为如此,Alexa排名对于流量很低的站点,其实是非常不精确的。故而,对于Alexa排名的重要性向来都存在着争议。①

2.广告市场指标

广告收入是目前我国众多网站特别是门户网站的主要经济来源之一,也是经济效益的直接体现。新媒体的广告市场指标与其品牌的建设状况关系密切,二者之间表现出一种良性互动。在新媒体的品牌建设过程中,优质品牌一旦树立就会形成品牌优势,并在受众的视野中脱颖而出,获得受众的认可和忠诚。这就增强了其广告创收能力。高知名度、高美誉度的新媒体不仅给广告客户提供了高流量所带来的广泛的受众群体,更重要的是,在品牌含金量高的新媒体投放的广告,会在受众心目中建立起与网站品牌形象相近的印象,从而导致产品的品牌联想。而这在无形中增强了广告的传播效果。事实证明,越是品牌含金量高的新媒体,越能引起广告客户的注意与青睐,其广告价位和广告总收入也越高。

一个网站的广告市场指标通常是通过数字技术来实现数据认证服务的,如尼尔森在线研究已经在中国市场上开展了针对传统互联网广告和IPTV广告投放认证服务的ADV1.0认证服务,它能将互联网广告数据认证服务从原有的

① http://baike.baidu.com/view/20109.htm

网站流量测评系统中剥离开来，监测数据更加科学、精准，标志着尼尔森在建立完备的数字媒体（包括电视、互联网和手机在内的三种媒介形式）的广告投放认证服务上取得了重大进展。

按照这个认证服务，可以分别从市场活动状况、市场价值估算、市场 TOP10 广告行业、市场 TOP10 广告主这四个方面来提供准确的数据指标。以尼尔森发布的 2011 年 11 月中国网络展示广告市场研究为例：

（1）市场活动状况

中国网络展示广告市场在 11 月份同比实现了较快的增长。2011 年 11 月的广告推广项目数为 12424，广告主数为 3249，创意数为 28819，与 2010 年 11 月同期相比，推广项目数、广告主数和创意数均有增加，增幅分别为 11.4%、6.4%和 18.5%。

（2）市场价值估算

2011 年 11 月份的网络展示广告的市场价值估算达到 21.3 亿元，比 2010 年同期增加了 4.4%。TOP100 广告主以 16.2 亿元的广告价值估算占据了本月网络展示广告市场整体份额的 76.1%。TOP100 网络媒体依然代表了网络广告市场的基本状况，广告价值估算达到 20.9 亿元，占本月网络展示广告市场整体的 98.1%。

（3）市场 TOP10 广告行业类型

2011 年 11 月网络展示广告 TOP10 行业中，位列广告价值估算排行榜前三位的分别为零售类、汽车类和计算机及电子产品类。此外，环比 10 月份数据，11 月份广告价值估算前十行业中，零售类（−6.0%），汽车类（4.5%）、计算机及电子产品类（45.2%），其中汽车类、计算机及电子产品类均有所减少。

（4）市场 TOP10 广告主

2011 年 11 月的网络展示广告市场中，占据广告价值估算榜前三位置的是凡客、阿里巴巴、天津网聚优众网络科技有限公司，广告价值估算分别为 8386.4 万元、7740.0 万元和 5994.4 万元左右。[1]

---

[1] 《2011 年 11 月中国网络展示广告市场研究》，http://www.cr－nielsen.com/wangluo/trend/201201/04－1957.html

思考题:

1. 什么是新媒体品牌? 新媒体品牌与传统媒体品牌相比有何特点?

2. 为什么说"在新媒体经济中,网络经济的虚拟性决定了新媒体品牌价值的核心地位"?

3. 简要阐述门户网站的多元化竞争趋势。

4. 即时通讯行业争夺的三大要素是什么?

5. 新媒体品牌管理呈现出怎样的特点?

6. 新媒体品牌定位的内涵是什么?

7. 什么是AISAS消费者行为模式? 在新媒体传播环境下有怎样的突破? 试举具体的案例分析。

8. 概述新媒体品牌价值评估的主要表现。

后　记

伴随新的传播形态与传播技术的出现,使得新媒体的运营和管理也发生了巨大变化。面对日新月异的新媒体发展局面,高等院校相关教材更新的紧迫性不言而喻。

本教材详细介绍了各类新媒体的经营和管理概况,从宏观层面系统阐述了新媒体产业发展和市场格局,从微观层面剖析了网络媒体、手机媒体、IPTV数字电视、户外媒体等典型新媒体的运营模式和盈利模式,从操作层面展示了新媒体的新型组织结构、品牌管理和资本运营。

本教材从实战经验出发,借鉴大量鲜活的案例,力图完整、详尽地对新媒体经营和管理进行直观的讲解,希望能给读者提供借鉴和参考。当然,在当今这个日新月异的时代,各种新媒体的运营模式和盈利模式也在发生急速的调整和变化,让人目不暇接。在运营模式不断更替的环境下,受出版周期制约,教材编写的滞后之虞有增无减。再则,对新媒体运营模式和盈利模式的认识与总结也才刚刚开始。因此,本书中还存在诸多疑问和空白,难免挂一漏万,唯有期待智者谅解指谬。

本教材第一、二、三、九、十、十一章由石本秀编写,第四、五、六、七章由蔡郎与编写,第八章由牛泊编写。在教材编撰过程中,四川大学锦城学院文学与传播系主任毛建华教授给予了大力支持,2009级新闻专业彭嘉怡、黄蕾谨、张庭铭等同学参与了部分章节的资料收集整理工作,在此一并致以诚挚的谢意。

石本秀　蔡郎与

2012年7月

图书在版编目（CIP）数据

新媒体经营管理/石本秀，蔡郎与编著．--北京：中国传媒大学出版社，2012.10（2022.1 重印）
ISBN 978-7-5657-0553-3

Ⅰ.①新…　Ⅱ.①石…　②蔡…　Ⅲ.①媒体－经营管理　Ⅳ.①G206.2

中国版本图书馆 CIP 数据核字（2012）第 178041 号

新媒体经营管理

XINMEITI JINGYING GUANLI

编　　著　石本秀　蔡郎与
责任编辑　欧丽娜
封面制作　钟雪亮
责任印制　李志鹏

出版发行　中国传媒大学出版社
社　　址　北京市朝阳区定福庄东街 1 号　　邮　　编　100024
电　　话　86-10-65450528　65450532　　传　　真　65779405
网　　址　http://cucp.cuc.edu.cn
经　　销　全国新华书店

印　　刷　艺堂印刷（天津）有限公司
开　　本　730mm×988mm　1/16
印　　张　18.5
字　　数　291 千字
版　　次　2012 年 12 月第 1 版
印　　次　2022 年 1 月第 5 次印刷

书　　号　ISBN 978-7-5657-0553-3/G·0553　　定　　价　46.00 元